KB069384

포즈의 예술사

포즈의 예술사

작품 속에 담긴 몸짓 언어

데즈먼드 모리스 지음 | **이한음** 옮김

을유문화사

차례

들어가는 말 —— 6

환영
8

팔 치켜들기 10 | 악수 16 | 포옹 22 | 절과 커트시 26
무릎 꿇기 32 | 큰절 40

축복
48

안수 50 | 로마 가톨릭교회와 동방 정교회의 축복 56
불교의 축복 62 | 벌칸인의 축복 64

지위
68

꼿꼿한 자세 70 | 이중으로 벌린 손 74 | 숨긴 손 80
우월한 팔꿈치 86 | 샅주머니 90 | 튀어나온 발 94
허리 굽힌 몸 98 | 절제되지 않은 행동과 도시의 비참함 102

모욕
106

얼굴 일그러뜨리기 108 | 혀 내밀기 114
콧등에 엄지 대기 120 | 손가락 자세 124 | 손짓 130
주먹 감자 138 | 엉덩이 까기 140

위협
144

치켜든 주먹 146 | 허공 움켜쥐기 152 | 위협하는 얼굴 156
장갑으로 뺨치기 160 | 상징적인 위협의 몸짓 164

고통
166

눈물 흘리기 168 | 애도 174 | 괴로움 178
공포 182 | 혐오 186 | 상징적 고통 190

자기 보호
192

달아나기 194 | 항복 198 | 갑옷 202 | 차단 208
몸 십자가 214 | 팔짱 218 | 허리에 손 222 | 손가락 꼬기 224
보호용 코르누타 226 | 문신 228 | 베일 230

에로틱
234

나체 236 | 여성의 젖가슴 244 | 무화과 잎 250
성적 포옹 252 | 성적인 입맞춤 258 | 속박 262

휴식
266

다리 꼬기 268 | 웅크리기 272 | 기대기 276 | 눕기 282
흔들기 290 | 하품하기 294 | 잠자기 300

도판 출처 —— 308
찾아보기 —— 315

들어가는 말

미술가는 사람을 묘사하려 할 때, 인물이 어떤 자세를 취하도록 할지 결정을 내려야 한다. 서 있는 자세가 좋을까, 앉은 자세가 나을까, 기댄 자세는 어떨까? 웃는 표정으로 할까, 비명을 지르는 표정으로 할까, 아니면 무표정으로 할까? 껴안는 자세가 나을까, 손짓하는 자세가 나을까? 어떤 상징적인 몸짓을 취하도록 할까? 미술가들이 작품에 담은 몸짓 언어를 살펴보면 몇 가지 특이한 전통과 관습이 엿보인다. 또 사회적 태도와 풍습이 역사적으로 어떻게 변해 왔는지도 꽤 많이 알아낼 수 있다. 그리고 미술 작품을 보는 흥미진진한 새로운 시각도 제공해 준다. 가장 친숙한 작품조차도 갑자기 새롭게 보이기 시작한다.

한 사람의 초상화를 보거나 한 그림에 담긴 여러 인물의 모습을 볼 때면, 우리는 대개 그 인물이 누구이며, 그림의 양식과 수준은 어떠한지에 초점을 맞춘다. 인물의 자세, 몸짓, 표정을 쳐다보기는 하지만, 그다지 자세히 살펴보지는 않는다. 평소에 대화를 하면서 누군가가 손짓을 할 때도 마찬가지다. 우리는 상대의 손이 움직이는 것을 보며, 그 손짓은 대화를 하고 있는 우리의 감정에 어느 정도 영향을 미치기도 한다. 그러나 우리는 그 손짓이 어떤 식으로 이루어지는지 의식적으로 분석하지는 않는다.

나는 예전 저서 『맨워칭Manwatching』(1977)에서, 몸짓 언어라는 주제를 소개하면서 우리가 말에만 귀를 기울이기보다는 인간의 행동을 연구할 때 훨씬 많은 것을 알아낼 수 있음을 보여 주었다. 그 책에서는 일상생활에서의 사회적 만남에 초점을 맞추었지만, 특정한 몸짓이나 자세를 아주 뚜렷이 보여 주는 그림을 한두 점 실었다. 훨씬 뒤인 2013년에는 미술의 진화를 다룬 『예술적 원숭이The Artistic Ape』를 펴냈다. 3백만 년에 걸쳐서 미술 창작 활동에 일어난 변화를 살펴본 책이다. 이 책에서는 두 주제를 융합시키고자 한다. 그 두 별개의 분야를 결합하려는 최초의 시도다. 나는 초상화에서 왜 나폴레옹이 언제나 한 손을 조끼 안에 집어넣은 모습인지를 종종 궁금해했는데, 이제는 답을 안다. 자세를 파악한 뒤, 사람의 기본 행동 측면에서만이 아니라 묘사된 당시의 관습과 관련지어서 그 의미를 분석하는 일은 매우 흥미진진한 미술적 발견의 이야기임이 드러났다. 그러니 내 이중적인 삶, 즉 과학자로서의 삶과 화가로서의 삶도 나름 가치 있는 여정이었다고 할 수 있다.

개인적인 일화가 하나 떠오른다. 프랜시스 베이컨Francis Bacon과 함께 파블로 피카소의 「우는 여인Weeping Woman」(1937)을 가까이에서 살펴보고 있을 때였다. 우리는 미술에서 얼굴 표정이 어떻게 묘사되었는지를 놓고 토론을 벌였다. 그때 나는 그가 몸짓 언어라는 주제를 대단히 중요하게 생각한다는 사실을 알아차렸다. 그가 세상을 떠난 뒤, 나는 그의 침실에서 『맨워칭』을 보았다. 그 점은 그리 놀랍지 않았는데, 놀랐던 것은 그 책이 두 권 있었다는 사실이었다. 한 권은 깨끗하고 멀쩡했는데, 다른 한 권은 지저분하고 귀퉁이가 너덜거릴 정도였다. 한 권은 쉴 때 읽곤 했던 것이고, 다른 한 권은 화실에서 일할 때 참조하곤 했다는 뜻이었다. 그는 동물의 얼굴 표정에 관해 내게 많은 질문을 했고, 으레 겸손한 태도로 이렇게 말함으로써 나를 웃기곤 했다. "비명은 좀 알겠는데, 웃음은 정말 잘 모르겠어." 그의 그림에 담긴 인물들의 몸짓 언어는 분명히 그가 의도한 것이었다. 그는 비비(개코원숭이)의 초상화도 한 점 그린 적이 있는데, 내가 동물학자임을 알고 있었으니까 그 동물의 비명을 제대로 묘사한 것인지 내게 물었다. 나는 잘 묘사했다고 대답했지만, 거짓말이었다. 베이컨의 그림은 하품하는 비비를 찍은 한 유명한 사진을 보고 그린 것이었는데, 나는 하품하는 모습이라고 차마 말할 수가 없었다. 그는 좀 미흡하다 싶으면 자기 그림을 찢어 버리는 화가로 유명했기 때문이다. 그는 화실에 예리한 칼을 비치해 놓고 있었고, 갈가리 찢은 그림이 이미 수십 점이었다. 나는 그 멋진 비비 그림이 같은 운명을 맞이하기를 바라지 않았기에, 하품 이야기는 마음속에만 간직했다. 그 동물이 하품을 하고 있음을 확실히 아는 이유는 비비는 비명을 지를 때, 지르게 만든 원인을 향해서 비명을 지르기 때문이다. 반면에 하품은 딱히 어느 방향을 향하지 않으며, 이 비비는 하늘을 향해 입을 쩍 벌리고 있었다. 사람은 좌절할 때 하늘을 향해 비명을 지를 수도 있지만, 비비는 그렇지 않다. 이 멋진 그림이 내 악의 없는 작은 거짓말 덕분에 살아남았다고 생각하면 정말 흐뭇하다.

　미술 작품 속 사람의 몸짓 언어라는 흥미로운 주제에 접근하는 한 가지 방법은 각 손가락의 자세, 손의 움직임, 팔의 위치, 머리의 기울어짐, 얼굴 표정, 다리의 위치, 몸의 전반적인 자세를 따로따로 보면서, 인체의 각 부위를 차례로 훑는 것이다. 이 방법은 체계적이고 객관적이라는 장점을 지니고 있긴 하지만, 좀 무미건조하고 학술적이다. 그보다는 특정한 유형의 몸짓 언어가 우리에게 무엇을 가리키는지를 살펴보는 쪽이 더 얻는 것이 많다. 그 몸짓의 사회적 기능은 무엇일까? 어떤 감정을 그려내는 것일까? 나는 이 책에서 바로 그 접근법을 채택했다. 그런데 때로 그 몸짓 언어가 과연 전 세계에서 이해되는 보편적인 것인가 하는 문제가 제기될 수 있다. 찌푸린 표정이나 흔들어 대는 주먹의 의미는 누구나 이해한다. 반면에 특정한 시대나 한 지역 사회와 깊은 관련이 있는 행동들도 있다. 특정한 관습과 깊이 얽혀 있는 행동들이다. 그래서 이 책의 논의는 세 부분으로 나뉘어서 전개된다. 인간의 몸짓 언어, 사회적 관습의 문화사, 예술 양식의 변화다. 그 과정에서 선사 시대의 인물상부터, 부족 예술과 초기 종교 미술, 민속 미술과 그라피티에 이르기까지, 시각적 창의성을 보여 주는 아주 다양한 미술 작품들을 다룰 것이다. 그리고 유럽에서 극동, 아프리카에서 아메리카까지 전 세계의 작품들을 살펴본다. 때로는 아주 다양한 작품들을 나란히 놓음으로써 몸짓 언어라는 주제를 생생하게 보여 주는 것이 논지를 명확히 드러내는 최선의 방법이기에, 그 방법도 종종 쓸 것이다.

환영

Greetings

얼마간 못 본 두 사람이 만나면, 으레 일종의 환영 의식을 한다. 함께 있을 때 하는 많은 사소한 우애의 표시들을 그동안 못했기에, 좀 과장하여 우애의 신호들을 주고받는다. 환영 의식은 이와 같이 그동안 못했던 것들을 보상하려는 의도로 이루어진다. 오랜 두 친구가 오랫동안 떨어져 있다가 만나면, 서로의 우정이 바래지 않았음을 확인하기 위해 특별히 애쓰기 마련이다. 한편 낯선 사람을 처음 만나는 상황이라면, 적대감이 전혀 없음을 서로에게 보여 주어야 한다.

동등한 사람끼리 만날 때에는 환영 행동이 대개 서로의 거울상이 되며, 이 점은 전 세계에서 거의 동일하다. 물론 문화에 따라서 주로 하는 행동이 달라지긴 하지만, 공통적인 행동이 다섯 가지 있다. 먼저 두 사람이 좀 떨어져 있는 상태에서 팔을 들어 올려서 맞이하는 행동을 한다. 대개 손을 흔들기도 한다. 그런 뒤 가까워졌을 때 웃고, 악수를 하고, 껴안고, 뽀뽀한다.

반면에 아랫사람이 윗사람을 만날 때는 행동이 크게 다르다. 아랫사람은 어떤 식으로든 몸을 낮추는 행동을 한다. 아랫사람은 고개를 살짝 숙이는 것부터 허리를 숙여 절하는 것에 이르기까지 공경하는 태도로 환영하거나 한쪽이나 양쪽 무릎을 꿇는 것부터 궁극적인 복종의 태도인 부복에 이르기까지 다양하게 몸을 낮추는 자세를 취하면서 환영한다. 지도자가 아랫사람을 다독이고 싶어 한다면, 마음을 편하게 해 주기 위해서 일부러 동등한 사람끼리 환영하는 방식을 택하기도 한다.

팔 치켜들기

멀리서 하는 공통적인 환영 인사는 팔 치켜들기hail다. 손바닥을 앞으로 향한 채 한 팔을 높이 치켜드는 것이다. 뉴욕과 런던 같은 도시에서는 택시를 부를 때 가장 흔히 하는 몸짓이기도 하다.

나치 독일은 "하일 히틀러"라고 소리치면서 팔을 쭉 펴고 뻣뻣하게 과장해서 하는 팔 치켜들기를 환영 인사법으로 채택했다. 지도자를 환영할 때 나치는 오른팔을 곧게 뻣뻣하게 펴서 수평보다 높게 앞으로 들어 올렸다. 손바닥은 납작하게 펴고 손가락들은 쫙 붙였다. 손바닥은 아래를 향하면서 앞쪽으로 치켜들었다. 히틀러도 똑같이 인사하거나, 덜 뻣뻣하게 팔을 살짝 구부리면서 손바닥이 보이도록 손을 앞으로 내밀거나 했다. 이 환영 방식은 1926년 나치당이 당원들 사이의 공식 인사법으로 채택했는데, 사실은 이탈리아 파시스트당에서 빌려 온 것이다. 파시스트는 1923년부터 이 인사법을 썼다. 파시스트는 2천 년 전 로마 조상들이 즐겨 썼던 환영 인사법을 채택한 것이라고 주장했다. 고대 로마의 영광을 되찾겠다는 열망에 찬 그들이 혹할 만한 개념이었다. 그래서 그 몸짓은 로마 인사saluto romano라고 불리게 되었는데, 히틀러의 마음에도 들었던 것이 분명하다. 로마 제국은 파죽지세로 주변 지역을 정복해 가는 세계적인 초강대국과 동의어였기 때문이다.

그러나 고대 로마 미술 작품에서 로마 인사의 사례를 찾아보면, 어디에도 없다는 것을 알게 된다. 즉 파시스트와 나치가 채택한 환영 인사법은 실제로는 오해에서 비롯된 것이다. 그 착각의 근원은 18~19세기의 유명한 그림들이었을 것이 틀림없다. 자크 루이 다비드Jacques-Louis David[2]와 장 레옹 제롬Jean-Léon Gérôme 같은 화가들이 고대 로마의 모습을 상상하여 그린 그림들을 보면, 훗날 무솔리니와 히틀러가 채택한 것과 비슷하게 팔을 뻣뻣하게 치켜들고 있는 사람들이 있다. 그중 가장 잘 알려진 작품은 「황제께 경례! 목숨을 바치려는 이들이 인사드립니다Ave Caesar! Morituri te salutant」[1]일 것이다. 1859년에 제롬이 로마 역사가 수에토니우스Suetonius의 기록을 토대로 상상하여 그린 그림이다. 죽음을 앞두고 필사적인 포로와 범죄자 무리가 관용을 바라면서 클라우디우스 황제에게 잘 보이려고 시도하는 장면이다. 그림 속에서 검투사들은 황제를 향해 팔을 뻗어서 손에 쥔 무기를 높이 치켜들고 있다. 진짜로 그러했을 것이라고 믿는 이들이 많지만, 사실 검투사들이 이런 식으로 의례적으로 황제에게 경례를 했다는 믿을 만한 기록은 전혀 없다. 실제로 황제에게 경의를 표하는 일이 일어났다면, 검투사가 손바닥을 위로 하여 벌린 채 간청하는 몸짓을 취했을 가능성이 더 높다. 한편 베르사유에는 나치가 한 것과 똑같이 팔을 뻣뻣하게 들어 올린 인사 자세를 취하고 있는 유명한 19세기 조각상이 있다. 프랑스의 천문학자이자 수학자인 장 실뱅 바이Jean Sylvain Bailly[5]의 모습이다.

양차 대전 사이에 열린 올림픽 경기에서는 상당한 혼란이 일어났다. 올림픽 공식 인사가 나치 경례와 거의 똑같이 팔을 뻗는 몸짓이었기 때문이다. 1936년 베를린 올림픽에서는 독일 이외의 팀들이 새로 채택된 나치 경례를 하는 것인지, 그 이전의 올림픽 인사를 하는 것인지 헷갈렸다. 결국 그 뒤로 팔을 뻗는 올림픽 인사법은 폐기되었다. 비록 그 몸짓을 취한 운동선수의 커다란 동상이 아직 남아 있긴 하지만 말이다. 1928년 네덜란드 화가 흐라 뤼에프Gra Rueb가 만든「올림픽 인사를 하는 남성Man Giving the Olympic Salute」[4]이 그것인데, 암스테르담 올림픽 경기장 바깥에 서 있다.

오랫동안 팔 치켜들기 몸짓을 국기에 대한 경례법으로 써 왔던 미국도 결국 그 경례법을 공식적으로 폐지할 수밖에 없었다. 미국은 남북 전쟁의 분열과 참화에서 벗어나기 위해 애쓰고 있던 1892년에 애국심을 부추겨서 국민을 단결시키고자 했다. 그래서 교실에 있는 학생들에게 매일 수업을 시작하기 전에 성조기를 향해 경례를 하도록 했다. 이 경례를 벨라미 경례Bellamy salute라고 했다. 그해에 어린이 잡지인 『유스 컴패니언』은 그 몸짓을 이렇게 기술했다. "오른손을 우아하게 국기를 향해 뻗은 채 손바닥을 위로 향한 다음, 국기에 대한 맹세가 끝날 때까지 그 자세를 유지한다." 1930년대에 미국은 벨라미 경례를 하는 학생들의 사진이 미국인들이 나치를 지지한다는 의미로 제멋대로 이용될 수 있다는 사실을 깨닫고 경악했다. 그런 일을 막고자 미국 의회는 1942년 국기 규정을 수정하여, 충성의 맹세를 할 때 "오른손을 가슴에 대고 (…) 서 있도록 한다"로 바꾸었다. 이 경례법은 그 뒤로 계속 유지되었고, 벨라미 경례는 곧 옛일이 되었고 지금은 거의 잊힌 상태다.

팔을 쭉 치켜 올리면서 인사하는 자세는 히틀러 정권을 강하게 연상시키는 바람에 제2차 세계 대전 이후로는 다른 어떤 맥락에서도 두 번 다시 쓸 수 없게 되었다. 희화하거나 비꼬거나 모욕하려는 용도 이외에는, 현대 미술 작품에도 거의 등장하지 않는다. 게다가 그 때문에 멀리서 친구나 지인을 환영하는 몸짓을 하려는 사람도 멈칫하게 된다. 가장 흔히 쓰는 해결책은 치켜든 손을 흔드는 것이다. 이 손 흔드는 행동은 토머스 쿠퍼스웨이트 에이킨스Thomas Cowperthwait Eakins의 「인사Salutat」[3]에 명확히 표현되어 있다. 1898년 한 권투선수가 경기를 마친 뒤에 관중에게 손을 흔드는 장면을 묘사한 작품이다. 나치 경례는 이렇게 손을 흔들지 않았으므로, 이 행동은 전혀 정치적이지 않으면서 훨씬 더 친근하게 여겨진다.

손을 흔들 때는 손바닥을 보여 주면서 좌우로 움직이는 것이 일반적이지만, 변형된 방식도 몇 가지 있다. 가장 흥미로운 사례는 하와이의 샤카shaka다. 엄지손가락과 새끼손가락만 펴서 손을 들어 흔드는 인사다. 하와이 특유의 이 인사법은 스페인의 술 마시는 몸짓이 변형되어서 생겨난 것인데, 하와이 전역의 조각과 그림에서 볼 수 있다.

1. **왼쪽 위** 장 레옹 제롬, 「황제께 경례! 목숨을 바치려는 이들이 인사드립니다」(일부), 1859년, 캔버스에 유채
2. **왼쪽 아래** 자크 루이 다비드, 「호라티우스의 맹세The Oath of the Horatii」, 1784년, 캔버스에 유채
3. **위** 토머스 쿠퍼스웨이트 에이킨스, 「인사」, 1898년, 캔버스에 유채

4. **왼쪽** 흐라 뤼에프, 「올림픽 인사를 하는 남성」, 1928년, 네덜란드 암스테르담 올림픽 경기장
5. **위** 르네 드 생 마르소René de Saint-Marceaux, 「장 실뱅 바이」, 1881년, 석고, 프랑스 베르사유 궁전

악수

멀리서 하는 환영 표시—팔 치켜들기와 흔들기—를 통해 첫 시각적 접촉이 이루어지고 나면, 두 사람은 가까이 다가간다. 신체 접촉을 할 수 있을 만큼 가까워지면, 대개 두 가지 일 중 하나가 일어난다. 껴안거나 악수를 한다. 연인, 가까운 친척, 친밀한 친구라면 몸을 맞대면서 두 팔로 서로를 감싸면서 포옹으로 환영할 수도 있다. 낯선 사람이나, 덜 친밀한 사람이라면, 더 가벼운 형태의 접촉이 필요하다. 그래서 나온 것이 바로 악수다. 호의적인 신체 접촉을 하긴 하지만, 최소한으로 하는 행동이다. 이 널리 퍼진 관습을 피하는 곳도 있다. 바로 일본인데, 남의 몸에 손을 대는 것이 무례하다고 여겨서, 포옹하는 대신에 서로 맞절을 한다.

악수로 환영 인사를 하게 된 것은 19세기 초부터로, 비교적 최근의 일이다. 그 전까지는 고개 숙이기, 손 흔들기, 손을 우아하게 움직이면서 허리와 무릎을 살짝 굽혀 절하기가 정중한 사회의 환영 몸짓이었다. 그 전까지는 사회의 계급 구조가 탄탄해서 악수는 너무 '평등주의적'이고 부적절하다고 여겨졌을 것이다. 물론 현대의 사회적 태도와는 잘 어울린다. 만난 사람 중 한쪽이 지위가 훨씬 높다고 해도 서로 악수를 나눌 수 있으며, 그럴 때 양쪽이 하는 행동은 동일하다. 뒤에서 말하겠지만, 여성은 상황이 좀 더 복잡하다.

환영을 중요하게 여긴다는 점을 강조하고자, 더 과장된 악수를 할 때도 있다. 마주 잡은 손을 왼손으로 덮는 것이다. 이를 '정치인 악수'라고 부르곤 하는데, 매우 친근한 모습으로 비치기를 원하는 유명 인사들이 즐겨 쓰는 방식이기 때문이다. 상대의 손을 최대한 친밀하게 감싸기 때문에, 포옹의 축소판이라고 할 수 있다. 따라서 이런 유형의 환영 인사는 격식을 갖추면서도 우정의 신호도 강력하게 표현하는 효과를 보인다.

악수의 '평등성'이라는 특징을 뒤엎을 수 있는 방법이 하나 있다. 환영 인사를 주도하는 쪽이 손바닥을 아래로 한 채 손을 내밀면, 상대방은 손바닥을 위로 하고서 마주잡을 수밖에 없다. 이는 '우위를 점하려gain the upper hand' 하는 사람의 악수다. 그런 사람은 손바닥을 아래로 향한 채 손을 내밀음으로써, 상대방에게 도전 과제를 제시한다. 자신의 손 자세를 받아들이든지, 협력을 거절함으로써 촉발되는 불편한 일을 감수하든지 하라는 것이다. 받아들인다면 그 환영 인사의 평등주의적인 속성은 사라진다. 평범한 악수에서는 상대적인 지위에 상관없이, 두 사람이 똑같은 행동을 한다. 즉 각자 '엄지를 위로 한' 손 자세를 취한다. 그러나 손바닥을 아래로 향한 악수에서는 주도자가 평등함을 거부하고 미묘한 방식으로 지위가 높음을 드러낸다.

성별에 따른 차이 중에는 오늘날까지 남아 있는 것들도 있다. 여성이 악수하자고 손을 내밀지 않는 나라도 있는 반면, 악수하는 것이 관습인 나라도 있다. 그래서 때로 혼란스럽다. 또 대다수의 이슬람 국가들에서는 가까운 친척이 아닌 여성에게는 남성이 어떤 식으로든 간에 신체 접촉을 하지 않는다. 남성 손님이 악수를 하자고 손을 내미는 행동은 무례하다고 여겨질 수 있다. 중동과 아시아에서는 살람salaam(아랍), 나마스테namaste(인도), 와이wai(태국), 절 같은 더 오래된 형태의 환영 인사법을 여전히 선호한다.

비록 일상적인 환영 인사로서의 악수는 비교적 최근에 등장한 현상이지만, 몇몇 오래된 미술 작품을 보면, 악수가 고대 문명에서 특별한 행사 때 격식을 갖춘 인사로 쓰였음을 알 수 있다. 기원전 9세기의 한 돋을새김에 담긴 모습이 가장 오래된 것이다[6]. 아시리아의 왕 샬마네세르 3세가 바빌로니아의 왕 마르둑자키르수미 1세와 악수하는 장면이다. 두 왕국의 긴밀한 유대, 상호 혼인으로 조성된 우호 관계를 기념하여 새긴 작품이다.

몇 세기 뒤인 고대 그리스 미술에서도 악수를 볼 수 있다. 기원전 480~470년 아테네에 있는 항아리에 붉은 형상이 새겨진 그림[7]이 한 예다. 테세우스가 바다 밑에 있는 부친 포세이돈의 왕궁에서 부친과 악수를 하고 있다. 또 기원전 5세기와 4세기의 그리스 무덤 석판의 돋을새김에서는 죽은 이가 가까운 친척이나 친구의 손을 잡고 있는 모습이 흔히 묘사되어 있다. 그리스 묘석에 있는 악수 모티프를 덱시오시스dexiosis라고 하는데, 특별한 의미와 상징성이 담겨 있다. 본질적으로 죽은 이와 가족 사이의 작별의 몸짓으로서, 가족의 강한 유대감이 중요함을 강조한다.

고대 로마에서는 상징적인 악수를 하고 있는 두 손이 새겨진 동전이 있었다. 서기 112년에 나온 카이사레아 카파도키아Caesarea Cappadocia 은화도 이런 동전 중 하나인데, 이 동전을 디자인한 예술가는 마주잡은 손의 엄지를 비롯한 손가락들의 위치를 정확히 묘사하는 데 꽤 공을 들였다. 이 시기 로마 제국에서는 오른손끼리의 의례적인 결합에 덱스트라룸 이눙크티오dextrarum iunctio라는 특별한 이름까지 붙어 있었고, 몇몇 무덤 석판 돋을새김에서도 그 모습을 찾아볼 수 있다. 로마 악수의 한 가지 변형된 형태는 두 병사가 서로의 아래팔을 잡는 것이다. 소매에 무기를 감추고 있지 않은지 확인하기 위해서다. 이 악수법은 그 시대를 배경으로 한 할리우드 영화에서 군대의 환영 인사 장면에 널리 쓰였다. 그런데 고대 로마에서 실제로 그런 악수를 했다는 기록은 전혀 없다.

로마 제국이 몰락한 뒤, 미술 작품에서 악수하는 모습은 거의 자취를 감추었다. 그러다가 17세기 네덜란드 화가 바르톨로메우스 판 데르 헬스트Bartholomeus van der Helst의 「석궁 길드의 뮌스터 조약 축하 연회Banquet at the Crossbowmen's Guild in Celebration of the Treaty of Münster」(1648)[8]에 악수 장면이 다시 등장한다. 석궁 길드의 연회장에서 암스테르담 시장이 평화와 긴밀한 우애의 표시로 보좌관과 악수하고 있다. 이 시대의 작품에서 드물게 보이는 악수 장면이며, 이는 악수가 특별한 행사 때 여전히 쓰이고 있었다는 것을 명확히 말해 준다. 혼례식 때도 악수를 했다. 17세기의 많은 혼례식 초상화에는 신혼부부가 악수하는 모습이 담겨 있다. 남편과 아내가 되었음을 환영한다는 표시다.

그다음 세기에도 상황은 거의 비슷했던 듯하다. 악수는 중요한 행사 때만 했다. 20세기 초에 제니 오거스타 브라운스컴Jennie Augusta Brownscombe은 1784년 조지 워싱턴이 마운트버넌에 있는 자신의 농장 자택에서 마르키스 드 라파예트Marquis de Lafayette와 악수하는 장면을 그렸다[9]. 그 부유한 프랑스인은 미국 독립 전쟁 때 미국 군대를 지휘하여 워싱턴과 미군이 영국군을 물리치는 데 도움을 주었다. 그 그림은 전쟁이 끝난 뒤 동료들이 다시 만난 감동적인 순간에 나누는 악수를 묘사하고 있다.

서양에서 악수가 일상적인 환영 인사가 된 것은 19세기에 들어서였다. 빅토리아 시대의 예절을 다룬 책들은 신흥 중간 계급이 알아야 할 핵심 예의범절을 알려 주는 지침들로 가득했다. 거기에는 악수를 하는 가장 좋은 방법도 적혀 있었다. 오늘날의 일부 젊은이들이 악수가 너무 인습적이라고 보고 악수 대신에 손바닥을 마주치거나 주먹을 맞댐으로써 인사를 나누는 이유가 어느 정도는 그런 역사 때문일 수도 있다. 아무튼 주먹 맞대기가 전통적인 악수처럼 손바닥을 맞대는 것보다 더 위생적이며, 아주 많은 사람을 만나고 인사해야 하는 일부 유명 인사들이 그 방법을 선호한다는 것도 말해 두기로 하자.

최근에 이스라엘의 와이즈먼 연구소는 일상적인 악수에 한 가지 중요한 부수적인 효과가 있다는 연구 결과를 발표했다. 악수가 두 사람 사이에 사회적인 화학 신호를 전달하는 수단 역할을 한다는 것이다. 악수를 한 뒤 당사자가 손을 얼굴에 가까이 가져갈 때마다, 코는 상대방의 정보를 담은 냄새를 맡게 된다. 이 과정은 무의식적으로 이루어지면서, 자신이 방금 만난 사람을 더 잘 이해할 수 있도록 돕는다. 홍이hongi라고 하는 코를 맞대거나 마주 누르는 마오리족의 환영 인사도 화학물질의 교환을 수반한다. 이 인사는 서로 숨을 교환하기 위한 것이다. 즉 상대와 생명의 숨결을 공유하는 행동이다.

악수에 관해 한 가지만 더 말하고 넘어가기로 하자. 악수는 두 가지 요소로 이루어진다. 손바닥을 마주 쥐는 행동과 잡은 손을 위아래로 흔드는 행동이다. 그러나 두 번째 요소는 고대에는 그다지 두드러지지 않았다. 잡은 손을 아주 조금은 움직였을 수도 있다. 어느 정도의 감정인지를 드러낼 정도로만 말이다. 잡은 손을 힘차게 위아래로 흔드는 행동은 나중에 상대의 소매에 숨겨졌을지 모를 무기를 떨어내려는 시도로 도입되었다고 보는 이론이 있다. 혹할 만한 개념이며, 아마 그랬을 수도 있겠지만, 증거는 좀 빈약해 보인다.

6. **위** 왕좌 기단의 돋을새김.
아시리아 왕 샬마네세르 3세가
바빌로니아 왕 마르둑자키르수미 1세를
환영하는 모습, 기원전 9세기

7. **아래** 붉은 형상 항아리.
포세이돈의 환영을 받는 테세우스,
기원전 480~470년

8. 왼쪽 바르톨로메우스 판 데르 헬스트,
「석궁 길드의 뮌스터 조약 축하 연회」(일부),
1648년, 캔버스에 유채

9. 위 제니 오거스타 브라운스컴,
「마운트버넌에서 라파예트를 환영하는 워싱턴」,
20세기 초, 캔버스에 유채

포옹

얼마간 떨어져 있던 가족, 연인, 아주 가까운 친구 사이의 주된 환영 인사는 힘찬 포옹이다. 이 몸짓은 어릴 때 부모가 아이를 사랑스럽게 또는 보호하듯이 껴안는 것에서 유래한다. 어른이 되어 우리는 누군가를 만날 때 가장 강한 애착심을 드러내기 위해서 이 '서로 달라붙는' 행동을 재현한다. 다른 환영 인사들에 비해, 포옹은 시각 미술에서 제대로 표현되어 있지 않다. 이유는 단순하다. 두 사람이 서로 껴안으면, 시각적 매력이 없이 좀 두루뭉술하게 덩어리진 형태로 보이는 경향이 있기 때문이다. 그래서 포옹이 그림의 주제가 될 때는 대개 그 초기 단계를 묘사한다. 즉 두 사람이 완전히 몸을 맞대기 전, 서로에게 팔을 뻗는 모습일 때다.

이 점을 아주 명확히 보여 주는 초기 종교화 한 점이 있다. 성모 마리아의 부모인 요아킴과 안나가 예루살렘의 황금 문에서 만나는 장면을 그린 것이다. 앞서 천사가 각자의 앞에 따로 나타나서 아기라는 선물을 받고 싶다는 그들의 기도가 응답을 받았으며, 이 아기는 아주 특별할 것이라고 알려 주었다. 천사는 그들에게 예루살렘의 황금 문에서 서로 만나라고 말한다. 도착한 그들은 새로 알게 된 기쁜 일을 축하하면서 서로를 열정적으로 껴안으면서 환영한다. 이 장면은 초기 화가들에게 인기 있는 소재가 되었다. 조토Giotto는 포옹 순간을 그렸고(1305)[13], 필리피노 리피Filippino Lippi는 머리를 맞대고 반쯤 껴안은 모습을 담았다(1497)[12].

초기 화가들은 성모 마리아 부모 사이의 이 만남 외에도 여러 환영하는 포옹 장면을 그리곤 했다. 1452년 피렌체의 베노초 고촐리Benozzo Gozzoli는 성 도미니크와 성 프란체스코의 포옹을 그렸다[14]. 전하는 이야기에 따르면, 성 프란체스코가 1215년 로마의 한 성당에서 기도를 하고 있을 때, 한 남자가 다가와서 껴안았다고 한다. 남자는 죄인들을 회개시키는 일을 함께하겠다고 말했다. 성 프란체스코는 남자가 전날 밤 본 환영 속에 나온 남자임을 알아보았다. 성 도미니크도 앞서 비슷한 환영을 보았다. 화가는 두 사람의 포옹을 좀 뻣뻣하게 묘사하고 있지만, 둘의 코는 맞닿아 있다. 마오리족에게는 와 닿을 듯한 세부 묘사다.

같은 시대의 한 크레타 성화[11]에는 사도인 베드로와 바울의 감동적인 만남이 담겨 있다. 둘은 밀착 포옹을 하고 있는데, 코를 맞대는 대신에 볼을 맞댄 모습이다. 너무 친밀한 자세라서 일부 비평가는 그들이 연인이었을지도 모른다는 좀 경솔한 주장을 펼치기도 했다. 사실 그 성화는 서방 교회와 동방 교회의 결합을 상징한 것이었다. 베드로가 서방, 바울이 동방이었다.

10. 조반니 디파올로Giovanni di Paolo,
「천국Paradise」, 1445년, 캔버스에 템페라와 금,
목판에서 옮김

11. 위 앙겔로스 아코탄토스Angelos
Akotantos, 「사도 베드로와 바울의
포옹The Embrace of the Apostles Peter and
Paul」, 15세기, 화판에 붙인 캔버스에
유채

12. 아래 필리피노 리피,
「예루살렘 황금 문 앞에서
요아킴과 안나의 만남Meeting of
Joachim and Anne outside the Golden Gate of
Jerusalem」, 1497년, 화판에 템페라

13. 오른쪽 위 조토,
「황금 문에서 요아킴과 안나의
만남Joachim and Anne Meeting at the Golden
Gate」, 1305년, 프레스코,
이탈리아 파도바 스크로베니 예배당

14. 오른쪽 아래 베노초 고촐리,
「성 프란체스코와 성 도미니크의
만남Meeting of St Francis and St Dominic」,
1452년, 프레스코, 이탈리아
몬테팔코 성 프란체스코 성당

절과 커트시

팔 치켜들기, 악수, 포옹은 지위가 동등한 사람들 사이의 전형적인 환영 인사법인 반면, 윗사람과 아랫사람이 만날 때에는 몸짓 언어가 전반적으로 다르다. 그럴 때에는 아랫사람이 몸을 낮추는 행동이 핵심 요소가 된다. 이런 만남에서 드러나는 특징적인 행동은 네 가지다. 절, 커트시curtsey, 무릎 꿇기, 극단적인 사례에서 보이는 다양한 유형의 엎드리기다. 이는 다른 많은 동물 종에서 보이는 원초적인 행동들과 공통점이 있다. 복종하거나 지위가 낮은 동물은 우위에 있는 동물 앞에서 공격할 의사가 없다거나 공격을 피하겠다는 의사 표시로 몸을 낮출 것이다.

서구 문화에서 절은 주로 남성이 하는 행동으로 여겨진다. 환영이나 존중의 표시로서 머리와 상체를 숙이는 행동을 말한다. 여성의 절인 커트시는 본질적으로 무릎을 반쯤 굽히는 행동이다. 한쪽 발을 조금 뒤로 물리면서 무릎을 잠깐 굽힌다. 계속 굽히면 이윽고 무릎이 바닥에 닿겠지만, 중간에 멈춘 뒤 잠깐 1초쯤 쉬었다가 다시 다리를 편다. 역사적으로 볼 때, 이 두 행동은 예전에는 뚜렷이 구별되지 않았다. 구별되기 전 수백 년 동안에는 오늘날 우리가 절과 커트시라고 부르는 것 사이에 아무런 차이가 없었다. 예를 들어, 중세 시대에 남성은 윗몸은 세운 자세를 유지한 채 무릎만 굽혀서 절을 하곤 했다[15]. 사실 셰익스피어가 활동하기 전까지, 남성의 인사는 절이 아니라 커트시라고 불렸다. 다리를 굽히는 동시에 머리와 윗몸도 굽히는 몸짓은 세월이 흐르면서 서서히 추가된 것이고, 그러면서 남성의 절과 여성의 커트시로 성별 차이도 나타났다. 초기 서양 미술 작품에 윗몸을 굽히면서 절을 하는 모습이 거의 등장하지 않는 이유가 바로 그 때문이다.

아시아의 여러 나라들에서는 남녀 모두 절하는 것이 전형적인 환영 인사법이다. 사회적 접촉이 금기시되는 나라에서는 공개된 만남이나 심지어 사적인 만남에서도 절이 상대에게 존중을 표하는 올바른 행동이다. 일반적으로, 윗몸을 더 숙일수록 더 공경한다는 뜻이다. 아주 지위가 높은 사람에게는 깊이 절을 함으로써 환영 인사를 하며, 조금 높을 뿐인 사람에게는 머리를 살짝 숙이면서 인사한다. 1767~1768년경 일본 화가 스즈키 하루노부鈴木春信가 새긴 목판화에는 탁발승이 초지야의 유명한 기생인 초잔에게 절을 하는 장면이 나온다[16]. 이 절은 지위 차이를 뚜렷이 보여준다. 앞쪽의 승려는 양쪽 무릎을 다 꿇은 채 절을 하고 있다. 수 세기 전만 해도 이렇게 깊이 굽혀서 절하는 모습을 흔하게 볼 수 있었고, 그보다 더 굽힐 때도 있었다. 일본의 고위 관료에게 절할 때에는 윗몸과 머리를 숙일 뿐 아니라, 다리까지 크게 굽혀서 반쯤 엎드린 듯한 웅크린 자세를 취하기도 했다.

현재 영국에서는 대개 여왕을 알현할 때처럼 극도로 격식을 차리는 자리에서만

절과 커트시를 볼 수 있다[18]. 커트시의 예절은 빅토리아 시대 때 정립되었다. 당시에는 사교계에 진출하려는 야심적인 이들이 연간 네 번 이루어지는 여왕 알현 행사 때 여왕에게 인사를 할 영예를 차지하고자 경쟁을 벌였다. 소설가이자 역사가인 에반젤린 홀랜드Evangeline Holland의 묘사에 따르면, 사교계에 진출하는 이들은 다음과 같은 절차를 거쳤다. "이름이 불리면 여왕 앞에서 커트시를 했다. 거의 무릎이 바닥에 닿을 만치 굽힌 뒤, 장갑을 벗은 오른손으로 여왕이 내민 손의 아래를 받치면서 여왕의 손에 입을 맞추었다. (…) 여왕 다음에는 그 옆에 있는 공주들 앞으로 옮겨 가면서 차례로 커트시를 했다. 커트시의 연쇄라고도 할 수 있을 이 과정은 문간에 이를 때까지 계속되었다. 옆에서 계속 시중을 들던 관리를 대신하여 시종이 그녀의 팔을 붙들면, 알현이 끝났다." 당시의 예절 전문가들은 더욱 상세한 지침들을 만들었다. 사교계에 진출하려는 열망으로 가득하지만 제대로 예절 교육을 못 받은 새내기 젊은 여성들을 겁에 질리게 할 정도였다!

오늘날 절과 커트시를 볼 수 있는 곳이 또 있다. 무대 공연자가 공연을 끝낸 뒤 관객의 박수에 감사 인사를 할 때다. 여배우들이 커트시보다는 절을 하는 사례가 훨씬 더 많긴 하지만, 발레나 오페라 같은 몇몇 전통적인 공연 예술에서는 커트시가 온전히 남아 있다. 몸의 움직임에 유달리 신경을 쓰는 예술 형식인 발레에서, 유독 커트시가 잘 보존되어 있다는 점은 흥미롭다. 프랑스 인상파 화가 에드가르 드가Edgar Degas는 커트시를 하는 순간을 포착한 작품을 몇 점 그렸다. 한 작품에는 수석 발레리나가 꽃다발을 받고서 관객에게 커트시를 하는 모습이 담겨 있다[19]. 절하는 모습이 없이 커트시만 하는 모습을 담은 작품도 있고, 절과 커트시가 함께 이루어지는 장면을 담은 작품도 있다.

옷 때문에 커트시를 하는 것인지 알아보기가 어려운 작품도 있다. 몸을 살짝 낮춘 자세는 거의 구별하기가 불가능하다. 프랑스 화가 윌리앙 아돌프 부그로William-Adolphe Bouguereau가 그린 소녀의 초상화 「커트시The Curtsey」(1898)[21]는 흥미롭게도 커트시를 하기 직전의 모습을 담고 있다. 역사적으로 보면, 커트시를 하려고 할 때 첫 번째로 하는 몸짓은 다리를 굽힐 준비를 하면서 치마를 양쪽으로 살짝 들어 올리는 것이었다. 이 소녀는 커트시를 하려는 듯이 치마의 양쪽을 잡고 있지만, 발의 위치로 볼 때 아직 다리를 움직이지 않고 있음이 명확히 드러난다. 머리는 한쪽으로 살짝 기울어져서, 절을 하기 시작했음을 시사한다. 커트시와 절이 한 몸짓의 일부였던 시절을 떠올리게 한다.

15. 위 장 프루아사르Jean Froissart가
쓴 『연대기Chronicles』(14세기)의
19세기 판본에 실린 삽화 중 일부.
프루아사르가 전령을 맞이하는 장면

16. 아래 스즈키 하루노부,
「초지야의 기생 초잔에게 절하는
탁발승」(일부), 1767~1768년경,
목판화

17. 오른쪽 위 헨리 길라드
글린도니Henry Gillard Glindoni,
「부채 추파Fan Flirtation」, 1908년,
캔버스에 유채

18. 오른쪽 아래 작가 미상,
1914년 국왕 조지 5세에게 커트시를
하는 사교계에 처음 나온 여성

19. 왼쪽 위 에드가르 드가,
「꽃다발을 들고 인사하는 무용수
Dancer with Bouquet, Curtseying」,
1878년, 종이에 파스텔

20. 왼쪽 아래 에드가르 드가,
「인사하는 무용수들Dancers Bending
Down」, 1885년, 종이에 파스텔

21. 오른쪽 윌리앙 아돌프 부그로,
「커트시」(일부), 1898년,
캔버스에 유채

무릎 꿇기

앞서 커트시가 마치 오른쪽 무릎을 바닥에 닿을 때까지 굽히려 하다가 도중에 멈춤으로써, 무릎을 반쯤 꿇다 만 자세라고 말한 바 있다. 한쪽 무릎을 완전히 꿇는 것은 그 행동이 완결된 것이고, 따라서 더 극단적인 형태의 복종 표현이다.

오늘날 서양에서는 대체로 한쪽 무릎을 꿇는 상황이 두 가지밖에 없다. 첫 번째는 남성이 한쪽 무릎을 꿇고서 여성에게 청혼할 때다. 이는 청혼할 때의 전통적인 자세이지만, 점점 드물어지고 있다. 두 번째는 영국 여왕으로부터 기사 작위를 받을 때다. 이때 한쪽 무릎을 꿇는 자세를 취해야 한다. 작위를 받는 사람은 왕실의 무릎 방석에다가 손잡이의 도움을 받아서 오른쪽 무릎을 꿇는다. 그럴 때에도 혹시라도 당혹스러운 상황이 일어나는 것을 피하기 위해, 버킹엄궁은 늘 "무릎을 꿇을 수 있습니까?"라고 적힌 쪽지를 보낸다. 이 일반적인 규칙에 확연히 어긋나는 예외 사례가 최근에 등장했다. 미식축구 선수들이 국가가 흘러나올 때 인종 불평등과 부당함에 항의하는 표시로 한쪽 무릎을 꿇곤 하는 것이다.

한쪽 무릎 꿇기의 초기 사례는 15세기 독일 르네상스 화가 콘라트 비츠Konrad Witz의 그림에서 볼 수 있다. 「다윗 앞에 무릎을 꿇고 있는 아비샤이Abishai Kneeling before David」(1435년경)[25]는 유명한 전사인 아비샤이가 왼쪽 무릎을 꿇고—갑옷을 다 입고 있었기에 쉽지 않았을 것이 분명하다—성서에 나오는 바로 그 다윗 왕인 삼촌에게 인사하면서, 마실 물이 든 화려한 병을 건네는 장면을 담고 있다. 성서에는 이 내용을 이렇게 기록하고 있다. 주둔지에 있던 다윗 왕이 목이 몹시 말라서 이렇게 말했다. "오, 누가 저 성문 옆에 있는 베들레헴 우물에서 물을 떠다 줬으면 좋겠구나!" 그러자 아비샤이를 비롯한 세 강인한 전사가 베들레헴을 지키고 있던 필리스틴인Philistines 군대 주둔지를 뚫고 들어가서, 우물에서 물을 길어왔다. 아비샤이가 다윗에게 물을 바치자, 왕은 자신이 마실 물을 구하러 전사들이 목숨을 무릅썼다는 사실에 너무 놀라서, 물을 마시지 않겠다고 했다. 그는 신에게 바치겠다며 물을 바닥에 쏟았다.

헨드릭 단커르츠Hendrick Danckerts의 그림[26]은 왕실 정원사인 존 로즈John Rose가 오른쪽 무릎을 꿇고서 국왕 찰스 2세에게 파인애플을 바치는 모습을 담고 있다. 17세기에 파인애플은 아주 희귀했다. 당시 영국에서 파인애플은 부와 사치의 상징이었다. 파인애플 하나의 가격이 현재 화폐 가치로 따져서 약 5천 파운드(약 750만 원)였다. 사실, 파인애플이 너무 귀해서 그냥 식탁에 올려놓고 보여 주기 위해서 빌리기도 했다. 파인애플은 크리스토퍼 콜럼버스Christopher Columbus가 카리브해 지역에서 '발견했'는데, 배로 유럽까지 운송하려고 하면 대개 도중에 썩어 버렸다. 유럽의 정원사들이 마침내 파인애플 재배에 성공한 것은 17세기에 들어서부터였다. 존 로즈는 마침내 왕실 정원에서 재배에 성공하자, 그 일을 공식적으로 기념하고자 격식을 차려서 무릎을 꿇은 자세로 왕에게 바쳤다.

18세기에 교양 있는 사회에서 젊은 신사는 혼례식에서 사랑하는 사람에게 손을 내밀라고 요청할 때 오른쪽 무릎을 꿇어야 했다. 헨리 싱글턴Henry Singleton의 「청혼 The Proposal」[27]은 이 순간을 포착한다. 청혼할 때 남성은 여성 앞에서 자신을 극도로 낮춘다. 그러나 청혼을 받아들이면, 여성은 곧 자신이 사회적으로나 가정적으로 훨씬 더 낮은 지위로 떨어진다는 사실을 알아차리게 된다. 이 맥락에서 보자면, 무릎 꿇는 몸짓은 형식적인 것에 불과한 일종의 속임수였다. 물론 여전히 형식적인 측면이 있긴 하지만, 지금은 한쪽 무릎을 꿇는 행위로부터 진정한 부부 관계가 시작될 수도 있다.

현대에는 한쪽 무릎을 꿇는 일이 드물어졌지만, 괴짜 초현실주의자인 살바도르 달리Salvador Dalí는 그림에 그 몸짓을 즐겨 그리곤 했다. 1954년에 그린 「소체로 변신한 다섯 개의 입방체를 응시하고 있는 나체의 달리, 그때 갑자기 갈라의 얼굴에 염색체화한 레오나르도의 '레다'가 출현하다」라는 복잡한 제목의 작품에서는 벌거벗은 달리가 기이한 환영 앞에서 오른쪽 무릎을 꿇고 있다. 기이하게도 그의 무릎 밑에는 독을 지닌 노랑가오리가 깔려 있다. 재앙이 빚어질 가능성이 높은 행동이다. 자신을 이렇게 복종하는 자세로 묘사했기에 언뜻 보면 극도로 겸손한 행동 같지만, 달리는 결코 겸손하지 않았다. 오히려 이 그림은 달리를 신의 계시를 접하는 성인의 지위로 격상시키고 있다.

고대 이집트 미술에서도 한쪽 무릎을 꿇은 모습을 담은 특이한 사례가 있다. 이집트 미술에 등장하는 무릎을 꿇은 인물들은 대다수가 양쪽 무릎을 다 꿇고서 어느 신이나 살아 있는 신이라고 여기는 파라오에게 경의를 표하는 모습이다. 그런데 한쪽 무릎을 꿇고 두 팔로 특정한 자세를 취하고 있는 모습으로 표현된 인물들도 일부 있다. 오른팔은 치켜들고 왼팔은 가슴에 갖다 댄 자세다. 두 손은 주먹을 쥐고 있다[24]. 이 팔 자세는 결코 복종을 뜻하는 것이 아니며, 무릎을 꿇고 몸을 낮춘 자세와 좀 안 어울린다. 고대 이집트에서 이 자세가 찬양이나 환호를 상징한 것이라는 설명이 제시되어 있긴 하다. 이 자세를 보고 있자면, 묘하게도 오늘날 축구선수가 중요한 골을 넣었을 때 하는 무릎을 대고 '죽 미끄러지는' 행동이 떠오른다. 선수는 주먹을 불끈 쥔 채 두 팔을 치켜들고서 잔디에 무릎을 대고서 미끄러진다. 이 행동은 지지하는 관중에게 존경을 표하는 동시에 골을 넣었음을 의기양양하게 기념하는 것이다.

엎드리기에 조금 못 미치는 양쪽 무릎 꿇기는 언제나 지배자 앞에서 가장 극단적인 형태로 복종하는 모습으로 비쳐 왔다. 오늘날 양쪽 무릎 꿇기는 종교적인 맥락에서 가장 흔히 볼 수 있다. 신에게 기도하는 사람이 보이는 행동이다. 희극적인 상황에서 쓰이기도 한다. 풀썩 양쪽 무릎을 꿇고서 연극적인 태도로 용서를 간청할 때가 그렇다. 아주 드물게, 유죄 판결을 받은 범죄자나 극단주의자에게 붙잡힌 무력한 희생자를 처형하기 직전에 억지로 무릎을 꿇리기도 한다. 그러나 역사적으로 보면 양쪽 무릎을 꿇는 자세가 엎드리기보다 훨씬 더 일반적이었으며, 다양한 맥락에서 깊은 존경의 표시로 받아들여졌다. 그래서 수 세기 동안 미술 작품에 흔히 등장했다.

통치자를 신적인 존재라고 믿던 시대에 사람들은 으레 양쪽 무릎을 꿇고서 통치자를 경배했다. 존 리드게이트John Lydgate의 『트로이의 서Troy Book』와 『테베 이야기Siege of Thebes』의 삽화[22]에 담긴 모습이 대표적이다. 윌리엄 허버트Sir William Herbert 경과 아내인 앤 데버루Anne Devereux가 신하들이 지켜보는 가운데 즉위한 왕에게 두 무릎을 꿇고 있다. 훗날 왕이 그저 인간일 뿐이라는 개념이 받아들여지면서, 무릎을 양쪽 다 꿇는 행동과 한쪽만 꿇는 행동의 구분도 이루어졌다. 신에게는 양쪽, 사람에게는 한쪽만 꿇게 되었다. 한 영국의 예절 지침서는 이 구분을 명확히 하고 있다. "신을 공경할 때는 신실한 마음으로 양쪽 무릎을 꿇어라. 사람을 공경할 때는 한쪽 무릎을 꿇고, 다른 쪽 무릎으로 버티라 (…) 누구든 간에 자신의 지배자나 주군에게는 한쪽 무릎만 꿇어라."

한 악명 높은 작품은 양쪽 무릎 꿇기를 몹시 불편한 방식으로 묘사하고 있다. 이탈리아 개념 미술가 마우리치오 카텔란Maurizio Cattelan의 「그를Him」(2001)[23]은 1930년대 복장을 한 실물 크기의 밀랍상이다. 뒤에서 다가가면서 보면, 작고 순진한 남학생이 무릎을 꿇고서 진심으로 기도를 하는 인물상처럼 보인다. 그러나 돌아서 앞쪽을 보면, 그 인물이 아돌프 히틀러Adolf Hitler의 얼굴을 하고 있음을 뚜렷이 알아볼 수 있다. 순진무구한 히틀러가 기도로 신을 맞이하고 있다는 개념을 생각할 때마다 화가 자신도 몹시 심란했다고 말한다. "그냥 부숴 버리고 싶었어요. 하루에도 천 번씩 마음이 바뀌었어요. 히틀러는 순수한 공포입니다. 끔찍한 고통의 상징이지요. 그 이름을 입에 담는 것조차도 고통스럽습니다. 그럼에도 그 이름은 내 기억을 정복했고, 설령 금기시된 상태라고 해도 내 머릿속에 살고 있어요." 그 작품은 2016년 경매에서 1천7백만 달러가 넘는 가격에 팔렸다. 뉴욕의 기자들은 익명의 구매자가 그 작품을 산 동기가 궁금했지만, 아무리 조사해도 구매자의 신원을 알아낼 수 없었다.

22. 윌리엄 허버트 경과 아내인 앤 데버루가 왕 앞에 무릎을 꿇고 있는 모습,
존 리드게이트의 『트로이의 서』와 『테베 이야기』에 실린 삽화, 1457~1460년경

23. 왼쪽 마우리치오 카텔란, 「그를」, 2001년, 밀랍,
사람 머리카락, 옷, 폴리에스터 수지

24. 위 파라오일 가능성이 높은 인물이 무릎을 꿇고 있는
이집트 청동상, 말기 왕조 시대, 기원전 600~323년경

25. 콘라트 비츠, 「다윗 앞에 무릎을 꿇고 있는 아비샤이」,
1435년경, 구원의 거울 제단화

26. 위 토머스 스튜어트Thomas
Stewart(헨드릭 단커르츠의 그림을
모사한 작품), 「국왕 찰스 2세에게
파인애플을 바치는 왕실 정원사
존 로즈John Rose, the Royal Gardener,
Presenting a Pineapple to King Charles II」
(일부), 1783년, 캔버스에 유채
27. 아래 헨리 싱글턴, 「청혼」
(일부), 18세기 말, 캔버스에 유채

큰절

가장 공경하면서 복종하는 형태의 환영 인사는 큰절이다. 몸을 낮추어서 두 손을 바닥에 대는 인사법이다. 가장 극단적인 형태의 큰절은 온몸을 바닥에 대는 것이다. 또 무릎을 꿇은 자세로 손을 바닥에 대거나, 거기에 이마까지 바닥에 대는 변형된 방식도 있다. 예전에는 큰절이 전능한 통치자를 맞이할 때 아주 흔하게 쓰였지만, 세월이 흐르면서 점점 드물어졌으며, 지금은 주로 종교 행사나 의례에서만, 즉 신을 모시는 자리에서만 쓰인다.

왕 앞에서 엎드린 모습을 묘사한 장면 중 가장 오래된 것 중 하나는 기원전 825년에 세워진 검은 오벨리스크[28]에서 볼 수 있다. 이 오벨리스크는 원래 고대 아시리아의 도시 님루드Nimrud에 있었지만, 지금은 영국 박물관에 있다. 당시에는 경쟁자를 물리쳤을 때, 단순히 승리를 기념하는 기념비만 세우지 않았다. 경쟁자가 발치에 엎드려 있는 모습을 돋을새김으로 장식했다. 이 오벨리스크에 새겨진 승리한 통치자는 아시리아 왕 샬마네세르 3세였다. 오벨리스크에는 5단에 걸쳐서 그가 굴복시킨 다섯 개 국가의 왕이 각각 큰절을 하는 돋을새김이 있다. 이스라엘 왕인 예후Jehu도 그중 한 명이었다. 그는 왕 앞에 엎드리면서 금, 은, 주석을 공물로 바치고 있다.

뤽 올리비에 메르송Luc-Olivier Merson은 「마라톤의 병사The Soldier of Marathon」 (1869)[31]에서 기원전 490년의 유명한 장면을 묘사하고 있다. 그리스 병사 페이디피데스Pheidippides가 아테네까지 달려와서 마라톤 전투에서 페르시아를 상대로 이겼음을 알리는 장면이다. 달려온 병사는 아테네의 지도자들 앞에서 엎드려 경의를 표하고 있는데, 아마 42킬로미터를 달려 왔기에 지친 탓도 있을 것이다(사실, 그 일화에 따르면 병사는 소식을 전한 직후에 사망했다고 한다). 그런데 기원전 490년에 실제로 그런 달리기가 없었다고 말하면, 그 일을 재현하고 있는 오늘날의 마라톤 주자들은 놀랄지도 모르겠다. 전 세계에 널리 알려진 그 일은 사실 일어난 적이 없었다. 실제로 페이디피데스가 달린 곳은 따로 있었다. 그는 아테네에서 스파르타까지 훨씬 더 긴 거리를 달렸다. 전투가 벌어지기 전, 스파르타에 도움을 요청하기 위해서였다.

큰절을 묘사한 작품들은 대개 중요한 인물을 기리는 쪽이 아니라, 성인, 신이나 여신 같은 신성한 존재에게 복종하는 모습을 담고 있다. 모든 주요 종교들에는 나름의 엎드리는 방식이 있으며, 대개 이름도 따로 붙어 있다. 기독교 신자들은 대개 양쪽 무릎을 꿇고서 기도를 하며, 완전히 엎드린 자세는 주로 서품식이나 성모 마리아상 봉헌식 같은 특별한 행사 때에만 볼 수 있다. 도판이 수록된 13세기의 한 소책자에는 성 도미닉이 기도를 하는 아홉 가지 방법이 묘사되어 있다. 두 번째 방법을 보면 이렇다. "성 도미닉은 온몸을 쫙 펼쳐서 바닥에 엎드린 채 얼굴도 바닥에 붙이곤 했다. 그러면 회개하는 마음이 북받치곤 했고, 그럴 때 복음서의 내용을 머릿속에 떠올리곤 했다. 때로는 옆에서 들릴 만치 큰 소리로 읊기도 했다: 신이시여, 이 죄인에게 자비를 베푸소서."

이슬람에서 큰절은 수주드Sujūd 또는 사즈다Sajdah[29]라고 하며, 흔한 기도 자세다. 신자는 하루에 다섯 번, 일곱 단계에 걸친 이 기도 자세를 수행한다. 이 자세를 올바로 취할 수 있도록 구체적인 지침이 나와 있다. "두 손을 무릎에 대고서 천천히 편하게 몸을 낮추어서 무릎을 꿇은 뒤, 이마, 두 손바닥, 두 무릎, 두 발의 발가락이라는 일곱 곳의 신체 부위가 닿을 수 있도록 머리를 바닥에 댄다." 중국의 고두(아래 참조) 자세는 또 다르다. 이 자세는 두 손을 좀 벌려서 머리 양쪽 바닥에 댄다.

불교는 종파에 따라서 큰절을 파니파타panipāta, 나마스카라namas-kara, 리파이li-pai, 라이하이raihai 등의 이름으로 부른다[30]. 상좌부불교는 이 큰절을 하는 방법을 상세히 정하고 있다. 칸티팔로 비구Bhikkhu Khantipalo의 『불자 수행 입문Lay Buddhist Practice』(1974)의 한 대목을 인용하면 이렇다. "무릎을 꿇은 자세에서 두 손을 합장하여 이마까지 들어 올린 뒤, 그대로 몸을 숙여서 아래팔이 팔꿈치까지 다 바닥에 닿도록 한다. 팔꿈치는 무릎에 닿도록 한다. 이마를 바닥에 대고 두 손은 머리 옆으로 10~15센티미터쯤 벌려서 손바닥을 바닥에 댄다. 발은 무릎 꿇은 자세를 그대로 유지하며, 무릎 사이는 약 30센티미터 뗀다."

힌두교에서는 이 몸짓을 프라나마Pranama라고 한다. 이 산스크리트어는 '앞쪽'을 뜻하는 프라Pra와 '굽히다' 또는 '뻗치다'를 뜻하는 아나마Anama에서 유래했다. 프라나마는 몇 가지 유형이 있다. 아쉬탕가Ashtanga는 무릎, 배, 가슴, 손, 팔꿈치, 턱, 코, 관자놀이를 바닥에 댄다. 샤스탕가Shastanga는 발가락, 무릎, 손, 턱, 코, 관자놀이를 바닥에 댄다. 판창가Panchanga는 무릎, 가슴, 턱, 관자놀이, 이마를 바닥에 댄다. 단다바트Dandavat는 머리를 낮추어서 이마를 바닥에 댄다.

단다바트는 '막대기처럼 바닥에 놓이다'라는 뜻의 산스크리트어다. 신상을 향해 두 팔을 앞으로 쭉 뻗으면서 바닥에 엎드린다. 신을 공경하고 스스로 겸손하라고 되새길 수 있도록 완전한 복종을 상징하는 경배법이다. 이때 자누얌(허벅지), 파다얌(발), 카라얌(손), 우라사(가슴), 시라사(머리), 드루쉬탸(눈)도 바닥에 닿아야 한다.

역대 중국 왕조에서는 황제를 알현할 때 엎드려 큰절을 해야 했다. 이를 고두叩頭, kowtow라고 한다[33]. 알현식이 얼마나 엄숙한가에 따라서 엎드리는 정도에도 차이가 있다. 새 황제의 즉위식 때에는 가장 격식을 차려서 삼배구고三拜九叩를 한다. 서 있는 자세에서 세 번 무릎을 꿇고 매번 무릎을 꿇을 때마다 아홉 번 머리를 조아리는 것이다.

18세기 말에서 19세기 초에는 영국 사절단의 대표자들이 청나라 황궁에서 전통적인 방식으로 고두를 하지 않겠다고 거부함으로써 심각한 외교적 분쟁이 벌어졌다[32]. 거부한다면 간절히 원하던 교역 기회를 잃게 되겠지만, 그들은 청나라 황제에게 복종한다는 의미라고 여긴 행동을 할 생각이 전혀 없었다. 그 결과 양국은 서로를 적대시하게 되었고 이윽고 전쟁이 벌어졌다. 결국 청나라는 홍콩 섬을 영국에 양도해야 했다. 오늘날 홍콩의 거대 도시가 하나의 몸짓으로부터, 아니 그 몸짓의 거부로부터 시작되었다고 생각하면 흥미롭지 않을 수 없다.

　일본의 신도神道에는 도게자土下座가 있다. 정좌라는 자세로 무릎을 꿇은 뒤 몸을 숙여서 머리를 바닥에 대는 행동이다. 도게자는 종교적인 맥락에서만이 아니라, 집안의 원로, 귀한 손님, 존경하는 사무라이, 국왕에게 깊은 존경과 복종을 나타내는 표시로도 해 왔다.

　오늘날 큰절 중에서 가장 많이 이루어지는 것은 (앞에서 언급한) 무슬림의 수주드다. 매일 살라트salat(하루 예배) 때 수많은 교도들이 하고 있다. 큰절이 건강에도 도움을 준다는 연구 결과가 있다. 살라트 때 큰절을 하는 단계에서 뇌의 마루엽과 뒤통수엽에서 알파파 활성이 상당히 높아진다. 흥미로운 점은 완전히 엎드려서 머리를 바닥에 대는 순간에만 증가가 일어나며, 큰절을 조용히 하든 기도를 하면서 하든 간에 아무런 차이가 없었다는 것이다. 이 예배의 다른 단계들에서는 알파파 활성이 증가하지 않는다. 이는 뇌에 가장 큰 영향을 미치는 것이 큰절이라는 신체 활동임을 시사한다. 알파파 활성이 증가하면 긴장이 풀리고, 마음이 편안해지고, 집중력이 높아지는 효과가 있다.

28. 이스라엘 왕 예후가 아시리아 왕 샬마네세르 3세에게
큰절을 하는 모습을 담은 아시리아 검은 오벨리스크의 돋을새김, 기원전 825년

29. 왼쪽 위 윌리엄 제임스 뮐러William James Müller,
「사막의 기도Prayers in the Desert」(일부), 1843년,
캔버스에 유채

30. 왼쪽 아래 「디판카라 자타카Dipankara Jataka」
(고행자 수메다와 연등불 이야기), 서기 2세기경,
편암에 금박, 파키스탄

31. 위 뤽 올리비에 메르송, 「마라톤의 병사」,
1869년, 캔버스에 유채

32. 제임스 길레이James Gillray,
「베이징 황궁에서의 외교 사절단 알현
The Reception of the Diplomatique and his Suite, at the Court of Pekin」(일부),
1792년, 에칭에 색칠

33. 고두하는 관료, 당나라 초, 7~8세기,
채색 도기, 중국

축복

Blessings

오늘날 축복을 주거나 받는 행위는 일상생활에서는 거의 찾아보기 어려우며, 주로 종교 행사 때에만 볼 수 있다. 그러나 지난 수백 년 동안의 미술 작품들에는 흔히 등장하며, 몇 가지 유형으로 나타난다. 하지만 축복을 할 때의 몸짓 차이가 미묘하기 때문에 어떤 유형인지 혼동하는 일도 흔하다.

축복의 가장 기본 형태는 안수다. 기독교 하면 가장 흔히 떠올리는 축복 행위다. 안수는 일대일로 이루어지는 신체 접촉을 수반하므로, 더 큰 규모에서 이루어질 수 있도록 변형된 축복 유형이 필연적으로 나오게 마련이었다. 한 번의 행위로 집단 전체를 축복할 수 있도록 하기 위해서다. 이때는 안수 행동을 시작하다가 신체 접촉이 일어나기 직전에 멈추는 방법을 썼다. 다시 말해, 한 손이나 두 손을 축복받는 이들을 향해 뻗지만, 그 움직임은 끝까지 가지 않는다. 손바닥을 그들을 향해 뻗어서 팔을 들어 올린 채로 말로 축복을 한다. 아마 이 몸짓이 엄숙한 축복 행위보다는 다정한 환영 인사에 훨씬 더 가까웠기 때문에, 손의 모양을 어떤 식으로든 변형해야 했을 것이다. 어떤 손가락은 펴고 어떤 손가락은 살짝 구부리거나 꽉 쥠으로써, 더 특이한 형태로 만들었다.

종교적 맥락에서 각 기독교 종파가 저마다 조금씩 다른 손가락 모양을 채택함에 따라 다양한 유형이 파생되었다. 축복하는 모습을 담은 초기 미술 작품들에서는 화가들이 이런 작은 차이들에 매우 신경을 써서 그렸음을 알 수 있다. 한편 다른 종교들에서도 비슷한 몸짓을 썼기에 더욱 혼동이 일어나기도 했다. 손의 모양이 똑같지만 의미는 종교에 따라 전혀 다를 수도 있었다.

안수

그리스어로 케이로토니아cheirotonia라고 하는 안수는 고대부터 있었던 축복 형태다. 양손 또는 한 손의 손바닥을 축복을 받는 사람의 정수리에 부드럽게 올려놓고서 축복을 한다. 기독교에서는 축복하는 사람이 신의 대리자 역할을 하며, 축복받는 이에게 신의 축복을 전하는 것이라고 믿는다.

17세기에 렘브란트의 제자인 호베르트 플링크Govert Flinck는 『창세기』의 한 대목을 토대로 안수를 하는 장면을 담은 최초의 작품 중 하나를 남겼다[35]. 이삭은 늙고 눈이 멀었을 때 장남인 에서에게 재산과 지위를 물려주려고 했는데, 그러려면 축복을 내려야 했다. 그런데 앞서 차남인 야곱은 에서에게 렌틸콩 수프 한 그릇을 줄 테니 장자 상속권을 달라고 했다. 너무 배가 고팠던 에서는 그 제안을 받아들였다. 플링크의 1638년 그림은 야곱이 에서인 척하면서 눈먼 부친을 속여서 에서에게 돌아갈 축복을 받는 순간을 담고 있다.

1656년 렘브란트는 이제 노인이 된 야곱이 요셉의 아이들에게 축복을 내리는 장면을 담았다[34]. 여기서도 안수가 등장한다. 이 그림을 비롯한 많은 그림들은 손이 축복을 받는 사람에게 닿을락말락하는 순간을 담고 있다. 팔을 뻗은 상태이지만, 손바닥이 아직 정수리에 닿지 않은 상태다.

이 시기의 작품들에서 안수 행위 장면은 대개 매우 중요한 순간을 묘사하고 있다. 세례자 요한이 벌거벗은 예수에게 세례를 하는 순간이 그렇다. 이 순간을 그린 몇몇 작품에서는 요한이 예수의 머리 위에 물을 뿌리는 식으로 묘사하고 있지만, 세례식의 후반부를 그린 작품들에서는 요한이 예수의 정수리에 손을 얹고 축복을 하는 모습을 담고 있다[36].

아나니아가 성 바울St Paul의 시력을 회복시키는 장면을 담은 작품에도 안수가 나온다. 12세기의 한 모자이크[37]에는 아나니아가 성 바울에게 세례를 하고 바울의 머리에 손을 얹고 축복을 함으로써 식을 마무리하는 광경이 담겨 있다. 훨씬 뒤인 17세기에 피에트로 다 코르토나Pietro da Cortona는 바울이 다마스쿠스로 가다가 시력을 잃고 개종을 한 지 사흘 뒤에 아나니아가 축복을 하는 장면을 그렸다[38]. 바울의 눈은 감겨 있었지만, 신성한 축복을 받자 곧 시력이 돌아왔다. 벤저민 웨스트Benjamin West는 「성 바울의 개종The Conversion of St Paul」(1786년경)에서 아나니아가 바울의 머리를 붙들고서 검지로 그 눈먼 사람의 눈을 꽉 누르는 모습으로 그림으로써, 시력이 기적처럼 회복되기 직전의 순간에 극적인 긴장감을 부여했다.

이런 유형의 축복은 성서에서 예수가 사람들을 치료할 때 다시 등장한다. 축복을 받는 이에게 손을 대면 기적 같은 일이 일어나는 듯이 묘사되어 있다. 예수 이후로 제자들은 안수 행위를 계속했고, 그 관습은 후대로 계속 이어졌다. 오늘날에도 기독교 성직자들은 안수를 계속하며, 견진 성사 때 가장 흔히 볼 수 있다.

중세 시대부터 18세기까지, 영국과 프랑스에서는 왕의 안수king's touch, royal touch라고 하는 특수한 유형의 안수가 널리 이루어졌다. 통치자들은 자신이 신성한 치유력을 지닌다고 믿고서, 병자들에게 안수를 하곤 했다. 특히 왕의 안수는 림프절결핵scrofula 또는 왕의 악King's Evil이라는 외모를 손상시키는 종류의 결핵을 치유할 수 있다고 여겨졌다. 이 병에 걸리면 목의 림프절이 눈에 거슬릴 만치 심하게 부풀어 올랐으며, 환자들은 군주의 앞에 무릎을 꿇고서 축복을 받곤 했다. 왕은 자신의 통치권이 신에게 부여받은 것이라고 믿었으므로, 전능한 신의 힘을 자신의 손바닥을 통해서 병자의 몸으로 전달할 수 있다고 믿은 것도 당연했다.

일부 군주는 장엄한 의식을 거행하면서 병자 수백 명의 머리에 손을 얹곤 했다. 프랑스의 앙리 4세는 한 의례를 거행할 때 병자 1,500명에게 안수를 한 적도 있다고 한다. 루이 14세는 어릴 때부터 그런 의식을 주관했으며, 1680년 부활절 의식 때에는 1,600명에게 안수를 베풀었다. 루이 16세는 1774년 즉위식 때 2,400명에게 안수를 함으로써 그 기록을 깼다. 왕의 안수는 프랑스에서는 1825년까지 계속되었지만, 영국에서는 그보다 한 세기 전에 폐지되었다. 마지막으로 왕의 안수를 한 영국 군주는 앤 여왕이었다. 그녀는 1714년에 세상을 떠났다. 그녀가 훗날 『영어 사전A Dictionary of the English Language』을 펴냄으로써 유명해질 어린 새뮤얼 존슨Samuel Johnson의 머리에 손을 얹고서 안수를 하는 장면을 담은 유명한 삽화가 남아 있다. 신의 은혜로 포장된 이 왕의 사기 행위가 수백 년 동안 지속될 수 있었던 것은 림프절결핵이 시간이 지나면 자연적으로 증상이 완화되기에, 왕의 안수가 정말로 효과가 있다는 인상을 심어 주었기 때문이다.

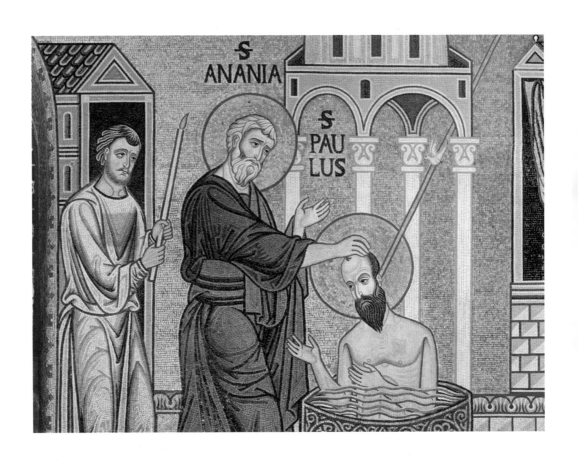

37. 위 바울에게 세례를 하는 아나니아,
모자이크화, 시칠리아 팔레르모 팔라티나 예배당

38. 오른쪽 피에트로 다 코르토나,
「성 바울의 시력을 회복시키는 아나니아Ananias estoring the Sight of St Paul」,
1631년, 캔버스에 유채

로마 가톨릭교회와
동방 정교회의 축복

11세기에 기독교가 동방과 서방으로, 즉 동방 정교회와 로마 가톨릭교회로 나뉘었을 때, 로마 가톨릭교회는 엄지손가락과 집게손가락, 가운뎃손가락을 펴고, 나머지 손가락은 구부리면서 손바닥을 앞으로 향한 자세를 축복의 표시로 채택했다[39, 42]. 공식 설명에 따르면, 펼친 손가락 세 개가 삼위일체, 즉 성부와 성자와 성령을 나타낸다고 했다. 지금도 가톨릭 사제는 축복 기도를 할 때 이러한 손 자세를 취한다.

최근에 이 손짓의 기원에 관한 다른 설명이 제시되었다. 의학적인 이유에서 나왔다는 것이다. 미국 해부학자 베넷 퍼터먼Bennett Futterman은 초대 교황인 성 베드로가 신경 손상 때문에 손가락을 다 펼 수 없어서 이 손짓을 했다고 보았다. 그의 견해에 따르면, 초기 기독교인들은 원래 유대교 고위 사제들이 하던 방식을 모방하여 손을 쭉 편 자세로 축복을 내리곤 했다. 그런데 자신경이 손상되면 약손가락과 새끼손가락을 펼 수가 없다. 퍼터먼은 베드로의 오른손에 그런 신경 손상이 일어났을 것이라고 믿는다. 후대의 교황들은 베드로를 존중하는 차원에서 같은 손 자세로 축복을 내렸을 것이다. 퍼터먼의 말이 옳다면, 펼친 세 손가락이 삼위일체를 뜻한다는 공식 설명은 축복할 때의 그 손짓에 신성한 의미(의학적 의미가 아니라)를 부여하기 위해 나중에 도입된 것이 된다.

퍼터먼의 주장은 꽤 설득력이 있어 보이지만, 기원전 4세기에 그리스에서 빚어진 한 붉은 형상 항아리에서 수확의 여신인 데메테르가 왜 로마 가톨릭교회가 축복을 내릴 때와 똑같이 약손가락과 새끼손가락만 구부리고 집게손가락과 가운뎃손가락을 편 채로 손을 뻗어서 축복을 내리고 있는지는 설명하지 못한다[41]. 이 모습은 손가락 두 개를 편 채로 하는 축복이 고대부터 있었으며, 나중에 기독교가 받아들였을 수도 있음을 시사한다. 비록 데메테르가 그런 손짓을 한 의미는 잘 모르겠지만 말이다.

또 예수가 십자가에 못 박힐 때 손목에 박힌 못 때문에 손의 신경이 손상됨으로써 약손가락과 새끼손가락을 펼 수 없게 된 것이라는 주장도 제기되었다. 이 이론을 믿는 이들은 베드로가 축복을 내릴 때 예수의 손짓을 따라한 것이라고 본다.

기독교가 갈라진 뒤, 동방 정교회는 나름의 축복 표시를 채택했다[40]. 좀 복잡한 것이었는데, 각 손가락의 자세를 서로 달리하여 '예수 그리스도'의 모노그램을 표현한 것이었다. 이 모노그램은 IC XC다. 예수의 그리스어 이름의 약어다. 각 글자는 다음과 같은 방식으로 표현한다.

I = 편 집게손가락

C = 구부린 가운뎃손가락

X = 교차한 엄지손가락과 약손가락

C = 구부린 새끼손가락

기독교 학자들은 이 손짓에 더 심오한 의미가 있다고, 아마도 공식적으로 말하는 것보다 좀 더 깊은 의미가 있다고 생각하는 경향이 있다. 그래서 그리스도의 세 손가락, 즉 'I'와 'X'를 나타내는 손가락들이 삼위일체의 상징이며, 교차한 엄지손가락과 약손가락이 화신, 즉 예수 그리스도라는 인간의 몸을 입을 신의 아들을 나타낸다는 주장도 나왔다.

이 손짓은 너무 복잡해서 일상적으로 쓰기에는 불편했던 것처럼 보인다. 그리고 그리스 정교회의 미술에 종종 표현된 방식을 토대로 판단할 때, 나중에는 그냥 엄지손가락과 약손가락의 끝을 맞대어서 동그라미를 그리는 식으로 단순해진 듯하다[43]. 그러면 'X'자 모양을 만든다는 개념과 좀 맞지 않게 되지만, 새끼손가락을 곧게 폄으로써 마지막의 'C'도 없앰으로써 예수라는 이름 자체를 아예 표현하지 않게 되었다. 우리가 미술 작품에서 보는 것은 암호화한 옛 기호의 약식 형태다. 그래도 로마 가톨릭의 축복 손짓과는 다르다.

아시아에서 부처가 취하는 손 자세印 중에도 엄지손가락과 약손가락의 끝을 맞댄 프리트비 무드라Prithvi mudra(아미타구품인 중 중품하생)는 동방 정교회의 축복하는 손짓과 똑같아 보인다. 그러나 불교에서 이 손가락 모양은 전혀 다른 의미를 지닌다. 몸에서 흙의 요소를 늘리고 불의 요소를 줄이기 위해 쓰인다. 흙의 요소는 신체 조직과 기관의 기본 성분이며, 이 요소가 증가할 때 몸의 활력, 힘, 지구력이 향상된다. 불의 요소가 줄어들면 체온이 낮아지고 열을 낮추는 효과가 있다. 이런 의미에서 보면 이 손짓은 몸의 건강을 북돋아 준다는 의미를 지닌 일종의 축복이다. 그러나 기독교에서 상징하는 영적인 요소는 지니고 있지 않다.

39. 레오나르도 다빈치, 「살바토르 문디Salvator Mundi」(일부),
1500년경, 호두나무에 유채(로마 가톨릭교회의 축복)

40. 알비세 비바리니Alvise Vivarini, 「그리스도의 축복Christ Blessing」(일부),
1498년, 화판에 유채(동방 정교회의 축복)

41. **위** 바레세의 어느 화가,
그리스 신화를 묘사한 항아리 그림,
기원전 340년, 이탈리아 풀리아

42. **아래** 우주의 지배자 그리스도Christ
Pantocrator, 모자이크화, 6세기,
이탈리아 라벤나 산타폴리나레
누오보 성당(로마 가톨릭교회의 축복)

43. **오른쪽** 우주의 지배자 그리스도,
키프로스 정교회의 성상(일부), 18세기
(동방 정교회의 축복)

ΙC ΧC

Ο ΩΝ

Ο ΦΩΤΙΣ ΤΟΥ ΚΟΣΜΟΥ

ΔΕΥΤΕ ΚΛΗΡΟ
ΟΙ ΕΥΛ ΝΟΜΗ
ΓΗΜΕΝΟΙ ΣΑΤΕ ΤΗΝ
ΤΟΥ ΠΡΜ ΗΤΟΙΜΑΣ

불교의 축복

불교 미술에 등장하는 인물들은 거의 다 특정한 의미를 지닌 손짓을 취하고 있다. 이런 손 자세를 인印, mudra이라고 한다. 인은 적어도 스무 가지가 있다. 시무외인施無 畏印, Abhaya mudra은 축복을 내리는 자세다. 서양 세계의 팔 치켜들기 환영 인사와 언 뜻 비슷하기도 한 단순한 자세다. 오른쪽 아래팔을 들어서 손을 어깨 높이까지 올 린다. 손은 수직으로 들어서 손바닥을 앞으로 향한다. 석가모니가 깨달음을 얻은 직 후에 축복을 내릴 때의 자세였다고도 하며, 보호와 평화, 심오하면서 강한 안도감을 제공한다고 한다. 이 축복 자세는 2천 년 넘게 불상에 표현되어 왔다.

이 불교의 축복 자세는 말레이시아, 태국, 일본 등에 세워진 거대한 불상들을 볼 때 가장 인상적으로 와 닿는다. 현재 수코타이 역사 공원의 일부가 된 태국 북부에 서 1292년에서 1347년 사이에 세워진 왓 마하탓Wat Mahathat 절에 있는 높이 9미터 의 거대한 불상이 대표적이다. 중국 동부 타이후호의 북쪽 연안에 자리한 도시 우시 인근에는 같은 자세를 한 더욱 거대한 링샨 대불Lingshan Grand Buddha[44]이 서 있다. 1997년에 제막식을 한 이 청동 불상은 높이가 88미터이며, 중국의 동서남북과 중앙 에 세워진 5대 대불 중 하나다. 손만 해도 사람 키보다 몇 배는 크다. 세계의 미술 작 품 중에서 가장 큰 축복을 내리고 있는 손인 셈이다.

축복의 말은 석가모니의 설법을 모은 책인 『법구경』에 실려 있다. "이 세상에서 어머니를 공경함은 즐겁고, 아버지를 공경함도 즐겁다. 수행자를 공경함도 즐겁고, 수도승을 공경함도 즐겁다. 늙을 때까지 계율을 지키는 일 즐겁고, 믿음이 뿌리 깊 게 내리는 일 즐겁다. 밝은 지혜를 얻는 일 즐겁고, 온갖 나쁜 일 벗어남도 즐겁다."

44. 링샨 대불, 1997년, 청동, 중국 장쑤성

벌칸인의 축복

네 손가락의 한가운데를 벌려서 V자 모양을 만드는 벌칸인의 손짓은 사이언스픽션 텔레비전 드라마 <스타 트렉>에 등장하면서 널리 알려졌다[47]. 레너드 니모이 Leonard Nimoy가 연기한 우주선 엔터프라이즈호의 과학 장교 스팍은 지구인과 벌칸인의 혼혈이다. '장수와 번영을'이라는 벌칸의 축복 인사를 건넬 때, 그는 오른손을 들어서 V자를 그린다. 이 시리즈가 대성공을 거두면서 이 축복 자세도 널리 알려지게 되었다.

니모이에게 이 손짓이 어디에서 나온 것이냐고 묻자, 그는 어릴 때 보았던 유대교 의식에서 따왔다고 설명했다. 아이 때 그는 할아버지를 따라 정통파 예배당에 갔는데, 코하님kohanim(사제)이 양손을 들어 올려서 엄지를 맞대고 축복을 내리는 모습을 보았다[45]. 이 모습은 유대교 묘비에도 새겨지곤 하는데, 제사장의 후손임을 나타낼 수도 있다. 이 몸짓으로 표현하는 것은 '쉰Shin'이라는 히브리어 글자다. 쉰은 '전능하신 하나님'이라는 뜻의 '엘 샤다이El Shaddai'를 상징한다. 이때 축복의 말도 한다. "주님께서 그대에게 복을 내리시고 그대를 지켜 주시리라. 주님께서 그대에게 당신 얼굴을 비추시고 그대에게 은혜를 베푸시리라. 주님께서 그대에게 당신 얼굴을 들어 보이시고 그대에게 평화를 베푸시리라."

니모이는 두 손으로 하는 이 축복 자세를 한 손으로 하는 인사로 바꾸어서 벌칸인의 인사법을 창안했다. 2015년 니모이가 세상을 떠나자, 우주 비행사인 테리 버츠 Terry Virts는 그 벌칸인 축복 자세를 취한 손을 찍은 사진을 올려서 그 배우에게 조의를 표했다. 국제우주정거장이 니모이가 태어난 도시인 보스턴 상공을 지날 때 그 안에서 찍은 사진이었다.

매우 특이한 우연의 일치로, 서기 2~3세기의 것으로 추정되는 한 나스카 직물[46]에 뾰족한 귀를 지닌 기이한 괴물이 바로 그 손 자세를 취한 모습이 담겨 있다. 그러니 니모이가 그 손짓의 기원을 설명하지 않았더라면, 그가 언젠가 이 직물을 보았고 그 기억이 어딘가에 남아 있었던 것일 수도 있다는 상상을 펼칠 수도 있었을 듯하다.

45. 발라지 발로그Balage Balogh,
「사제의 축복Priestly Benediction」(일부), 21세기

46. 나스카 직물, 서기 2~3세기, 페루

47. 스테판 파브스트Stefan Pabst,
「스팍Spock」(레너드 니모이)(일부), 2015년, 드로잉

지위

Status

역사적으로 보면, 누군가의 초상화가 그려졌거나 모습을 본뜬 조각상이 만들어졌다면, 그 인물은 상당한 명성을 지녔을 가능성이 높다. 그렇게 묘사된 인물의 몸짓 언어 자체도 지위가 높음을 드러내곤 한다. 그런 인물들은 우아한 옷차림에 엄숙한 자세로 서 있거나 앉아 있는 모습이다. 감정이 강하게 담긴 표정이나 활발한 자세나 노골적인 행동은 모두 금기시되었다. 대신에 선 자세, 옷에 찔러 넣은 손, 손가락의 특별한 배치, 튀어나온 팔꿈치와 내민 한쪽 발 등 세세한 부분들이 사회적 지위가 높음을 알리는 역할을 한다.

　몇몇 화가는 이 전통에 반기를 들어서 지위가 낮은 보통 사람들의 초상화를 그리는 쪽을 택했다. 때로는 통치 계급을 모욕하겠다는 의도를 담기도 했다. 몸을 굽힌 채 힘겹게 일하는 이들의 모습을 즐겨 그린 화가도 있고, 지위가 높은 이들의 초상에서 찾아볼 수 없는 상스러운 짓에 몰두해 있는 농민들의 모습을 담은 화가도 있다. 많은 화가가 자기 시대의 사회적 불평등을 비판하고자 지위가 낮은 이들의 비참한 삶의 모습을 그대로 묘사했다.

꼿꼿한 자세

머리를 꼿꼿이 세우고 곧추선 자세는 언제나 높은 지위를 과시하는 태도를 연상시켰다. 수백 년에 걸친 초상화들을 훑어보면, 사회 엘리트가 입는 의상이 몸을 꼿꼿이 세우는 보조기 역할을 할 때가 많았음을 뚜렷이 알 수 있다. 엘리자베스 시대의 주름 깃 의상을 입은 채로 구부정한 자세를 취하기란 어려웠을 것이다. 예를 들어, 위대한 여왕인 엘리자베스 1세는 초상화[49]에서 늘 뻣뻣하게 서 있는 자세를 취하고 있다. 초기 군복의 높은 깃도 고고하고 으스대면서 걷는 자세를 취하게 만들었다.

영어에는 존경한다는 의미를 "우리는 그를 올려다본다"라는 식으로 표현한 어구가 많다. 한편 어깨가 둥글거나 구부정한 사람이나 의자에 축 늘어져 앉은 사람은 수동적이거나 우유부단하다고 비칠 수도 있다. 초상화가들은 자세가 중요함을 늘 인식해 왔으며, 그들이 귀족 같은 사회 지도층 인사를 그린 그림들을 보면 대개 앉은 자세에서 머리를 꼿꼿하게 치켜들고, 어깨를 낮추고, 목을 쭉 늘이고, 자연스럽거나 습관적인 자세보다 등을 조금 팽팽하게 당긴 모습을 하고 있다. 가장 잘 그린 작품에서는 거의 알아차릴 수 없도록 섬세하게 붓질을 해서 다듬었지만, 때로는 지나치게 과장하는 바람에, 앉은 사람이 너무 잘난 체하는 양 보이기도 한다.

역사적으로 보면, 이런 모습이 그리 지나친 것은 아니었다. 지도층 인물이라면 오만하고 화려하게 자신을 과시하는 모습을 보이는 것이 당연하다고 여기는 것이 과거의 사회적 관습이었기 때문이다. 그러나 지난 세기에 걸쳐서 인류 평등주의가 확산되면서 뻔뻔할 만치 높은 지위를 과시하는 자세는 줄어들었다. 꼿꼿하게 선 자세는 지금도 우월한 지위를 과시하는 것으로 비칠 수도 있지만, 오늘날의 지도층 인물들은 더 미묘하면서 좀 약한 형태로 우위를 드러내는 자세를 취해야 한다. 그레이엄 서덜랜드가 1949년에 그린 작가 서머싯 몸의 유명한 초상화[48]를 보라. 앉은 자세에서 머리를 살짝 뒤로 젖힘으로써 지위가 높음을 드러내고 있다.

하버드 대학교 연구진은 우리가 취하는 몸자세가 호르몬 농도, 특히 테스토스테론과 코르티솔의 농도에 영향을 미친다는 것을 보여 주었다. 연구진은 실험 참가자들을 둘로 나누었다. 첫 번째 집단은 긴장을 풀고 느긋하게 늘어진 자세를 취하도록 했고, 두 번째 집단은 똑바로 서서 몸을 곧게 편 '위풍당당 자세power pose'를 취하도록 했다. 실험 결과는 이렇게 요약되었다. "위풍당당 자세를 취한 이들은 테스토스테론 농도가 증가하고 코르티솔 농도가 낮아졌으며, 힘이 넘치고 위험을 견딜 수 있다는 느낌이 강해졌다. 늘어진 자세를 취한 이들에게서는 정반대 양상이 나타났다." 우리가 일상적으로 취하는 자세가 드러나지 않게 영향을 미친다는 것을 밝혀낸 놀라운 발견이다.

48. 그레이엄 서덜랜드Graham Sutherland,
「서머싯 몸Somerset Maugham」,
1949년, 캔버스에 유채

49. **위** 신원 미상의 플랑드르 화가,
「여왕 엘리자베스 1세」, 1575년경, 화판에 유채

50. **오른쪽** 헤나르트 테르 보르흐Gerard ter Borch,
「모세스 테르 보르흐(1645~1667)의 초상Memorial Portrait of Moses ter Borch」,
1667~1669년, 캔버스에 유채

이중으로 벌린 손

이전 세기들, 특히 16세기의 고위층 초상화들을 보면, 한 가지 기이하면서 매우 특이한 손 자세를 많이 볼 수 있다. 한쪽 손, 특히 오른손의 손바닥을 가슴에 살짝 갖다 대고서 손가락들을 특이한 방식으로 벌리고 있는 자세다. 가운뎃손가락과 약손가락은 서로 붙이고, 둘째손가락과 새끼손가락은 벌리고 있다. 의도적으로 취해야 하는 자세다. 아무 생각 없이 손을 가슴에 얹을 때, 자연적으로 생기는 손가락 자세는 두 가지밖에 없다. 손가락들을 다 붙이거나, 거의 같은 간격으로 다 벌리는 자세다. 따라서 여기서 우리가 보고 있는 손가락 자세는 일부러 만든 것이며, 어떤 의미를 지니고 있는 것이 틀림없다.

그런데 수 세기가 흐르는 동안 이 손짓의 의미는 잊혔다. 사실 이 자세는 옛 초상화들에서 이 기이한 손짓이 자주 나타난다는 점을 지적할 때에만, 잠시 흥밋거리로 떠오를 뿐이다. 화가들, 그리고 손가락을 이런 식으로 펼치고 앉은 사람들은 이 손짓의 의미가 무엇인지 틀림없이 알고 있었겠지만, 기록해 둘 생각을 한 사람이 아무도 없었던 듯하다.

미네소타 대학교의 토머스 커네시Thomas Kunesh는 이 손짓의 역사를 조사하기로 마음먹었다. 그 결과물이 『수유하는 여신의 대지족 흉내 자세The Pseudo-zygodactylous Gesture of the Lactating Goddess』(1990)라는 매우 현란한 제목의 188쪽짜리 책이다. 그는 조류학에서 쓰는 '대지족zygodactylous'이라는 단어를 빌려 썼다. 대지족은 나뭇가지를 움켜쥐기 좋게 네 개의 발가락이 두 개씩 서로 마주 보도록 달려 있는 형태의 새의 발을 가리키는 말이다. 커네시가 굳이 그 단어를 고른 이유를 우리는 어느 정도 짐작할 수 있다. 도저히 단순한 이름을 붙일 수 없을 손 모양이기 때문이다. 그러나 이중으로 벌린 손은 엄밀히 말하면 맞손가락 형태가 아니다. 손가락 네 개가 모두 같은 평면에서 같은 방향을 향하고 있기 때문이다. 진정한 맞손가락 자세를 취하려면, 손을 옷 속으로 집어넣은 뒤 가운데 두 손가락만 옷 틈으로 내밀고 양쪽의 두 손가락은 숨기면 될 것이다.

커네시는 이 손 모양을 가장 뚜렷이 보여 주는 초상화인 엘 그레코El Greco의 「가슴에 손을 올린 귀족El caballero de la mano en el pecho」[51]을 논의의 출발점으로 삼는다. 1580년경의 작품이다. 커네시는 이 수수께끼의 손가락 배치가 여신의 수유, 따라서 젖을 통해서 영생을 부여하는 여신의 능력과 관련이 있으며, 이어서 그 손짓이 벌거벗은 젖가슴에서 서서히 벗어나서 진화한 끝에 남성에게로 넘어가서 모성애의 구원을 추구하는 의미로 쓰이게 되었다고 주장한다. 언뜻 생각하면, 좀 무리하게 이어 붙인 것도 같지만, 그는 자신의 주장을 아주 강력하게 뒷받침하는 사례를 제시한다.

커네시의 논리는 그 손짓의 의미를 제시한 기존의 두 가지 설명을 거부하는 것으로 시작한다.

1. 1492년 모든 유대교인은 스페인을 떠나야 한다는 가톨릭 국왕의 칙령이 내려지자, 스페인에 남기 위해 기독교 세례를 받는 쪽을 택했지만 은밀하게 유대교 의식을 수행하는 유대인인 '마라노Marrano'임을 나타나는 비밀 신호라는 것.
2. 죄를 저지른 죄인에게 도덕적 아픔을 느낀다는 표시로 가슴에 손을 대도록 한 로욜라/예수회 영성을 가리킨다는 것.

첫 번째 설명, 즉 이중으로 벌린 손 자세가 유대인의 비밀 신호라는 설명은 엉성하게 관찰한 결과다. 그 손짓이 세파르디 유대인Sephardic Jews(스페인에 사는 유대인—역주)이 비밀 기도문을 읽거나 축복을 할 때 '손을 이렇게 신기한 방식으로 올리기' 때문에 유대교 의식에서 빌려온 것이라는 주장이 있었지만, 엄밀히 따지면 맞지 않다. 그들이 손가락을 벌리는 자세를 취하는 것은 맞지만(벌칸인의 손짓 참조, 64쪽), 그들의 손은 한가운데가 벌어지는 것이지 이중으로 벌어지는 것이 아니다. 이 이론의 지지자들은 유대교 사제가 이 특별한 손짓을 할 때, 언제나 두 손으로 두 엄지 끝을 맞대고 한다고 주장할 것이다. 즉 두 손이 합쳐진 것을 하나의 손짓이라고 본다면, 실제로는 이중으로 벌린 손이 된다는 것이다. 그러나 엘 그레코의 초상화에 묘사된 손가락 자세가 유대교와 아무런 관련이 없는 이들의 초상화를 비롯하여 많은 그림에서 볼 수 있다는 점을 지적하면, 이 이론은 무너진다. 따라서 더 폭넓은 설명을 찾아야 한다.

두 번째 설명도 마찬가지다. 이 설명에는 로욜라/예수회가 등장한다. 엘 그레코 그림의 손 모양이 예수회의 창시자인 성 이그나티우스 로욜라St Ignatius Loyola의 영성 수련과 어떤 식으로든 관련이 있다는 주장이다. 그는 죄를 저질렀을 때마다 손을 가슴에 대어 '내면의 자아가 슬퍼하도록 자극해야' 한다고 조언했다. 이 설명은 딱히 손가락 자세가 어떠해야 한다고 말하고 있지 않기 때문에 미흡하다.

세 번째 설명은 엘 그레코의 초상화에 나온 남성이 원래 손이 기형이라는 것이다. 가락붙음증syndactyly이라는 것인데, 둘 이상의 손가락이 일종의 물갈퀴 같은 것으로 이어져서 나란히 붙어 있게 된다. 그런데 다른 많은 초상화들에서도 이 손 모양이 보이므로, 이 이론도 근거가 빈약하다. 사실 엘 그레코가 그린 예수, 성모 마리아, 막달라 마리아, 성 요한, 성 도미니크, 아시시의 성 프란체스코의 초상화 등 다른 약 20점의 초상화에서도 같은 손 자세를 볼 수 있다.

이런 이론들이 모두 미흡하다면, 이 좀 어색한 손가락 자세를 설명해 줄 만한 근거를 어디에서 찾을 수 있을까? 토머스 커네시는 놀랍게도 수유 행동에서 그 답을 찾을 수 있다고 믿는다. 아기 예수에게 젖을 먹이는 모습을 담은 성모의 초상화들에 묘사된 손가락 위치를 조사한 결과는 이 이론을 뒷받침하는 듯하다. 성모는 집게손가락을 젖가슴의 위쪽, 새끼손가락을 아래쪽에 대고 있다. 가운데의 두 손가락은 나란히 붙여서 젖가슴을 받치고 있다. 16세기 벨기에 브루게의 이름 모를 거장이 그린 「수유하는 성모Madonna Lactans」[53]를 살펴보면, 성모가 상징적인 손짓이 아니라 실용적인 이유로 이중으로 벌린 손 자세를 취하고 있음이 뚜렷이 드러난다. 성모의 수유 장면을 그린 다른 많은 그림들에서도 같은 손 모양이 보인다.

커네시는 엘 그레코의 귀족 초상화를 비롯한 그림들에 실린 손짓의 기원을 설득력 있게 제시한다. 남은 문제는 수유와 그 상징적인 손짓이 어떻게 연결되는지를 설명하는 것이다. 커네시는 아기가 없이 수유하는 자세를 취한 성모 마리아의 그림들에서도 그 '손짓'을 볼 수 있으며, 그것이 천국의 구원을 바라는 인간들을 돌보는 모성애의 상징이라고 주장한다. 그 손짓은 나중에는 수유라는 맥락과 무관하게 성인들의 초상화에 등장했고, 이어서 엘 그레코의 「카바예로Caballero」처럼 세속적인 인물들의 초상화에서도 나타나게 되었다.

따라서 커네시는 이 자세가 위험에 처했을 때 자신을 보호하기 위해 은밀하게 십자가를 만드는 방법으로서 손가락을 꼬는 것과 비슷하게, 본질적으로 자신을 보호하려는 몸짓이라고 주장한다. 이중으로 벌린 손은 신성한 수유 행동을 흉내 내는 것으로서, 남녀 할 것 없이 손가락을 이렇게 독특하게 벌린 채 손을 가슴에 댐으로써 어머니 여신의 양육하는 힘을 불러내는 것이다. 그러나 손가락을 꼬아서 십자가를 표현하는 것과 달리, 손가락을 이중으로 벌리는 행동은 세월이 흐르면서 사라졌고, 그 상징적인 의미도 잊었다. 커네시가 창의력을 발휘하여 꼼꼼히 조사를 한 끝에야 비로소 우리는 그 상징적인 의미를 되찾은 것이다.

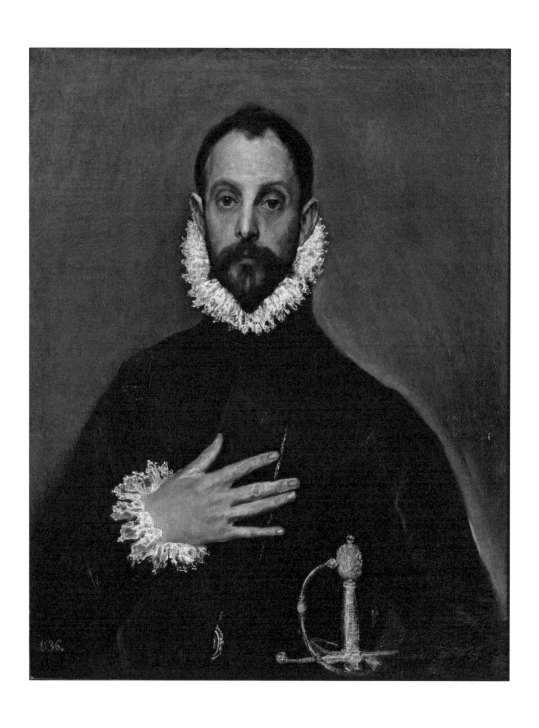

51. 엘 그레코, 「가슴에 손을 올린 귀족」,
1580년경, 캔버스에 유채

52. **위** 세바스티아노 델 피옴보Sebastiano del Piombo, 「크리스토퍼 콜럼버스라는 남자의 초상Portrait of a Man, Said to be Christopher Columbus」, 1519년, 캔버스에 유채

53. **아래** 브루게에서 활동한 신원 미상의 거장, 「수유하는 성모」, 16세기

54. **오른쪽** 아그놀로 브론치노Agnolo Bronzino, 「마리아 데 메디치Maria de' Medici」, 1551년, 나무에 템페라

숨긴 손

역사적 인물의 초상화에서 가장 유명한 자세 중 하나는 나폴레옹의 숨긴 손이다[58]. 이 황제는 오른손을 불룩한 하얀 조끼 안으로 깊이 집어넣은 채 자랑스럽게 서 있다. 이 특이한 자세를 설명하는 다양한 이론들이 나와 있다. 거의 터무니없어 보이는 것들도 있다. 예를 들면 이런 것들이다. 황제가 위궤양에 시달렸다, 시계태엽을 감고 있다, 가려운 데를 긁고 있다, 유방암에 걸렸다, 위암에 걸렸다, 손이 기형이었다, 어깨에 입은 상처를 숨기고 싶어 했다, 조끼 안에 향낭을 넣어 두고서 몰래 향기를 맡곤 했다, 황후인 조세핀 몰래 애인에게 받은 반지를 끼고 있었다, 프리메이슨단의 비밀 신호를 보내는 것이다, 화가들이 그의 손을 그리는 것을 좋아하지 않았다 등등.

그러나 진실은 따로 있었다. 무엇보다도 그 자세를 유독 나폴레옹과 연관 지은 설명들은 다 맞지 않다. 같은 시대에 그려진 다른 많은 초상화들에서도 숨긴 손을 많이 볼 수 있기 때문이다. 다시 말해, 이 자세는 황제의 독특한 습관이 아니라, 당시의 유행이었다. 18세기에 누군가가 초상화를 의뢰할 만큼 지위가 높은 중요한 인물이었다면, 옷에 한 손을 집어넣고 서 있는 모습으로 묘사되었을 가능성이 높다.

이 몸짓은 고대 그리스와 로마까지 거슬러 올라갈 수 있다. 따라서 프리메이슨단의 비밀 신호라는 설명은 탈락된다. 우리가 아는 한, 이 고대 문명들에서는 두 상반되는 유형의 웅변 방식이 쓰였다. 한쪽은 웅변가가 오른손을 활발하게 움직이면서 자신의 요지를 강조하는 방식이었다. 다른 쪽은 팔을 휘두르는 행동을 꼴불견이라고 여겼다. 대신에 웅변가는 오른손을 토가 안에 쑤셔 넣은 자세로 연설을 했다.

이 두 가지 자세로 묘사된 그리스와 로마의 조각상들이 있으며[57], 팔을 휘두르면서 연설하는 사람이 몹시 경멸을 당했음을 알려주는 초기의 저술들도 남아 있다. 기원전 4세기에 쓴 저술에서 배우이자 웅변가이자 수사학파의 창시자인 마케도니아의 아이스키네스Aeschines는 흥분해서 몸짓을 마구 남발하는 행동을 비난하면서 자제할 필요가 있다고 촉구했다. 웅변가라면 연설을 할 때 로브에 손을 집어넣어야 한다고 했다. 그가 기원전 346년에 한 유명한 연설을 들어 보자.

페리클레스, 테미스토클레스, 아리스테이데스 같은 옛 공인들은 아주 예의가 발랐기에 (…) 오늘날 우리 모두가 당연하다는 듯이 하는 외투 밖으로 팔을 내민 채 연설하는 행동을 무례한 짓이라고 여겼고, 그런 행동을 삼가려고 애썼습니다. 그리고 나는 매우 중요하면서 명백해 보이는 증거를 하나 지적할 수 있습니다. 배를 타고 살라미스섬에 가본 분들은 모두 솔론의 상을 보았을 겁니다. 그 상이 (…) 솔론이 외투 안에 손을 집어넣은 채로 서 있는 모습임을 여러 분 모두 증언할 수 있을 겁니다. 동료 시민 여러분, 그 상이 아테네인들에게 연설을 할 때 솔론이 으레 취하던 자세를 본뜬 것이라는 점을 떠올려 보세요.

18세기에는 부유한 상류층 젊은이들 사이에 유럽 각지의 명소를 방문하는 그랜 드 투어Grand Tour가 유행했다. 그러면서 그들은 고대 그리스와 로마 사람들의 의상 과 행동에 친숙해졌다. 그 결과 자세를 취할 때 오른손을 숨기면 더 품위 있게 보인 다는 생각이 널리 퍼진 듯하다[55, 56]. 곧 당시의 화가들은 초상화를 그릴 때 모델 에게 옷에 오른손을 집어넣고 선 자세가 더 낫다고 권하기 시작했다. 프랑수아 니 벨롱François Nivelon은 1737년에 낸 『고상한 행동의 기본 원칙The Rudiments of Genteel Behavior』이라는 예절 지침서에서 손을 숨긴 자세가 '겸손함을 겸비한 남성다운 대담 함'을 의미한다고 했다. 시간이 흐르면서 이 자세는 점점 더 교양을 상징한다고 여 겨지게 되었다.

숨긴 손을 더욱 매력적으로 보이게 한 요소가 하나 더 있었다. 칼을 휘두를 오른 팔을 상징적으로 무력화한다는 것이었다. 오른손을 옷 속에 집어넣는 것은 칼을 움 켜쥘 준비를 한 자세와 정반대였다. 따라서 보는 이에게 '나는 공격할 의사가 없어' 라고 말하는 한편으로, '나는 위협을 걱정하거나 굳이 방어할 필요성을 못 느낄 만 치 우월해. 나는 차분하고 냉철하고 침착하기도 한 확고한 지도자야'라고 알리는 것 이기도 하다.

이 자세는 19세기에 인기를 잃었지만, 완전히 사라진 것은 아니었다. 심지어 20세 기에도 드문드문 보이곤 했다. 소련 독재자 이오시프 스탈린Iosif Stalin도 이 자세를 선호한 지도자였다. 그의 몇몇 초상화에서 이 자세를 볼 수 있다[59]. 사진술이 처음 등장했을 때에도 이 자세가 쓰였는데, 거기에는 특별한 이유가 있었다. 초기 카메라 는 노출 시간이 아주 길었기에, 모델이 손을 도저히 가만히 두고 있지 못할 때가 많 았다. 그래서 일부 사진사들은 모델에게 손을 숨긴 자세를 취하자고 권했다. 그저 팔을 움직이지 못하게 하는 데 도움이 되었기 때문이다.

55. 위 조지프 힐러Joseph Hiller, Sr 또는 새뮤얼 블리스Samuel Blyth(찰스 윌슨 필Charles Willson Peale의 작품을 토대로), 「조지 워싱턴 각하His Excellency George Washington Esq-r」, 1777년경, 메조틴트

56. 아래 장 밥티스트 반 루Jean-Baptiste van Loo, 「버크셔 미지엄의 스티븐 포인츠 각하The Rt Honorable Stephen Poyntz, of Midgham, Berkshire」, 1740년경, 캔버스에 유채

57. 오른쪽 요한 하인리히 폰 단네커Johann Heinrich von Dannecker의 작품으로 추정, 「폴리힘니아, 시의 여신Polyhymnia, Muse of Lyric Poetry」, 1785~1789년경, 대리석 (1774년 이탈리아 티볼리의 빌라 카시아에서 발견된 상의 축소 복제품)

58. 왼쪽 로베르 르페브르Robert Lefèvre,
「나폴레옹 보나파르트Napoleon Bonaparte」(일부),
1812년, 캔버스에 유채

59. 위 이라클리 토이제Irakli Toidze,
「스탈린은 우리를 승리로 이끈다Stalin Is Leading Us to Victory」,
1943년, 소련 포스터

우월한 팔꿈치

'허리에 손arms akimbo' 자세, 즉 팔꿈치를 양옆으로 내밀고 양손을 엉덩이와 허리가 만나는 부위에 얹은 자세는 본질적으로 호의적이지 않은 자세다. 팔꿈치가 화살처럼 뾰족하게 몸 바깥으로 향하면서 "내게서 물러서"라고 말하는 듯하다. 앞쪽으로 향한 팔은 껴안자고 초대하지만, 허리에 얹은 팔은 포옹을 거부한다.

평범한 사회적 만남에서는 무의식적으로 허리에 손 자세를 취하기도 한다. 뭔가 계산해서 하는 행동이 결코 아니며, 이 자세를 취하는 사람은 자신의 행동을 전혀 의식하지 않는다. 이 몸짓은 두 가지 맥락에서 일어날 수 있다. 첫 번째는 무언가가 잘못되어서 당사자가 불편함을 느낄 때다. 지금 상황을 벗어나고 싶지만, 사회적 압력을 받고 있는 그 자리에서 벗어날 수 없기 때문에, 바닥을 꽉 딛고 서서 "내게서 물러서" 신호를 보내는 것이다.

두 번째 맥락은 당사자가 거만하게 우월함을 과시하기 위해 일부러 그 자세를 취함으로써, "너는 내게 가까이 다가올 가치가 없어"라는 신호를 전달할 때다. 비록 이 두 상황은 전혀 다르지만, 전하는 메시지는 동일하다. 내게서 물러서라는 것이다. 미술 작품, 특히 초상화에서, 이 자세는 대개 두 번째 맥락과 관련이 있다. 모델인 지위가 높은 사람은 가까이 다가와서도 안 되고 껴안은 것은 더더욱 엄두도 내서는 안 될 아주 중요한 인물이라고 주장하고자 팔꿈치를 내민 자세를 취한다(대개는 남성이 그렇게 한다). 자신에게 감히 그런 짓을 해서는 안 된다는 것이다.

초상화에 담긴 중요한 인물이 자동적으로 우월한 팔꿈치 자세를 취한 것인지, 아니면 모델을 돋보이도록—가능한 한 위엄 있게 보이도록—묘사하는 솜씨가 뛰어난 화가들이 나름의 방법으로 모델에게 그런 자세를 취하도록 했는지 여부는 불분명하다. 후자일 가능성이 더 높아 보이긴 한다.

초상화의 역사를 보면, 허리에 손 자세는 16~17세기에 가장 인기가 있었다. 미술사가 조애니스 스파이서Joaneath Spicer는 「르네상스의 팔꿈치The Renaissance Elbow」(1991)라는 논문에서 약 1500년부터 1650년까지의 초상화에서[61], 남성의 팔꿈치가 점점 중시된 것은 "본질적으로 대담함이나 통제력을 의미하며, 따라서 당대 사회에서 보호와 통제를 다 맡고 있는, 스스로 규정한 남성다운 역할이 중시되었음을 시사한다"고 지적했다.

스파이서는 17세기의 초상화까지만 자세히 조사했지만, 팔꿈치 과시는 그 뒤로도 계속되었다. 18세기에도 여전했으며, 때로 엉덩이를 내민 과장된 모습도 함께 묘사되곤 했다. 그리고 이 자세는 거의 언제나 남성에게 국한되었고, 여성은 더 새침한 자세를 취했다. 상류층이 자녀의 초상화를 의뢰했을 때에는 남자아이도 이 오만한 자세를 취하곤 했다.

우월한 팔꿈치는 19세기 초까지도 초상화에 등장했지만, 그 뒤로는 줄어들기 시작했고 현대의 초상화에서는 거의 찾아볼 수 없다. 「빅 대디 케인Big Daddy Kane」(2005), 「존 윌머트, 제2대 로체스터 백작John Wilmot, 2nd Earl of Rochester」(2013)[60] 등 케힌데 와일리Kehinde Wiley의 여러 작품들은 예외이지만, 그가 이런 작품들에서 팔꿈치 자세를 묘사한 데에는 특별한 이유가 있다. 그는 젊은 아프리카계 미국 남성들의 초상화를 주로 그리는 것으로 유명한데, '르네상스 화가들을 떠올리게 하는 역장力場 내에서 도시인의 옷차림을 한 모습'으로 그리는 것을 좋아한다고 말해 왔다. 다시 말해, 이 그림들은 지난 세기들의 초상화에 담긴 힘과 모델이 취한 자세를 의도적으로 흉내 낸다. 이 작품들은 우월한 팔꿈치를 과시함으로써, 모델들에게 고고하면서 오만한 분위기를 부여하는 데 확실히 성공을 거두었다.

60. 케힌데 와일리,
「존 윌머트, 제2대 로체스터 백작」,
2013년, 캔버스에 유채

61. 위 왼쪽 소小 한스 홀바인Hans Holbein the Younger 공방 제작,
「헨리 8세Henry VIII」, 1537년경, 화판에 유채

62. 위 오른쪽 윌리엄 메릿 체이스William Merritt Chase,
「검은 옷을 입은 여인Lady in Black」, 1888년, 캔버스에 유채

샅주머니

유럽 전통 미술의 역사에 기록된 몸짓 언어 중 음경의 발기는 가장 인상적인 사례에 속한다. 게다가 중세 샅주머니codpiece의 형태로 노골적이면서 자랑스럽게 과시되기도 한다. 은밀하게 모으는 성애 작품에서나 그런 모습이 그려져 있을 것이라고 예상할지 모르겠지만, 실상은 정반대다. 샅주머니는 왕과 귀족의 공식 초상화들에서[64, 65]에서 브뤼헐의 농사 장면에 이르기까지 공공연히 묘사되어 있으며, 당시에는 정력이 강함을 시사하는, 남성다움을 사회적으로 받아들일 수 있는 수준으로 과시하는 방식으로서 널리 인정되고 있었다.

샅주머니는 처음에는 매우 점잖게, 남성의 성기를 과시하는 것이 아니라 숨기는 용도로서 시작되었다. 15세기 초에 남성의 옷차림에 '신사의 은밀한 부위'를 드러낼 위험이 있는 변화가 일어났다. 레깅스 위쪽에 튜닉이나 더블릿doublet(재킷의 원형인 짧고 꽉 끼는 상의—역주)을 입는 형태였다. 레깅스는 원래 튜닉에 동여 묶었는데, 튜닉도 점점 짧아지는 쪽으로 유행이 일어나자, 남성의 성기 윤곽이 드러나게 되었고, 그 결과 사회의 더 점잖은 이들의 분노를 불러일으켰다.

1429년 이탈리아의 한 사제는 아들들에게 "남색꾼마냥 살을 왕창 드러내도록 배꼽까지만 내려오는 더블릿과 앞뒤에 작은 천 조각이 달랑 붙어 있는 스타킹을 입힌다"고 부모들을 비난하는 설교를 했다. 한참 뒤인 1463년에는 상황이 너무 심각해져서 영국 의회는 남성이 '자신의 은밀한 부위와 엉덩이'를 가릴 것을 의무화한 법규를 제정했다.

그러니 사람들은 조치를 취해야 했다. 이윽고 남성의 옷에 뭔가를 하나 추가하는 것이 해결책으로 제시되었다. 하의인 스타킹과 상의인 튜닉에 삼각형의 천 조각을 꿰매 붙이는 것이었다. 이렇게 샅주머니는 원래 노출을 피하기 위해 고안된 것이었지만, 곧 더 편하게 만들고자 심을 집어넣으면서 불룩해지기 시작했다. 시간이 흐르면서 심은 더욱 두꺼워졌고, 비단, 벨벳, 보석, 자수로 치장하려는 유혹을 거부할 수 없게 되었다. 또 크기가 점점 커지는 와중에 모양도 점점 두드러지는 양상을 띠어갔고, 음경을 과시하는 형태로 위로 뻗치기 시작했다. 16세기 중반 무렵에는 경이롭다고 할 수준까지 커졌고, 그것을 넣는 갑옷까지 만들어졌다. 프랑스 작가 프랑수아 라블레François Rabelais는 이 추세를 재미있어 했다. 그는 자연이 견과를 껍데기로 보호하듯이, 남성의 부드러운 부위도 전투를 벌일 때 보호할 필요가 있는 모양이라고 평했다.

교양 있는 사회에서 그렇게 노골적인 음경 과시가 이루어졌다는 것이 지금 보면 좀 기이할지 모르겠지만, 당시에는 정력이 남성적인 힘과 전투에서의 용맹무쌍함과

밀접한 관계가 있다고 여겼기에, 당시 사회의 도덕주의자들이 곧추세운 샅주머니에 관심을 기울이지 않았던 듯하다. 샅주머니의 인기는 16세기 후반까지 계속되었지만, 17세기에 들어서면서 다른 유행들에 밀려났다. 19세기에는 빅토리아 시대의 한 박물관에 그때까지 남아 있던 샅주머니 소장품들이 '어깨심'이라는 이름으로 분류되어 있을 정도로, 샅주머니가 너무나 당혹스러운 의상 부속물이 된 상태였다.

샅주머니가 서양 세계에서 다시 모습을 보인 것은 1971년이었다. 스탠리 큐브릭 Stanley Kubrick의 영화 <시계태엽 오렌지A Clockwork Orange>[63]에서 성폭행범 무리들이 샅주머니가 달린 옷을 입고 나왔다. 때로는 긴 음경 같은 코 가면도 썼다. 그 뒤에 몇몇 헤비메탈 록 그룹들이 이 의상을 받아들였다. 그워GWAR는 정교하게 장식된 거대한 샅주머니를 차고서 무대에 오르곤 했다. 하지만 이 유행은 얼마 가지 않았다.

지구 반대편의 뉴기니 세픽 지역의 마을들에서는 지위가 높은 남성들이 수 세기 전부터 부족 고유의 샅주머니를 입었다. 이 이른바 '음경 주머니phallocrypts'는 끈으로 허리에 묶으며, 계속 발기된 상태에 있다는 인상을 심어 준다. 정교하게 장식된 것들도 많으며, 나름의 예술 작품이 되어 왔다.

A Stanley Kubrick Production "A CLOCKWORK ORANGE" Starring Malcolm McDowell · Patrick Magee · Adrienne Corri and Miriam Karlin · Screenplay by Stanley Kubrick · Based on the novel by Anthony Burgess · Produced and Directed by Stanley Kubrick · Executive Producers Max L. Raab and Si Litvinoff · From Warner Bros., A Kinney Company

Exciting original soundtrack available on Warner Bros. Records

63. 왼쪽 애덤 래블레이스Adam Rabalais,
「시네마틱 사이코패스-시계태엽 오렌지Cinematic Psychopaths-A Clockwork Orange」, 2015년
64. 위 왼쪽 파르미지아니노Parmigianino, 「피에트로 마리아 로시, 산 세콘도 백작Pietro Maria Rossi, Count of San Secondo」,
1535~1538년, 화판에 유채
65. 위 오른쪽 알론조 산체스 코엘료Alonso Sánchez Coello,
「돈 카를로스 왕자Infante Don Carlos」, 1564년, 캔버스에 유채

튀어나온 발

왕가의 초상화를 그릴 때에는 모델의 다리 위치를 세심하게 고려한다. 사회적 지위에 따라서 발을 놓는 위치가 달라진다. 두 발을 모으고 서 있는 자세, 즉 군대 용어로 차려 자세는 낮은 지위를 연상시키는 공손한 자세이므로, 어떤 일이 있어도 피한다. 대안은 두 가지다. 양쪽 발을 넓게 벌리고 서거나, 한쪽 발을 앞으로 내미는 것이다. 영국 튜더 왕조 때에는 양쪽 발을 벌리고 균형을 잡은 자세가 선호되었다. 헨리 8세는 이 자세를 즐겨 취했다. 사실 그의 초상화에서 다른 자세는 찾아보기가 어렵다.

그러다가 프랑스의 태양왕인 루이 14세가 등장하자 상황이 바뀌었다. 그의 초상화 중 가장 유명한 것은 1701년 프랑스 화가 시아신트 리고Hyacinthe Rigaud가 그린 것이다[68]. 그 그림에서 국왕은 한 발을 앞쪽으로 내민 채, 매우 부자연스러운 자세를 취하고 있다. 내민 발은 마치 겨냥을 하고 있는 양 정면으로 관람자를 향하고 있다. 뒷발은 앞발과 직각으로 놓여 있으며, 따라서 몸도 옆면이 보인다. 이 자세가 의식적으로 한 것이든 무의식적으로 한 것이든 간에, 남성 몸의 색정적인 부위, 즉 허벅지 안쪽을 드러내는 방법으로 고안된 것이라는 주장도 나와 있다.

이 초상화에서 왕의 머리와 다리는 뚜렷한 대조를 이룬다. 부어 오른 얼굴은 늙어 가는 63세 노인의 것이지만, 걷어 올린 즉위식 예복 바로 밑까지 맨살을 다 드러낸 가늘고 우아한 다리는 젊은 발레 댄서의 것이다. 신발은 눈에 확 띄는 새빨간 하이힐이며, 다이아몬드 죔쇠가 달려 있다. 왕은 복잡한 동작들을 구사할 수 있는 뛰어난 댄서였다. 그의 춤 스승들이 모두 인정한 바다. 이런 동작들은 왕의 후원으로 명칭이 붙여지고 정리되어서 1700년에 정식으로 발표되었는데, 안무choreography라는 새로운 용어가 붙여졌다. 그리하여 춤의 새로운 시대가 열렸고, 이윽고 발레의 탄생으로 이어졌다.

태양왕이 높은 지위의 상징으로 택한 자세는 그 뒤로 18세기 내내 여러 세대에 걸친 공식 초상화들에서 계속 나타났다[67]. 유일하게 변화를 준 부분은 때로 왼발이 아니라 오른발을 앞으로 내밀기도 했다는 것이다. 현대의 유명 인사들도 영화 시사회나 영화제 때 레드 카펫 위에서 이 전통적인 자세를 취하고 사진을 찍곤 한다는 점을 생각하면 재미있다. 그들 중에는 다른 자세로는 사진을 찍어본 적이 없는 이들도 있는데, 카메라를 자신에게 향하는 사진사를 보기만 하면 의식적으로 한쪽 발을 앞으로 내미는 것이 틀림없다.

높은 지위와 관련이 있는 전혀 다른 유형의 한쪽 발 내밀기 자세도 있다. 중세 시대에는 젊은 상류층 남성들이 풀렌poulaines이라는 아주 길고 뾰족한 신발을 신는 것이 유행했다[66]. 이 유행은 14세기 말에서 15세기 초에 정점에 달했는데, 십자군 전쟁에 영향을 받은 것일 수도 있다. 전쟁에서 돌아오는 병사들이 들고 온 이국적인 물건들 중에 앞쪽 끝이 뾰족하게 올라간 동양의 실내화도 있었다. 풀렌은 시간이 흐르면서 점점 길어지다가 이윽고 너무 거추장스러워서 걸을 수조차 없을 지경에 이르렀다. 발끝에서부터 61센티미터가 더 뾰족하게 튀어나온 것도 있었는데, 신발 끝과 무릎을 철사로 연결해서 지탱해야 했다. 물론 지위가 높은 이들이 이 신발에 매력을 느낀 것은 바로 이렇게 효용성이 떨어진다는 점 때문이었다. 너무나 비실용적이었기에, 이 신발을 신고서는 육체노동을 할 수가 없었다. 즉 부유한 유한계급만이 신을 수 있다는 의미였다. 그 점에서는 중국에서 지위가 높은 여성들이 했던 전족과 같은 범주에 들어간다고 할 수 있다. 서양에서는 발을 인위적으로 길게 늘인 반면, 동양에서는 발을 짓눌러서 원하는 모양으로 만들었다는 점이 다를 뿐이다. 둘 다 걷기 어렵게 만들며, 따라서 일하는 계급이 아님을 상징했다.

당대의 화가들은 높은 지위를 과시하는 이 신발을 초상화에 으레 그려 넣었으며, 풀렌의 악명이 너무 높아지자 사회의 보수 세력들은 이 새로운 유행을 어처구니없고 꼴불견이라고 비판하고 나섰다. 또 그들은 이 유행이 하위 계급들에까지 확산되면 업무 능률이 떨어질 수 있다고 우려했다. 교회 지도자들은 풀렌을 악마의 손가락이라고 비난했다. 그러나 그 어떤 비난도 풀렌의 인기를 막지 못한 듯했다. 그 결과 14세기 중반에 영국 국왕 에드워드 3세는 신발의 길이를 규정하는 법을 제정하기에 이르렀다. 노동 계급의 신발은 발끝이 15센티미터를 넘으면 안 되었지만, 중간 계급은 38센티미터인 것까지, 귀족은 더 긴 것도 신을 수 있었다. 이렇게 당국이 규제하고 나섰음에도, 코가 뾰족한 신발로 지위를 과시하는 풍습은 반세기 동안 더 지속되었다. 극단적인 형태의 풀렌은 1410년이 되어서야 사라지기 시작했고, 1480년대에는 이윽고 철 지난 유행이 되었다.

지금 사람들은 중세 시대의 지나치게 뾰족한 신발을 보고 웃음을 터뜨릴지 모르지만, 당시 사람들도 굽이 아래로 향하면서 뾰족해지는 극단적인 형태의 뾰족구두 stiletto heel가 현대에 유행하는 것을 보면 마찬가지로 어처구니없다고 여길 것이다. 현대 남성은 1950년대와 1970년대에 로큰롤 문화에서 '윙클피커winklepicker(발목까지 덮는 끝이 뾰족한 구두—역주)'가 잠시 유행하던 때를 제외하고는 뾰족한 신발을 과시하는 열기에 대체로 끼지 않았다.

66. 위 로이섯 리덧Loyset Liédet,
혼례식 때 긴 풀렌을 신은 신랑의 모습,
1470년경, 세밀화

67. 아래 앨런 램지Allan Ramsay,
「리처드 그렌빌, 제2대 템플 백작Richard
Grenville, 2nd Earl Temple」, 1762년,
캔버스에 유채

68. 오른쪽 시아신트 리고,
「프랑스 국왕 루이 14세(1638~1715)의 초상
Portrait of Louis XIV, King of France」,
1701년, 캔버스에 유채

허리 굽힌 몸

역사적으로 볼 때, 사회적 지위가 높은 이들은 자신을 결코 허리를 숙인 자세로 그리는 것을 용납하지 않았다. 그림 속에서 엘리트 계층의 꼿꼿하게 선 자세는 열심히 일하는 모습을 담은 노동하는 이들의 모습과 극명하게 대비된다. 지위가 높은 이들은 활발하게 어떤 활동을 하는 모습이 담길 때에도, 안장에 앉아서 말을 몰거나 칼을 휘두르는 식으로 거의 언제나 몸을 세운 뽐내는 자세로 묘사되곤 했다. 지위를 말할 때 '높다'와 '낮다'라는 단어는 권력뿐 아니라 자세도 가리킨다.

14~15세기의 삽화를 곁들인 책들에는 석공들이 열심히 성당이나 탑을 짓는 장면이 자주 등장했다. 석공들은 거의 언제나 몸을 굽힌 채 일하는 모습으로 그려졌으며, 때로 그 옆에는 감독자들이 완전히 대비되는 뻣뻣하게 서 있는 자세로 그려져 있기도 했다.

16세기 플랑드르 미술에서는 하층 계급들이 몸을 숙이거나 웅크리거나 무릎을 댄 자세로 갖가지 천한 일을 하는 모습을 그리는 것이 유행했다. 상류층의 인위적인 자세와 잰 체하는 모습은 사라지고, 대신에 열심히 근육을 쓰거나, 노동으로 지친 모습이 화폭에 담겼다. 플랑드르 양식의 그림을 그린 이탈리아 북부의 화가 빈첸초 캄피Vincenzo Campi의 작품에서 전형적인 사례를 찾을 수 있다. 1590~1591년에 그린 바쁜 부엌의 모습을 담은 그림[69]에는 하녀들이 허리를 굽힌 채 자기 일을 하는 모습이 담겨 있다. 지위가 낮은 사회 구성원들이 단조로운 고된 일을 하는 장면이다.

플랑드르 미술은 예외 사례였다. 물론 프랑스 혁명 이후에는 사회의 지위가 낮은 이들도 더 대접을 받긴 했지만, 19세기까지도 직업 화가들의 그림에는 중요한 인물, 또는 그렇다고 자부하는 인물들이 더 많이 등장했다. 1857년 파리 살롱전에 장 프랑수아 밀레Jean-François Millet는 「이삭 줍는 여인들The Gleaners」[70]을 출품했다. 밭에서 세 시골 여성이 허리를 굽히고 일하는 모습을 담았는데, 이 작품은 평단의 분노를 자극했다. 진지한 화가가 중요한 전시회에 출품하는 대형 유화 작품에 어떻게 시골의 가장 비천한 여성들을 주인공으로 떡하니 그려 넣을 수 있단 말인가? 살롱전 출품작은 늘 신화나 종교의 한 장면을 표현하거나 지위가 높은 인물의 초상이었으므로, 이름 모를 세 명을 이렇게 주인공 대접한 것이 공감을 얻을 리 만무했다. 한 평론가는 밀레의 "이삭 줍는 세 여인들이 엄청난 흉내를 내고 있다"고 비판했다. "너저분한 그대로의 추레하고 추한 모습으로… 가난의 세 여신인 척하고 있다." 물론 이런 평은 19세기 상류층이 하층 계급을 무심하고 무정하게 바라보고 대했음을 잘 보여 준다. 밀레의 그림이 강한 반발을 산 데에는 프랑스 혁명의 후유증도 한몫했다. 하층 계급들이 다시 반기를 들기 시작하지나 않을까 걱정하면서 상류층이 늘 초조하게 뒤를 돌아보곤 하던 시절이었기 때문이다. 이 대형 유화 작품을 찬미한다면 그들을 부추기는 꼴밖에 안 될 것이며, 상류층을 불편하게 만들 수 있었다.

그러나 「이삭 줍는 여인들」은 당대의 젊은 화가들에게 엄청난 영향을 미쳤다. 그들은 19세기 후반에 기존 살롱전 미술 체제에 반기를 들면서 사회의 모든 계층을 화폭에 담기 시작했다. 그리하여 신화적이거나 종교적 주제를 다룬 작품들은 점점 더 줄어들었다. 19세기의 끝자락으로 갈수록 몸을 숙이고 열심히 일하는 노동자들, 허드렛일을 하는 하인들, 시골 농부들을 그린 작품들이 점점 더 늘어났다. 그러면서 또 한 가지 현상이 일어나고 있었다. 보통 사람들이 즐기는 모습을 담은 작품들도 늘어나기 시작한 것이다. 노동 계급이 술집에서 술을 마시고, 무도회장에서 춤을 추고, 극장에서 공연을 하고, 거리를 돌아다니는 모습을 묘사한 작품들이었다. 미술에서 새로운 몸짓 언어의 시대가 추진력을 얻기 시작함에 따라, 오만한 자세와 잰 체하는 자세는 점점 밀려났다.

밀레의 그림이 파리에서 큰 소동을 일으키고 있던 그 무렵에 영국에서는 존 리널 John Linnell이라는 런던 화가가 조용히 시골 풍경을 그리고 있었다. 그의 그림들에는 시골 사람들이 허리를 굽히고 일하는 모습이 으레 등장했다. 그는 이런 인물들이 덜 두드러지도록 구도를 잡는 방법으로 논쟁을 피하려 애쓴 듯하다. 그의 그림들은 주로 영국의 시골 풍경을 담고 있으며, 거기에서 일하는 사람들은 더 작게 그려져서 전체 구성의 일부가 되어 있다. 그가 시골 생활의 세세한 측면들에 매료되었다는 것은 분명하지만, 말년에 그는 일하는 사람들에 초점을 맞춘 화가가 아니라, 그저 풍경화가로 더 잘 알려지게 되었다.

69. **위** 빈첸초 캄피, 「부엌Kitchen」(일부),
1590~1591년, 캔버스에 유채

70. **오른쪽 위** 장 프랑수아 밀레, 「이삭 줍는 여인들」,
1857년, 캔버스에 유채

71. **오른쪽 아래** 귀스타브 카유보트Gustave Caillebotte,
「바닥을 닦는 사람들The Floor Planers」, 1875년, 캔버스에 유채

절제되지 않은 행동과 도시의 비참함

역대 초상화들을 보면 그림 속 사회 엘리트들의 몸짓 언어는 억제되고 억눌리고 얽매여 있다. 대조적으로 지위가 낮은 이들은 거의 억제되지 않은 모습을 보이곤 한다. 일하는 장면에서는 활기차고 억센 모습으로 묘사된다. 놀 때는 상스럽고 억제되지 않은 모습으로 묘사된다.

브뤼헐 부자父子는 즐겁게 노는 농민들의 모습을 묘사하는 데 뛰어났다. 16세기 중반 네덜란드와 벨기에 지역에서 활동한 대大 피터르 브뤼헐Pieter Bruegel the Elder은 흥겨움이 넘치는 마을 생활을 담는 일에 몰두한 나머지 '농부 브뤼헐Peasant Bruegel'이라는 별명을 얻었다. 그가 노동 계급 출신이 분명하다고 오해하는 사람들까지 나타났다. 그의 아들들인 소小 피터르Pieter the Younger와 얀Jan도 농촌 풍경을 그렸다. 당대에 몇몇 화가들도 동참했다. 그러나 아직 그런 화풍이 널리 퍼지거나 오래 지속될 만한 시기가 아니었다. 일하는 시골 사람들이 흥겹게 즐기고 자유분방하게 활동하는 모습을 찬미하는 화가는 아직 드문드문 나올 뿐이었다.

브뤼헐 부자는 농민들의 잔치, 춤, 행사, 놀이를 세세하게 담았지만, 거기에는 어떤 감상도 비판도 담겨 있지 않았다. 그들은 시골 생활을 아주 매혹적으로 그리지도 않았고, 천박하게 묘사하지도 않았다. 그저 이것이 그들의 삶이다, 라고 말할 뿐이었다. 그 결과 상류 계급의 장점—또 억제와 제약—을 묘사하는 일 없이, 하층 계급이 가능한 한 즐기면서 삶을 살아가려는 모습을 정직하게 담아냈다.

대 피터르 브뤼헐이 그린 혼례식 장면[72]을 보면, 마을 사람들이 마구 팔다리를 차고 흔들고 밀고 당기고 하면서 신나게 춤을 추고 있다. 입에 먹을 것을 잔뜩 쑤셔 넣고 있거나 술을 마시는 사람도 있고, 입맞춤을 하는 사람도 있다. 「게으름뱅이의 천국The Land of Cockaigne」(1567)[73]이라는 멋진 작품에는 배불리 먹은 남자들이 바닥에 편하게 축 늘어져 있는 모습이 담겨 있다. 뻣뻣하게 서 있는 귀족의 초상화와 가장 생생하게 대비되는 모습이 아닐 수 없다.

대 피터르 브뤼헐은 생전에 종종 오해를 받곤 했다. 그가 그린 주제들이 전통적인 그림의 주제들과 너무나 달랐기에, 시골뜨기 농민들을 조롱하는 것이라고 여겨지곤 했다. 그가 그냥 시골 생활을 찬미하고 있다고는 믿으려 하지 않았고, 작품에 꼴사납게 놀고 즐기는 이들을 도덕적으로 비난하는 의미가 담겨 있는 것이 틀림없다고 여겼다. 19세기에 보들레르Baudelaire는 유달리 비판적이었다. "누구도 내 앞에서 브뤼헐의 불쾌하고 상스러운 잡동사니를 설명하려고 하지 말기를." 지금의 우리는 더 명확히 알고 있다. 우리는 브뤼헐을 자신이 사랑하는 평범한 사람들을 정확히 묘사하기 위해서, 또 그림을 통해 그들의 일상생활을 찬미하기 위해서 그들의 모든 자세와 몸짓을 작은 공책에 아주 정확히 기록한 예리한 관찰자라고 본다.

시골에서는 가난해도 대개 그럭저럭 삶을 꾸려나갈 수 있지만, 도시민에게 가난은 훨씬 더 지독한 경험이 되곤 한다. 도시에서 하층민은 불결함, 기아, 질병에 시달릴 때가 너무나 많았다. 그나마 구할 수 있는 사람에게는 싸구려 술만이 유일한 탈출구였다. 18세기 런던에서 윌리엄 호가스William Hogarth는 「진 골목Gin Lane」(1751)[74] 같은 작품에 이런 서글픈 상황을 담았다. 이 작품의 중심인물은 계단 위에 술에 취해서 널브러져 있는 여성이다. 그녀의 다리는 온통 궤양으로 덮여 있고, 그녀는 코담배를 집는 데 여념이 없어서 아기가 계단 옆 바닥으로 거꾸로 떨어지고 있는 것을 알아차리지 못한다. 계단 아래쪽에는 뼈만 앙상한 군인이 빈 술잔을 들고 있다. 여성 왼쪽으로는 개와 사람이 함께 뼈다귀 하나를 물어뜯고 있다. 오른쪽에는 아이의 목으로 술을 붓고 있는 여성이 보인다. 뒤쪽 배경에서도 술을 마시는 아이들을 볼 수 있다. 호가스가 이렇게 야만적일 만치 솔직하게 묘사한 이유는 도시 빈민가에 흔한 아동 방치 문제에 주의를 환기시키기 위해서였다. 사실 호가스는 1939년 런던에서 고아원 설립을 주도한 사회 개혁가 중 한 명이었다. 그가 이런 문제에 관심을 갖게 된 것은 개인적인 이유에서였다. 어릴 때 그의 집안 사업이 망하는 바람에, 그는 채무자 감옥(빚을 갚지 못하는 이들이 들어가던 감옥—역주)에서 지내야 했다. 그 일로 마음에 심한 상처를 입은 그는 평생을 사회 개혁에 힘썼다.

빅토리아 시대에도 도시 빈민가는 여전히 존재했고, 그곳의 끔찍한 생활 조건을 우려하는 목소리가 커져 갔다. 그리고 개혁을 요구하는 영향력 있는 사람들의 수가 늘기 시작했다. 프랑스 화가 귀스타브 도레Gustave Doré는 빈민가와 가난한 노동자를 비롯하여 런던의 다양한 모습을 그림으로 기록하는 일을 맡았다. 그는 작가인 블랑샤르 제럴드Blanchard Jerrold와 4년 동안 공동 노력한 결과물을 『런던 순례London: A Pilgrimage』(1872)라는 책으로 펴냈다. 도레는 빈곤의 실상을 한 번 보면 잊지 못할 만큼 세밀하게 묘사했다. 빈민가의 사람들은 체념, 권태, 비참함의 몸짓 언어를 여실히 드러낸다. 그들의 자세에는 활기가 전혀 없으며, 얼굴에도 생기가 전혀 없다. 제럴드는 넝마장수의 집을 묘사할 때, "양쪽 극단이 모이는 곳에 놓여 있다"고 함으로써, 부자들의 대저택들이 극빈자들이 사는 비참한 거리와 멀리 떨어지지 않은 곳에 있음을 알린다. 노인인 넝마장수는 버려진 넝마들을 무뚝뚝하게 살펴보고 있고, "늙은 헌옷 장수가 각 물품을 살펴보고 동전 한 닢 가치밖에 안 된다고 어림짐작하는 동안 그의 아이들은 반질거리는 보물 더미 위에서 구르고 있다."

72. **왼쪽 위** 대 피터르 브뤼헐, 「혼례식 춤The Wedding Dance」, 1566년, 화판에 유채
73. **왼쪽 아래** 대 피터르 브뤼헐, 「게으름뱅이의 천국」, 1567년, 화판에 유채
74. **위** 윌리엄 호가스, 「진 골목」, 1751년 에칭과 판화

모욕

Insults

서로를 모욕할 필요성을 느낄 때 말로 욕설을 퍼붓는 것만으로 성이 안 찰 때가 종종 있다. 서로 떨어져 있을 때는 더욱 그렇다. 이런 상황에서 분노, 짜증, 경멸을 보여 주기 위해, 그들은 적의가 담긴 몸짓으로 자신의 감정을 표현할 가능성이 높다. 이런 행동 중에는 그 지역에 사는 이들만 이해할 수 있는 것도 있지만, 널리 퍼져서 세계적으로 알려진 것도 일부 있다. 그렇게 널리 퍼진 것들은 미술 작품에도 종종 등장한다.

이런 시각 신호 중에는 그냥 약을 올리거나 장난치는 양 보이는 것도 있지만, 너무 심한 분노를 자극하여 거꾸로 신체 공격을 받거나 목숨을 잃게 되는 사례도 나타난다. 모욕적인 몸짓 중 가장 치명적인 것은 이탈리아의 마노 코르누타 mano cornuta('뿔 난 손')라고 한다. 상대방의 아내가 불륜을 저지른다고 시사하는 손짓이다. 이런 모욕이 전면적인 공격을 도발하는 사례가 드물긴 하지만, 이런 단순한 손짓의 힘을 과소평가하지는 말자. 때로 '도로에서 분노를 폭발시키는' 상황으로 이어지거나, 모욕한 사람을 다른 어떤 식으로든 처벌하는 일이 벌어질 수도 있다.

얼굴 일그러뜨리기

조롱은 주로 언어폭력이지만 경멸하는 표정이 수반되곤 하며, 비웃음이 대표적이다. 비웃음은 미묘한 표정이다. 윗입술을 한쪽으로 살짝 마는 표정인데, 지나치면 금방 우스꽝스럽게 희화화한 표정으로 비칠 수 있다. 회화에서 이 표정을 묘사하려는 시도가 거의 없는 이유를 이것으로 설명할 수 있을지도 모른다. 물론 벽에 걸린 그림 속의 얼굴이 당신을 보며 비웃는다면 그다지 보고 싶지 않을 것이다.

조제프 뒤크뢰Joseph Ducreux의 「조롱하는 척하는 자화상Self-portrait in the Guise of a Mocker」(1793)[77]은 진정한 조롱을 포착하기가 얼마나 어려운지를 잘 보여 준다. 위대한 히에로니무스 보슈Hieronymus Bosch조차도 「십자가를 지고 가는 그리스도Christ Carrying the Cross」(1510년경)[75]에서 예수가 십자가형을 당하는 그날 모여든 악의에 찬 군중을 그릴 때, 조롱의 미묘한 표정을 제대로 담지 못했다. 그림 속의 야만적이고 추한 얼굴들은 소름끼치는 방식으로 서로에게 으르렁대고 있다. 이 그림은 엄청난 영향을 미쳤지만, 여기에 조롱의 미묘함은 빠져 있다. 아마 조롱하는 얼굴을 가장 잘 표현한 작품은 한 20세기 화가의 작은 그림일 것이다. 조롱을 구불거리는 선에 불과한 수준으로 환원한 추상화 수준이긴 하지만, 스위스 화가 파울 클레Paul Klee가 그린 「또는 조롱받은 조롱꾼Or The Mocked Mocker」(1930)[76]은 조롱을 더 제대로 표현한다. 으레 남을 조롱하곤 하던 조롱꾼이 갑자기 자신이 조롱의 대상임을 알아차리고서 짜증을 내는 것을 느낄 수 있다.

조롱이 기괴한 얼굴 표정을 수반하는 극단적인 사례도 있다. 대개 두 손을 양쪽 입가에 대고서 가능한 넓게 잡아당기는 것이다. 아이들 사이에 널리 쓰이고, 때로 유쾌한 맥락에서 어른들 사이에서도 쓰이는 이 시각적 형태의 모욕은 옛 그림에서는 자주 등장하지만, 더 최근의 미술에서는 거의 찾아볼 수 없다. 14~15세기에 가장 인기가 있었던 듯하며, 당시에는 중요한 삽화책의 여백을 장식한 불경한 작은 그림들에도 흔히 쓰였다[79]. 또 중세 유럽의 많은 성당 벽에 그려진 소박한 벽화들, 같은 시기에 많은 기독교 건물을 장식한 가고일 석상의 얼굴에도 나타난다[80].

네덜란드 황금시대의 화가들은 일상생활의 이런저런 장면들을 즐겨 담았다. 때로는 이상화하기도 했고, 때로는 익살스럽게 표현하기도 했다. 아드리안 브라우어르Adriaen Brouwer의 「조롱하는 젊은이Youth Making a Face」(1632/1635년경)[78]에 담긴 매우 무례하게 구는 인물은 관람자를 정면으로 바라보면서 무례한 몸짓을 하고 있다. 브라우어르의 그림에 나온 너저분한 젊은이가 화가 자신을 나타낸 것일 수 있으며, 자신의 작품을 감상하는 교양 있는 화랑 관람객을 내심 조롱하는 것이라는 주장도 나와 있다. 브라우어르는 지저분하게 하고 다닌다고 악명이 높았다. 그는 한번은 값비싼 우아한 정장을 구입하여 혼례식에 갔다. 피로연장에서 그는 "초대받은 것은 정장을 입은 남자가 아니라 정장 자체"라고 괴짜 같은 선언을 하고는 그 옷에 온통 파이를 처발랐다.

치아로부터 멀어지도록 입술을 양쪽으로 잡아당겨서 입을 쫙 넓힌 얼굴이 왜 그렇게 모욕을 뜻하는 몸짓으로 널리 쓰였는지, 그리고 지금은 왜 진지한 미술 작품에서 거의 사라졌는지는 역사적으로 연구해 볼 가치가 있다. 답은 치과술의 발전과 관련이 있을지도 모른다. 예전에는 입을 쩍 벌린 표정을 안 짓는 것을 예의 바른 행동이라고 여겼다. 입을 벌렸을 때 썩은 이가 죽 드러나고 구취까지 풍길 때가 너무 많았기 때문이다. 교양 있는 사회는 입술의 움직임을 자제하고 가능한 한 입을 다물었다. 쩍 벌린 입은 '상스러운 성격' 또는 심지어 사악한 성격을 연상시켰고, 그래서 일부러 입을 쭉 늘리는 몸짓은 심한 모욕이 되었다. 현대 사회에서는 이 몸짓이 가했던 충격은 사라졌고, 그저 유치하게 보일 뿐이다.

75. **왼쪽 위** 히에로니무스 보슈, 「십자가를 지고 가는 그리스도」, 1510년경, 화판에 유채
76. **왼쪽 아래** 파울 클레, 「또는 조롱받은 조롱꾼」, 1930년, 캔버스에 유채
77. **위** 조제프 뒤크뢰, 「조롱하는 척하는 자화상」, 1793년, 캔버스에 유채

78. 아드리안 브라우어르, 「조롱하는 젊은이」,
1632/1635년경, 화판에 유채

79. 위 『골스턴 시편Gorleston Psalter』의
세밀화, 1310~1324년경

80. 아래 가고일, 14~15세기,
영국 스트랫퍼드어폰에이번 길드 성당

113

혀 내밀기

서양에서 혀 내밀기는 유치한 모욕이라고 여겨지지만, 세계 각지에서는 지역에 따라 전혀 다른 의미를 지닌다. 모욕의 의미로서는 잔존 몸짓이라고 여겨진다. 즉 원래의 맥락은 잊히고 몸짓만 살아남은 것이다. 이 몸짓의 기원은 아기 때까지 거슬러 올라갈 수 있다. 아기는 혀를 내밀어서 음식을 거부하는 몸짓을 한다. 아기는 너무 어려서 "그만!"이라는 말을 못한다. 그래서 혀를 내밀어서 음식을 내뱉을 수밖에 없다. 따라서 혀를 내밀어서 거부하는 행동은 아주 이른 나이와 관련이 있으며, 이 관계는 성년기까지 이어진다. 누군가가 어려운 문제에 몰두하고 있어서 방해를 받고 싶지 않을 때, 종종 입술 사이로 혀를 살짝 내미는 모습을 보일 수도 있다. 몰입을 방해할 수도 있는 모든 외부의 간섭을 무의식적으로 거부하는 몸짓이다.

초등학생은 단순한 무례한 몸짓을 하고자 할 때, 별 생각 없이 혀를 내밀곤 할 것이다. 이 몸짓도 아기의 거부하는 몸짓을 연상시킨다. 건방진 아이의 전형적인 반응임을 알아차린 어른이 같은 행동을 한다면, 진지한 의도가 거의 없이 장난으로 하는 것이다. 그러나 이 표정을 지을 때 얼굴을 추하게 찡그리도록, 즉 무례한 행동임을 명확히 드러내도록 신경을 써야 한다. 그렇지 않으면, 혀를 내미는 행동이 성적인 유혹으로 잘못 해석될 수 있기 때문이다.

역사적으로 보면, 혀 내밀기는 아이 같은 무례함과 관련이 있는 한편으로, 특수한 맥락에서는 더 사악한 역할도 했다. 때로는 '악마의 혀'라고 불리기도 했는데, 악마가 길고 뾰족한, 때로 끝이 갈라진 혀를 사악하게 쭉 내밀고 있는 모습으로 묘사되곤 했기 때문이다. 덴마크의 팔스테르섬에 있는 팅스테드 성당의 매혹적인 중세 프레스코화에는 뿔이 난 검은 악마가 버터를 젓고 있는 죄 없는 여성을 향해 붉고 긴 혀를 내밀고 있다[81]. 15세기 말의 이 작품은 불경스럽다고 하여 나중에 회반죽을 덧칠하여 가렸고, 1877년에야 발견되어 복구되었다.

민속 설화에서 사탄의 동족이라고 여겨지는 뿔난 악마 크람푸스Krampus도 혀를 내민 모습으로 종종 묘사된다[82]. 유럽 민간전승에 따르면, 그는 성 니콜라우스(산타클로스—역주) 축일 전날 밤에 나타난다고 한다. 성 니콜라우스가 착한 아이들을 찾아다니면서 선물을 주는 동안, 크람푸스는 나쁜 아이들을 찾아다니면서 벌을 준다. 크람푸스는 아주 새빨갛고 긴 혀를 쭉 내밀면서 처벌 도구를 꺼낸다. 착한 아이나 나쁜 아이나 크리스마스에 모두 선물을 받아야 한다는 개념은 비교적 최근에 나온 것이다.

미술에서 '건방진 아이' 행동의 전형적인 사례는 네덜란드 황금시대 화가 룰로프 판 제일Roeloff van Zijl의 작품으로 추정되는 「소년들에게 조롱받는 엘리사Elisha

Mocked by Boys」(1625~1630년경)[83]다. 한 어린 소년이 두 집게손가락으로 예언자 엘리사를 가리키면서 혀를 최대한 쭉 내밀고 있다. 이 아이들은 엘리사가 대머리라고 놀리고 있다. 엘리사는 신의 예언자이므로, 신은 이 아이들을 용서하지 않고 숲에서 암컷 곰 두 마리를 보내어 벌한다. 성서에 따르면, 곰들은 순식간에 달려들어서 소년들을 마흔두 조각으로 찢어발긴다. 단순한 몸짓이 치명적인 결과를 가져올 수 있음을 보여 주는 또 하나의 사례다.

현대에 단순한 혀 내밀기가 유명해진 사례도 있다. 1951년 3월 14일, 알베르트 아인슈타인은 72세 생일을 맞이했고 많은 기자들이 모여들었다. 그는 카메라를 향해 웃어달라는 요청을 계속 받아야 했다. 행사가 끝날 무렵에 아서 새스Arthur Sasse라는 사진사가 한 번만 더 웃어 달라고 요청하자, 그는 혀를 쭉 내밀었다. 새스는 그 순간을 찍었다. 세상에서 가장 명석한 인물이 가장 천진난만한 모욕 행위를 하는 장면이었다. 보는 순간 절로 이 대조적인 의미가 떠올랐기에, 이 사진은 세계적으로 유명해졌다. 그 뒤로 몇몇 화가들은 이 사진을 그림으로 옮겼다. 많은 거리 화가들도 그랬다[84].

비록 당시 아인슈타인의 반응은 지겨워서 한 순간 취한 사소한 즉흥적인 행동에 불과했던 듯하지만, 나중에 그는 거기에 더 어두운 분위기를 덧붙이곤 했다. 1953년 그는 유명해진 그 사진에 서명을 하여 자신이 탄복한 책을 쓴 언론인이자 정치 평론가에게 선물로 보냈다. 사진에 그는 이런 식으로 해석되는 메시지를 적었다. "귀하는 이 표정을 좋아할 겁니다. 모든 인류를 겨냥한 것이니까요. 민간인은 어떤 외교관도 감히 하지 않을 일을 할 수 있거든요." 처음에 언론의 지나친 관심에 질려서 자연스럽게 나온 장난스러운 반응이었던 것이 어찌어찌하여 그의 마음속에 인류를 향한 태도에 관한 깊은 의미를 담은 진술로 변모한 듯하다.

현대의 몇몇 화가들은 혀 내밀기를 작품에 담아 왔다. 가장 눈에 띄는 사례 중 하나는 만화책과 그래픽노블을 비롯하여 다방면으로 영향을 미쳐 온 아프리카계 미국인 화가 트렌턴 도일 핸콕Trenton Doyle Hancock의 「혀를 내민 자화상Self-portrait with Tongue」(2010)[85]이다. 그러나 예술적 맥락에서 혀를 내민 그림의 가장 유명한 사례는 존 파시John Pasche가 디자인한 롤링스톤스의 '혀와 입술' 로고일 것이다. 이 로고는 1971년 앨범 〈스티키 핑거스Sticky Fingers〉에 처음 쓰였다. 처음에는 인도 여신 칼리의 혀를 토대로 디자인할 생각을 했지만, 파시는 믹 재거Mick Jagger의 입에서 영감을 얻었다. '핫 립스Hot Lips'라고 불리게 된 그 성적인 분위기를 겸한 친근함과 무례함을 표현한 로고는 그 밴드의 반항적인 태도와 완벽하게 들어맞았다.

81. **왼쪽 위** 악마와 함께 버터를 젓고 있는 여성,
프레스코화, 15세기 말, 덴마크 팅스테드 성당

82. **왼쪽 아래** 「성 니콜라우스 축일. 크람푸스Saint Nicholas's Day. The Krampus」,
1904년경, 헝가리 일러스트레이션

83. **위** 룰로프 판 제일의 작품으로 추정, 「소년들에게 조롱받는 엘리사」(일부),
1625~1630년경, 캔버스에 유채

84. 후드그래프HoodGraff 팀, 「알베르트 아인슈타인Albert Einstein」,
2014년, 벽에 스프레이 페인트, 러시아 상트페테르부르크

85. 트렌턴 도일 핸콕, 「혀를 내민 자화상」,
2010년, 종이에 아크릴 등

콧등에 엄지 대기

콧등에 엄지 대기는 대개 장난으로 하며, 상대도 진지하게 받아들이지 않는다. 어른이 아이에게 할 수도 있고, 아이끼리 할 수도 있다. 유럽 전역에서 유쾌한 모욕으로 널리 알려져 있으며, 적어도 500년, 아니 아마 그보다 더 오래 전부터 쓰였을 것이다. 그래서 이 몸짓에는 아주 많은 이름이 붙어 있다. 영어에만 적어도 열네 가지 이름이 있다. 주둥이 만들기cocking a snook, 긴 코 만들기making a long nose, 베이컨 잡아 늘이기pulling long bacon, 다섯 손가락 경례five-fingered salute, 앤 여왕 부채Queen Anne's fan, 상하이 몸짓Shanghai gesture 등이다. 이중 상하이 몸짓이라는 이름은 존 콜턴John Colton의 희곡 제목으로 쓰이면서 널리 알려지기도 했다. 이 이름의 기원에 관한 한 이론은 콧등에 엄지를 대는 몸짓이 투석기를 발사하는 행동과 비슷하며, 호주에서는 투석기를 '상하이'라고도 한다는 점에 착안한다.

이 모욕의 기원에 관해서도 거의 이름 못지않게 많은 설명이 제시되어 있다. 가장 널리 받아들여진 설명은 그것이 경례를 삐딱하게 왜곡한 것이라고 본다. 손을 이마 쪽으로 들어 올려서 올바로 경례하는 대신에 코까지만 올려서 진지한 경례를 풍자한다는 것이다. 여기에 다섯 손가락 경례라는 이름이 붙은 것도 그 때문일지 모른다.

또 다른 설명은 상대방을 향해 콧물을 떨어 날리기 위해서 코에 엄지를 갖다 댄다는 것이다. 이 주장을 뒷받침하는 것은 이 몸짓을 가장 처음으로 언급했다고 알려진 문헌이다. 프랑수아 라블레의 『가르강튀아와 팡타그뤼엘Gargantua and Pantagruel』이다. 16세기에 쓴 이 책에서 라블레는 거인인 팡타그뤼엘을 대변하는 파뉘르주와 팡타그뤼엘이 전해지는 대로 정말로 명석한지 알아보겠다고 영국에서 파리로 온 학자인 토마스트가 몸짓 논쟁을 벌일 때, 아주 복잡한 방식으로 콧등에 엄지 대기 모욕을 펼치는 광경을 묘사한다. 이 논쟁은 곧 일련의 경멸적인 손짓으로 이어진다.

파뉘르주는 갑자기 오른손을 치켜들더니 엄지를 오른쪽 콧구멍에 갖다 대고서 네 손가락을 펼쳐서 콧등까지 한 줄로 죽 이어지는 선을 만들고, 왼쪽 눈을 완전히 감고서, 눈썹과 눈꺼풀이 움푹 들어가도록 찡그렸다. 그런 뒤 왼쪽 손을 들어 올려서 꽉 움켜쥐었다가 네 손가락을 앞으로 죽 뻗고 엄지를 들어 올려서, 오른손보다 약 70센티미터쯤 앞쪽에 한 줄로 이어지도록 들었다. 그런 뒤에 두 손의 자세를 그대로 유지한 채로 바닥을 향해 기울였다. 그러더니 이윽고 다시 들어 올려서 영국인의 코를 곧장 겨냥했다 (…) 그러자 영국인은 이런 몸짓을 했다. 왼손을 쫙 펼쳐서 허공에 치켜들었다가, 곧바로 네 손가락을 오므려서 주먹을 쥐고는 엄지를 죽 펼쳐서 코의 물렁뼈에 갖다 댔다. 곧이어

오른손을 쫙 펴서 치켜든 다음, 펼친 채로 내려서 아래쪽으로 기울인 뒤, 엄지를 주먹을 쥔 왼손의 새끼손가락을 오므린 곳에 갖다 대고, 오른손의 나머지 네 손가락을 허공에서 천천히 움직였다. 그런 뒤에 오른손으로는 왼손이 했던 동작을 하고, 왼손으로는 오른손이 했던 동작을 했다.

콧등에 엄지 대기라는 모욕에 대한 또 다른 설명은 코가 유달리 길면 기괴하다는 개념에서 착안한다. 따라서 코에 한 손 또는 두 손을 갖다 붙이면 사실상 이렇게 말하는 것과 같다. "내 생각에 너는 이렇게 추해." 이 설명의 한 가지 변형된 형태는 이 몸짓이 코를 음경처럼 만들어 주겠다는 뜻이며, 따라서 음경을 뜻하는 널리 알려진 다른 모욕들과 같은 맥락이라는 것이다. 더 설득력 있는 설명은 이 몸짓을 취하는 사람이 닭의 볏을 흉내 내는 것이며, 자세를 앞으로 기울여서 싸움닭처럼 행동함으로써 모욕을 가한다는 것이다.

사실 우리는 이 모욕이 처음에 어떻게 출현했는지, 정확히 무엇을 상징하는지 결코 확실히 알지 못할 것이다. 그러나 한 손을 코에 갖다 대고서 그에 걸맞은 무례한 소리를 내는 아이에게는 이런 역사적 논의가 아무런 의미가 없다. 별로 진지하게 생각하지 않은 채 가벼운 마음으로 하는 장난일 뿐이다.

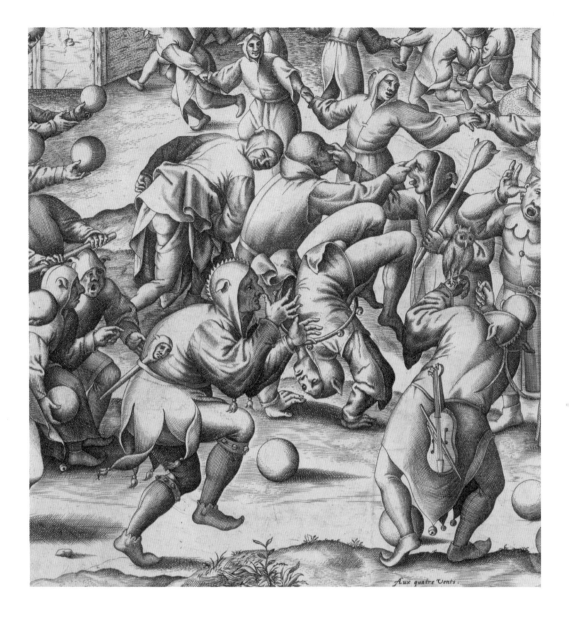

86. 위 피터르 판 데르 헤이던Pieter van der Heyden(대 피터르 브뤼헐의 그림을 토대로),
「바보들의 축제The Festival of Fools」(일부), 1570~1601년경, 판화

87. 오른쪽 위 「결투 재판Trial by Battle」, 19세기 중반, 채색 석판, 미국 학교

88. 오른쪽 아래 「모터트리사이클을 타고서 놀리기Thumbing one's Nose from the Motor Tricycle」,
1900년, 디옹 부통 자동차 회사 광고(그림 윌리오)

손가락 자세

서양에서는 '가운뎃손가락'으로 모욕을 주는 방식이 점점 더 인기를 얻어 온 듯하다. 이 손가락이 상징하는 것은 아주 명백하다. 세운 가운뎃손가락은 음경을, 그 양쪽에서 오므린 손가락들은 고환을 나타낸다. 이 몸짓은 손을 남성의 생식기로 전환시키며, 손을 위로 확 움직이면 음경 삽입을 상징한다.

이 모욕은 역사가 길다. 고대 그리스와 로마에서도 널리 쓰였으며, 당시 저자들의 저술에도 언급되어 있다. 너무 악명이 높았기에, 로마 시대에 가운뎃손가락은 디기투스 임푸디쿠스digitus impudicus, 즉 음란한 손가락이라고 불렸다. 칼리굴라 황제는 입을 맞추려는 이들에게 손을 내밀 때, 다른 손가락들은 오므린 채 가운뎃손가락만 내밀기도 했다. 사람들에게 자신의 상징적인 음경에 입맞춤을 하도록 한다는 생각에 재미를 느꼈던 모양이다.

20세기에 들어설 무렵, 아주 많은 이탈리아인들이 미국으로 이주했는데, 그들은 풍부한 몸짓 언어도 들여왔다. 일부 몸짓은 이탈리아인의 것만으로 남았지만, 가운뎃손가락 모욕은 매우 인기를 끌면서 북미 전체로 퍼졌다. 그 뒤로 세계의 다른 지역들로도 퍼졌고, 그 의미는 현재 거의 모든 지역에서 이해할 수 있다. 미국에서는 그냥 '손가락질the finger'이라고 한다.

가운뎃손가락이 공공연한 성적 상징성을 띤다는 것은 역대 그림들에서 거의 찾아볼 수 없다는 뜻이다. 비록 많은 현대 화가들은 그 몸짓을 즐겨 묘사하지만. 2008년 팝초현실주의자 매리언 펙Marion Peck은 「엿 먹어Fuck You」라는 작품에서 매우 우아하면서 순진해 보이는 소녀의 모습과 음란한 손짓을 괴팍하게 대비시켰다[93]. 그러나 가장 유명한 최근의 사례는 아마도 거리 미술 작품에서 볼 수 있을 듯하다.

2002년경에 그린 뱅크시Banksy의 스텐실 작품 「무례한 순경Rude Copper」[92]은 영국 경관이 그 손짓을 하는 모습이다. 몇몇 주목할 만한 조각가들도 가운뎃손가락을 주제로 삼아 왔다. 2010년 으레 논란을 일으키곤 하는 이탈리아 미술가 마우리치오 카텔란은 회고전을 열면서 밀라노 증권거래소 앞에 높이 11미터의 거대한 가운뎃손가락 조각상을 선보였다[89]. 손의 다른 손가락들은 잘려나간 듯한 모습이다. 이 도발적인 작품은 2주 동안만 공개 전시될 예정이었지만, 지금도 원래 위치에 서 있다. 이 작품의 공식 제목은 「L.O.V.E.」로서, 리베르타Libertà, 오디오Odio, 벤데타Vendetta, 에테르니타Eternità('자유, 증오, 복수, 영원')를 뜻한다. 비록 작가는 "모두가 행간을 읽고 스스로 메시지를 알아낼 수 있다"고 말하긴 했다. 체코 조각가 다비트 체르니David Černý는 카텔란보다 더 나아가 가운뎃손가락을 치켜든 거대한 자주색 손을 만들었다. 그 손을 프라하성 맞은편에 있는 블타바강의 바지선에 설치했다. 이 손은 공화국의 친러시아 대통령 밀로시 제만Miloš Zeman을 겨냥한 정치적 선언으로서 서 있었다.

손등 쪽을 밖으로 향한 채 집게손가락과 가운뎃손가락을 세워서 V자 모양을 그리는 모욕은 가운뎃손가락 모욕의 증폭된 형태로서, 이론상 "엿 먹어!" 손짓의 영향을 두 배로 늘린다. 세운 두 손가락을 서로 붙일 때도 있지만, V자 모양으로 벌릴 때가 훨씬 더 많다. 영국과 몇몇 영연방국가들에서는 매우 모욕적이라고 여겨지지만, 문화적 맥락과 손의 위치에 따라서 다른 의미들도 지닌다. 손바닥을 바깥쪽으로 향하면서 그리는 '승리의 V' 표시와 혼동하지 말자. 물론 승리의 V 손짓은 지금은 평화 운동과도 관련이 있다. 윈스턴 처칠이 1941년 7월 19일 연설에서 처음 '승리의 V'를 했을 때, 그는 그 몸짓의 무례한 판본이 있다는 사실을 몰랐던 듯하며, 그 무례한 손짓을 한 모습으로 사진을 찍었다. 그러다가 그 뒤부터는 올바른 손짓을 하고 사진을 찍었다. 아마 측근들이 알려 주었을 것이다.

V자 표시를 모욕으로 여기게 된 것은 1415년 아쟁쿠르 전투(백년 전쟁을 하던 프랑스가 영국에 크게 패한 전투—역주) 때부터였다는 주장이 나와 있다. 프랑스군은 전투가 끝나면 영국군 궁수들의 활 쏘는 손가락을 잘라 버리겠다고 위협했다. 그런데 영국군이 이기고 프랑스군을 포로로 붙잡았다. 영국군 궁수들은 그들 앞에서 활을 쏘는 두 손가락을 치켜들고서 위로 찔러대면서 멀쩡하다고 조롱했다고 한다. 이 장면을 묘사한 작은 조각상들도 있지만, 수 세기 뒤에 만들어진 듯하다. 창의적인 설명이며, 이 손짓이 왜 영국에서 널리 쓰이는가라는 질문에 답하는 데에도 도움을 준다. 유감스럽게도 아쟁쿠르 이론을 뒷받침하는 역사적 증거는 전혀 없다.

우리가 아는 한 이 몸짓이 심한 모욕으로 쓰였다는 증거 중 가장 오래된 것은 라블레의 『가르강튀아와 팡타그뤼엘』이다. 앞서 말했듯이, 라블레는 거인인 팡타그뤼엘을 옹호하는 파뉘르주와 영국 학자 토마스트 사이의 우스꽝스러운 몸짓 결투를 상세히 묘사한다(120쪽 참조). 파뉘르주와 토마스트는 말을 하는 대신에, 서로를 향해 점점 더 혐오스러운 몸짓을 날린다. 대결을 벌이는 와중에 파뉘르주는 "오른손의 집게손가락과 가운뎃손가락을 최대한 쫙 벌린 채로 (…) 뻗어서 토마스트를 향해 찔렀다……. 토마스트는 좀 창백해지는가 싶더니 몸을 떨기 시작했다."

기이하게도 이 대결에서는 모욕적인 V자 표시를 영국인이 프랑스인에게 보내는 것이 아니라, 그 반대로 하고 있다. 이는 프랑스인도 당시에 그 몸짓이 모욕임을 알고 있었음을 시사하며, 토마스트의 반응을 볼 때 그도 알고 있었음이 분명하다. 그 뒤로 어떤 이유에서인지 몰라도 그 몸짓은 프랑스에서는 사라졌지만, 영국에서는 번성했다. 옛 속어 연구를 토대로 판단할 때, 두 손가락을 허공에 찔러 대는 몸짓이 여성 생식기에 삽입한다는 의미였다는 것은 분명하다. 17세기 영국의 몇몇 저술에 'V자를 만드는' 또는 '손가락으로 포크를 만드는' 손짓이 언급되어 있다. 안타깝게도 당시의 미술 작품에서는 그런 손짓을 전혀 찾아볼 수 없는데, 상스러운 것이었기 때문임이 분명하다. 그리고 현대에도 이 몸짓은 대체로 반항적인 그라피티와 거리 미술가들의 작품에만 나타난다[91].

초기 일본 전사의 조각상에서는 매우 공격적인 비슷한 몸짓이 전혀 다른 맥락에서 나타난다[90]. 이 인물상은 집게손가락과 가운뎃손가락을 뻗고 엄지를 비롯한 다른 손가락들은 접고 있다. 뻗은 손가락들은 V자 모양으로 벌리는 대신에 붙이고 있다. 이 변형 손날치기 자세는 '모든 미혹을 끊는' 계몽의 칼을 나타낸다고 한다. 언뜻 보기에는 두 손가락을 세운 모욕 손짓과 비슷하지만, 성적인 의미를 전혀 담고 있지 않으며, 그냥 칼을 찌르는 모습을 흉내 낸 것이다.

89. 마우리치오 카텔란, 「L.O.V.E.」, 2010년,
손: 카라라 대리석, 받침: 로마 트래버틴,
이탈리아 밀라노 증권거래소 광장

90. 위 「12신장 중 아니라 신장의 상Statue of General Anira, One of the Twelve Divine Generals」, 가마쿠라 시대, 12~14세기, 일본

91. 아래 닷마스터Dotmaster, 「무례한 아이들Rude Kids」, 2016년, 벽에 스프레이 페인트, 런던

92. 오른쪽 위 뱅크시, 「무례한 순경」, 2002년경, 스프레이 페인트

93. 오른쪽 아래 매리언 펙, 「엿 먹어」, 2008년, 캔버스에 유채

손짓

피그 사인fig sign은 주먹을 쥐고서 엄지손가락 끝을 둘째와 셋째 손가락 사이로 내미는 손짓이며, 여성의 음순 사이로 음경을 밀어 넣는 것을 상징한다. "그들이 지금 이 짓을 하고 있어", "그녀는 끝내줘", "이걸 하고 싶어" 같은 단순한 성적인 의미로도 쓰인다. 그러나 그보다는 성적 모욕으로 더 흔히 쓰이며, "엿 먹어!"의 한 표현이다. 터키, 그리스, 프랑스 중부 같은 나라에서 특히 그렇다.

마노 피카mano fica, 즉 '음문 손'('피카'는 여성 생식기를 가리키는 이탈리아 속어)이라는 이 손짓은 적어도 2천 년 전부터 모욕으로 쓰였다. 전투에 나서는 로마 병사는 행운을 빌기 위해 피그 사인과 남근 호부護符를 착용하거나 지니곤 했다[96]. 양쪽에 남근과 피그 사인 손이 달린 호부였다. 악령에게 이중으로 모욕을 주어서 다가오지 못하게 함으로써 행운을 가져온다고 여겼다.

초기 기독교인은 이 손짓을 마누스 옵세나manus obscena, 즉 '음탕한 손'이라고 했다. 이 손짓이 초기 힌두교와 관련이 있을지 모른다는 주장도 나와 있다. 그 손짓이 신의 생식력의 상징인 (남성의) 링감lingam과 (여성의) 요니yoni를 상징한다는 것이다. 한쪽 손의 엄지를 남근처럼 세우고 양손으로 감싼 모양의 링가 무드라linga mudra도 있다.

피그 사인이 고대부터 알려져 있었던 것은 분명하지만, 그것이 12세기의 한 기이한 사건에서 유래했다고 주장하는 이들도 일부 있다. 그럴 가능성은 분명히 없지만, 이 사건의 명성이 그 손짓의 인기와 이용을 부추겼을 가능성은 있다. 1162년 밀라노에서 바르바로사가 노새 때문에 공개적으로 창피를 당한 사건이었다. 당시 신성로마제국 황제 프레데리크 바르바로사Frederick Barbarossa는 밀라노 반란군에게 그 도시를 내주어야 했다. 승리한 반란군은 베아트리체 황후를 노새에 거꾸로 태워서 노새의 궁둥이를 쳐다보는 자세로 도시를 지나가도록 함으로써 극도의 치욕을 안겨 주었다. 황제는 이 일에 너무나 분개한 나머지 군대를 보내어 도시를 포위 공격하여 결국 되찾았다. 왕은 포로들에게 특별한 형벌을 가했다. 그 노새의 항문에 집어넣은 무화과를 치아로 꺼내도록 했다. 포로는 무화과를 꺼낸 뒤, "에코 로 피코Ecco lo Fico!"라고 외쳐야 했다. "무화과를 보시오!"라는 뜻이었다.

이 사건이 그냥 꾸며낸 것이겠거니 생각할 수도 있지만, 바르바로사가 온갖 기이한 처벌을 가하는 행태로 악명이 높았던 것은 사실이다. 한 예로, 귀족 두 명이 사소한 일로 말다툼을 벌이자, 그는 그들에게 개를 어깨에 이고서 영지의 한쪽 끝에서 다른 쪽 끝까지 운반하라는 처벌을 내렸다. 그러니 그 사건이 정말로 있었고, 그럼으로써 피그 사인에 추잡한 의미가 추가되었을 가능성도 있다. 삐죽 내민 엄지가 노새의 항문에서 튀어나온 무화과를 나타내는 것일 수도 있다.

실화든 아니든 간에, 이 이야기는 유럽 전역으로 퍼지면서 인기를 얻었고, 16세기에 라블레는 그 사건을 재미있게 각색했다.

밀라노 주민들은 (…) 반란을 일으켰고 (…) 황후를 타코르라는 노새의 등에 태웠는데, 황후의 엉덩이가 그 비쩍 마른 노새의 머리 쪽으로 향하고 얼굴은 엉덩이 쪽을 향하도록 태워서 도시 밖으로 쫓아냈다. 도시를 되찾은 프레데리크는 (…) 그 유명한 노새 타코르를 찾으라고 지시했고 마침내 찾아냈다. 그의 명령에 따라서 교수형 집행인은 포로로 잡힌 시민들을 큰 시장의 한가운데로 데려온 뒤, 노새의 항문에 무화과를 탁 박아 넣고서 황제의 이름으로 선포했다. 목숨을 구하고자 하는 자는 모두가 보는 앞에서 이빨로 무화과를 꺼내야 하며, 그 뒤에는 손을 쓰지 않고서 무화과를 꺼낸 곳에 다시 끼워야 한다는 것이었다. 이 명령을 거부하는 자는 곧바로 교수형에 처해질 것이라고 했다. 일부는 명예롭게 교수형을 당하는 쪽을 택했고 (…) 일부는 (…) 무화과를 꺼내기로 결심했다. 그리고 허공에 매달려 죽기보다는 (…) 무화과를 택한 이들은 (…) 늙은 타코르의 엉덩이 사이에서 이빨로 무화과를 물어서 잘 꺼내면, 집행인에게 보여 주면서 외쳤다. 에코 로 피코!

미술에서 이 모욕의 손짓이 묘사된 것은 수백 년 전부터였다. 가장 오래된 사례 중 하나는 독일 화가 알브레히트 뒤러Albrecht Dürer가 15세기에 이런저런 손 모양을 그린 스케치다[97]. 1566년 플랑드르 화가 얀 마시스Jan Massys는 「어울리지 않는 부부The Ill-matched Pair」라는 한 가정을 묘사한 재미있는 작품을 그렸다[98]. 여기서 피그 사인은 중요한 역할을 한다. 그림에서 늙은 남편은 아름다운 젊은 부인의 젖가슴을 움켜쥐면서 욕정 어린 시선으로 부인을 쳐다보고 있다. 남편의 턱을 어루만지고 있는 아내의 표정은 부유한 미망인이 되는 날을 기대하고 있음을 미묘하게 시사한다. 부부는 뒤에서 살찐 하녀가 오른손으로 음탕한 피그 사인 모욕을 하면서 다른 하인에게 장난을 치고 있음을 알아차리지 못한다. 이 손짓은 후세페 데 리베라Jusepe de Ribera의 「그리스도를 조롱함The Mocking of Christ」(1620년경)과 홋프리트 샬켄Godfried Schalcken의 에칭화 「음란한 손짓을 하는 남자Man Making an Obscene Gesture」(1660~1680년경) 등 17세기의 많은 작품들에도 나타난다.

피그 사인은 현대 미술 작품에서는 거의 볼 수 없지만, 1961년 프랑스 초현실주의 화가 펠릭스 라비스Felix Labisse의 그림에서 인상적으로 나타난다. 「여인 예만자La Fille d'Yemanja」[99]는 해변에서 나체 여성이 오른손을 들어 피그 사인을 하고 있는 모습을 담고 있다. 이 작품이 어떤 의미인지는 제목에 단서가 실려 있다. 아프리카 요루바족의 여신인 예만자는 모성의 여신이자 모든 여성의 수호자이며, 흐르는 물이 있는 곳이라면 어디에서든 숭배되었다. 그녀의 이름은 요루바족의 이예 오모 에자

Iye omo eja라는 말에서 유래했다. '물고기처럼 생긴 아이들을 둔 어머니'라는 뜻이다. 이 여신은 브라질에서 널리 숭배되며, 코파카바나 해안에서는 해마다 그녀를 기리는 행사가 열린다. 다가오는 해에 그녀의 도움을 받기를 바라면서 수천 명의 추종자들이 바다에 공물을 던진다. 라비스는 예만자를 남성의 엄지를 여성의 손가락들 사이로 끼우는 피그 사인을 하는 모습으로 묘사함으로써 그녀의 다산성과 생식력을 찬미하는 쪽을 택했다. 예만자는 목걸이를 하고 있다. 오늘날에도 지중해의 몇몇 국가에서 호부로 쓰는 유형의 피그 사인 펜던트다.

피그 사인보다 더욱 오래된 오쟁이 표시cuckold sign, 또는 마노 코르누타('뿔 난 손')는 지중해와 남미의 여러 나라에서 흔히 쓰이는 모욕의 손짓이다. 집게손가락과 새끼손가락을 펴고 엄지로 다른 두 손가락을 말아 누름으로써 머리에 뿔이 난 것 같은 형태를 취한다. 오쟁이 표시는 상대방의 아내가 불륜을 저지르고 있다고 주장하면서, 상대방이 성적으로 무능하다거나 더 나아가 발기 불능이라고 모욕한다. 남성의 정력이 사회적 지위와 관련지어서 중시되는 문화에서는 이것이 남성이 받을 수 있는 최악의 모욕 중 하나이며, 신체적 보복이나 심지어 살인까지 불러오기도 한다.

이 오래된 손짓은 적어도 2천5백 년 전부터 쓰인 듯하다. 기원은 불분명하지만, 황소의 머리를 시사하는 뿔 난 손과 오쟁이 사이에 어떤 상징적인 관계가 있는지를 설명하기 위해 많은 이론들이 나와 있다. 가장 설득력이 있는 것들을 꼽으면 다음과 같다.

- 이 손 표시는 반어법이다. "당신은 대단한 황소야"라고 말하지만, 역설적으로 정반대의 의미를 뜻한다.
- 이 손 표시는 상대방이 거세되었음을 상징한다. 고대에는 황소를 유순하게 만들기 위해 거세를 하곤 했다.
- 이 손 표시는 황소가 미쳐 날뛰는 것을 나타낸다. 아내가 불륜을 저질렀음을 알게 된 남편이 그런 식으로 행동한다는 것이다.
- 이 손 표시는 아내의 연인의 정력을 상징하며, 상대방의 눈앞에 '뿔 난 손'을 치켜드는 행위는 연인이 상대방의 아내에게 발정 난 황소처럼 군다는 것을 상기시키려는 의도다.

대개 오쟁이 표시는 손을 수직으로 들어서 '뿔'을 위로 향하지만, 손을 수평으로 뻗어서 뿔을 상대방에게 들이대기도 한다. 그러나 이 수평으로 뻗은 손은 두 가지 의미를 지닌다. 사악한 눈으로부터 자신을 보호한다는 의미도 지닌다. 이탈리아에서 특히 그렇다. 그럴 때에는 고대의 전능한 뿔 달린 신, 즉 보호하는 황소를 상징한다. 이럴 때 뿔 난 손은 호부로 쓰이곤 한다. 오해의 여지가 있으므로, 뿔 난 손 손짓이 수직으로 들어 올릴 때는 오쟁이 모욕을 의미하며, 결코 보호 표시로 쓰인 적이 없음을 확실히 알아 두자.

현대에는 이 손짓과 관련하여 더욱 혼동을 일으키는 요소가 두 가지 추가되어 왔다. '악마의 뿔Devil's horns'이라고도 하는 손짓은 악마 숭배와 강한 연관성이 있으며, 특히 헤비메탈 그룹을 통해 주류 문화로 유입되어 왔다. 비록 그 손짓을 유행시킨 장본인이라고 널리 알려진 블랙 사바스의 로니 제임스 디오Ronnie James Dio는 그 손짓을 할머니에게서 빌렸다고 말했지만. 그의 할머니는 사악한 눈을 물리치기 위해서 그 손짓을 했다고 한다. 이렇게 악마를 연상시켰기에, 사람들은 조지 W. 부시 대통령과 가족들이 공개 행사 때 이 손짓을 자주 하는 것을 보고 놀랐다. 기독교인인 미국 대통령이 악마와 동맹을 맺은 것일까? 아니다. 부시 가문은 텍사스 출신이며, 그 주의 유명한 롱혼 품종 소는 텍사스 대학교의 상징이기도 하기 때문이다. 그 대학교의 수직으로 뻗는 '훅 뎀 혼스Hook'em Horns' 손 표시는 텍사스 전체를 상징하게 되었다.

수직으로 올린 뿔 난 손짓을 담은 가장 오래된 미술품 중 하나는 기원전 520년 타르퀴니아의 에트루리아인 벽화에서 볼 수 있다[94]. 춤꾼들과 음악 연주자들을 담은 장면에서 한 춤꾼이 왼팔을 높이 든 채 집게손가락과 새끼손가락을 들어 올리고 있다. 마치 옆에 있는 인물에게 장난을 치는 듯하다. 훨씬 더 뒤인 13세기 말 『게임의 책Libro de los juegos』의 세밀화에는 뿔 난 손을 지닌 체스 선수가 보인다. 체스 선수는 그 손짓으로 상대방을 겨냥하는 듯하지만, 모욕하려는 것인지, 그로부터 자신을 지키려는 것인지는 불분명하다.

1815년 프랑스에서는 유럽의 기사 훈장을 조롱하는 풍자 인쇄물이 뿌려졌다. 「불륜 여왕의 앞에서 오쟁이 훈장 수여식The celebration of the Order of Cuckoldry before the throne of her majesty, Infidelity」라는 제목이었는데, 불륜 상대를 지닌 기혼자는 머리에 오쟁이 뿔을 써야 한다는 생각을 표현한 것이다. 가상의 상황을 상정하면서 뿔 난 손 모욕을 가하고 있다. 뿔 난 손을 치켜들고 있는 사람은 사실상 이렇게 말하고 있다. "이 딱한 오쟁이 진 사람아, 당신은 이런 뿔을 머리에 써야 해." 이 풍자화에서 한 가지 흥미로운 점은 불륜의 뿔이 가지를 뻗은 사슴뿔 형태를 취할 수도 있다는 것이다. 이는 화가에게는 혹할 만한 개념일지 모르지만, 사람의 손으로 뿔 난 머리를 모사하려는 사람에게는 불가능한 형태다.

현대에 그라피티와 거리 화가들은 뿔 난 손 모욕을 즐겨 그려 왔다. 엉성하게 그린 것들도 있지만, 놀라울 만치 정교한 칠 솜씨를 보여 주는 것들도 있다.

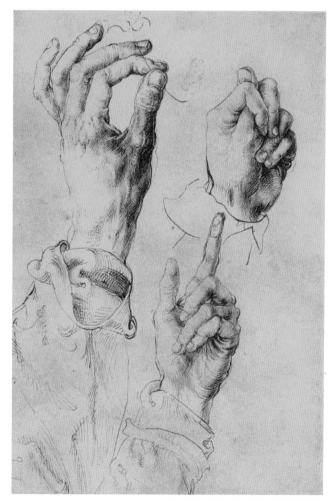

94. 왼쪽 위 암사자들의 무덤Tomb of the
Lionesses 벽에 그려진 에트루리아인 프레스
코화, 기원전 520년, 이탈리아 라치오
타르퀴니아 공동묘지

95. 왼쪽 아래 『게임의 책』에 실린
체스 게임, 스페인 왕 알폰소 10세의 의뢰로
제작되어 1283년에 완성

96. 위 '피그 사인과 남근' 호부, 청동

97. 아래 알브레히트 뒤러,
「뒤러의 왼손 연구Studies of Dürer's Left Hand」,
1493~1494년, 종이에 펜과 잉크

98. 얀 마시스, 「어울리지 않는 부부」(일부),
1566년, 화판에 유채

99. 펠릭스 라비스, 「여인 예만자」,
1961년, 캔버스에 유채

주먹 감자

주먹 감자forearm jerk는 프랑스를 비롯한 지중해 국가들에서는 잘 알려져 있지만, 북유럽 국가들에서는 덜 알려진 엉성한 음경 흉내 모욕이다. 대개는 오른손으로 주먹을 쥐고서 오른팔을 치켜 올린다. 오른팔을 쑥 밀어 올리면서 왼손으로 쓸어내린다. 프랑스에서는 브라 도네르bras d'honneur, 즉 '명예의 팔'이라고 한다. 이런 이름을 붙임으로써, 프랑스인은 남성의 명예를 정력과 동일시하고 있다. 그런 몸짓치고는 신기할 만치 구식 명칭이다. 이는 적어도 프랑스에서는 이 몸짓이 아주 오래 전부터 쓰였음을 시사한다.

어떤 의미에서는 주먹 감자가 가운뎃손가락 몸짓의 확장판 같다. 양쪽 다 위로 몸의 일부를 쑥 내밀어 밀어 넣는 음경을 상징한다. 역사적으로 주먹 감자가 노골적으로 비속한 의미를 띠었다는 것은 그 몸짓이 대체로 남성 집단에만 한정되어 있었다는 뜻이다. 즉 한 남성이 다른 남성을 모욕하는 용도였다. 비록 지금은 여성이라고 안 쓰는 것은 아니지만.

이 모욕에는 몇 가지 사소한 변형 형태가 있다. 하나는 팔을 몸 앞에서 좌우로 흔드는 것이고, 다른 하나는 아래팔을 몸 앞쪽으로 곧바로 쑥 내미는 것이다. 스페인에서는 이 몸짓의 축소판인 '페세타peseta'라는 것이 쓰인다. 양쪽 집게손가락으로 주먹 감자를 먹이는 흉내를 내는 것이다. 두 남자가 술집이나 식당에서 서로 가까이 마주 앉아 있을 때 장난으로 쓰인다. 포르투갈에서는 아래팔을 내미는 행동과 가운뎃손가락을 세우는 행동을 결합하여 두 가지 모욕을 동시에 하는 증강판도 있다. 몇몇 나라에서는 이 몸짓이 너무 외설적이라고 여겨서 공공장소에서 하면 체포될 수도 있다. 그러자 실내에서 쓸 수 있지만, 거리가 좀 멀면 무엇을 하는지 불분명한 은밀한 행동이 나왔다. 왼손을 오른팔 팔꿈치에 댄 채로 그냥 앞뒤로 문지르는 식이다.

이 몸짓이 여전히 세계의 일부 지역에서는 강력한 메시지를 전달한다는 증거는 엉뚱한 곳에서 나온다. 인기 있는 비디오게임 마리오카트8의 업데이트가 이루어졌을 때, 잉클링 걸의 우승 자세가 '엿 먹어!' 자세에서 주먹 내밀기fist pump로 바뀌었다. 또 슈퍼마리오 RPG 비디오게임에서는 바우저의 승리 자세로 쓰였던 주먹 감자가 삭제되었다. 이는 20세기 후반기에 추진력을 얻은 자유주의적 태도가 21세기 초에 서양 세계에서 사회적 감수성이라는 새로운 물결을 일으키기 시작하면서, 사회적 관습에 흥미로운 변화가 일어나고 있음을 시사한다.

100. 월터 스웨넨Walter Swennen, 「명예의 주먹」,
2003년, 캔버스에 유채

엉덩이 까기

엉덩이 까기는 가장 특이한 유형의 모욕 행동에 속한다. 옷을 다 입은 사람이 몸을 돌려서 상대방에게 등을 보이고는 하의를 내려서 엉덩이를 드러낸다. 그러면서 몸을 앞으로 숙여서 모욕하는 사람을 향해 엉덩이를 들이민다. 언뜻 보면 엉성하게 성적으로 유혹하는 것 같기도 하지만, 진짜 의미는 보는 이에게 상징적으로 배설을 하거나, "내 엉덩이에 뽀뽀해"라고 무언의 초대를 하는 것이다.

'엉덩이 까기mooning'의 영어 단어는 현대에 생긴 것이지만, 이 행위 자체는 역사가 깊다. 서기 1세기에 성지에서 일어난 사건은 이 행동이 얼마나 많은 죽음을 불러왔는지를 말해 준다. 예루살렘에서 유월절에 유대인들이 모여들었고, 혹시나 소요 사태가 일어나지 않을까 로마 병사들은 성벽 위에서 감시하고 있었다. 그러다가 한 병사가 아래 모여 있는 사람들을 경멸한다는 것을 보여 주겠다면서 장난을 치기로 했다. 그는 군중을 향해 엉덩이를 깠다. "너희에게 응가를 해 주지"라고 말하는 듯 했다. 이 모욕 행위를 본 군중은 몹시 분개하여 병사들에게 돌을 던지기 시작했다. 그러자 군중을 진정시키기 위해 추가로 병사들이 투입되었는데, 오히려 군중은 더욱 공황 상태에 빠졌다. 군중은 마구 달아나기 시작했고, 대혼란이 벌어졌다. 깔려 죽은 사람이 1만 명에 달했다고 한다. 하나의 단순한 모욕 행동이 빚어낸 결과다.

그 뒤로 수 세기 동안 이 모욕이 일으킨 눈에 띄는 사건들이 많이 있었다. 1346년 크레시 전투(백년 전쟁 초기에 프랑스군이 영국군에 대패한 전투—역주)에서는 대규모 엉덩이 까기가 있었다. 노르망디 병사 수백 명이 영국군 궁수들을 향해 엉덩이를 깠고, 당연히 격렬한 분노가 쏟아지면서 끔찍한 결과가 빚어졌다.

19세기에도 대규모 엉덩이 까기가 일어났다. 이번에는 호주의 한 강제 노동수용소에 갇힌 여성들이 했다. 유죄 판결을 받고 수용소로 온 여성들은 너무나 치욕적인 처벌을 받다가 참다못해 폭동을 일으켰다. 총독이 시찰하러 오는 날이었다. 총독은 1838년 예배당에서 열린 미사에 참석했고, 여성들은 그 기회를 노렸다. 한 목격자는 총독이 연설을 끝냈을 때 벌어진 일을 자세히 묘사했다. "여성 300명이 몸을 돌리더니 한꺼번에 치마를 걷어 올려서 맨 엉덩이를 드러내고는 양손으로 엉덩이를 찰싹 찰싹 시끄럽게 두드리면서 괴성을 질러댔다." 총독은 창백해진 얼굴로 빠져나가서 다시는 돌아오지 않았다.

언론에 실린 현대의 엉덩이 까기 사건 중 아마 가장 눈에 띄는 것은 2011년 영국 여왕 엘리자베스 2세와 필립 공이 방문했을 때 한 시위자가 한 짓일 것이다. 이 사건도 호주에서 일어났다. 시위자는 벌거벗은 엉덩이 사이에 호주 국기를 끼운 채로 여왕의 차를 따라 50미터를 달리다가 체포되었다.

"내 엉덩이에 뽀뽀해"라고 모욕하는 의미로 하는 엉덩이 까기도 고대부터 있었으며, 원래 사악한 눈으로부터 보호한다는 의미로 했다. 당시 사람들은 둥근 엉덩이를 지닌 종은 인간뿐이므로, 악마가 이 엉덩이를 몹시 질투한다고 여겼다. 악마는 이런 엉덩이가 없으므로, 그 사실을 일깨우면 분개한다고 했다. 그래서 벌거벗은 엉덩이를 보여 주는 것이 악마에게 할 수 있는 최악의 모욕 중 하나라고 했다. 그리고 악마는 둔부에 둥근 엉덩이 대신에 두 번째 얼굴이 달려 있다고 했다. 그래서 상대방인 사람에게 엉덩이를 까면서 "내 엉덩이에 뽀뽀해!"라고 외치는 것이 모욕이 되었다. 상대방이 혐오스러운 악마 숭배자와 다를 바 없다는 뜻이므로 더욱 모욕적으로 느껴졌다. 지금은 이 모든 의미는 잊혔고, 모욕 행위 자체만 살아남았다.

지금은 엉덩이 노출을 불법으로 금지하는 나라들도 있지만, 그냥 무례한 장난으로 여기는 나라들도 있다. 불법성은 대개 성기를 우연히 노출하느냐 여부에 달려 있다. 2006년 미국의 한 법원은 엉덩이 까기를 해서 엉덩이를 노출하는 것이 불법이 아니라고 판결했다. 그것이 불법이라면 미국의 해변에서 끈 팬티나 꽉 쬐는 비키니를 입은 여성들을 모두 체포해야 할 것이라고 했다.

이 모욕의 더 온건한 형태는 "엉덩이 찰싹 치기"다. 허리를 굽히면서 상대방을 향해 엉덩이를 들이밀기는 하지만, 옷을 까서 맨살을 드러내지는 않는다. 대신에 손으로 엉덩이를 찰싹 친다. 이 행동은 동유럽과 중동에서 널리 쓰인다. 이탈리아 남부에서는 더 단순한 형태인 "엉덩이 내밀기"도 있다. 상대방을 향해 등을 돌려서 엉덩이를 그냥 쑥 내미는 것이다.

주요 미술 작품에 엉덩이 까기가 거의 보이지 않는다고 해도 놀랄 일은 아닐 것이다. 그러나 삽화가 삽입된 중세 책자의 여백에 그려진 세밀화에서는 때로 보이곤 한다[101]. 한 가지 뚜렷한 예외 사례는 바티칸의 시스티나 성당의 높은 천장에서 볼 수 있다. 미켈란젤로는 그 천장화에 신을 모세를 향해 엉덩이를 깐 모습으로 묘사했다[102]. 이는 『출애굽기』의 한 대목을 묘사한 것이다. 신은 모세에게 자신이 걸어갈 때 얼굴을 봐서는 안 되며 뒷모습만 보도록 허락한다고 설명한다(『출애굽기』33:20-23): "야훼께서 이르셨다. '여기 내 옆에 있는 바위 위에 서 있어라. 내 존엄한 모습이 지나갈 때, 너를 이 바위굴에 집어넣고 내가 다 지나가기까지 너를 내 손바닥으로 가리리라. 내가 손바닥을 떼면, 내 얼굴은 보지 못하겠지만 내 뒷모습만은 볼 수 있으리라.'" 물론 이 천장화는 진정한 엉덩이 까기는 아니지만, 종교인이 아닌 관람자는 그런 사례에 속한다고 킥킥거려 왔다.

더 최근의 미술 작품 중에는 일종의 미학적 신성모독 행위로서 레오나르도 다빈치의 걸작을 비꼬아 그린 것이 있다. 거리 화가 닉 워커Nick Walker의 「무나리자Moona Lisa」[103]로서 모나리자에 콧수염을 그려 넣었던 마르셀 뒤샹Marcel Duchamp의 그림도 저리 가라 할 작품이다.

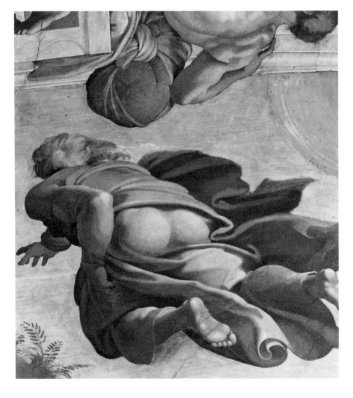

101. 위 예한 더 흐리서Jehan de Grise,
『알렉산더 로맨스The Romance of
Alexander』에 실린 세밀화, 1338~1344년

102. 아래 미켈란젤로,
「해와 달의 창조The Creation of the Sun
and the Moon」, 천장 프레스코(일부),
1508~1512년, 로마 시스티나 성당

103. 오른쪽 닉 워커, 「무나리자」,
2007년, 벽에 스프레이 페인트, 런던

위협

Threats

동물 세계에서 위협은 경쟁자들 사이에 실제 충돌을 피하면서 분쟁을 해결하는 데 쓰일 수 있기 때문에 중요하다. 그 세계에서 심각한 정면 대결은 드물다. 부상을 당하면 아주 값비싼 대가를 치를 수 있기 때문이다. 절뚝거리는 사자는 사냥을 할 수 없으며, 다친 영양은 달아나지 못한다. 안타깝게도 인간 세계에서는 위협의 효과가 미흡하여 실제 싸움이 벌어지는 사례가 훨씬 더 잦다. 어느 정도는 인류의 대다수가 더 이상 작은 부족 사회에서 살지 않기 때문이기도 하다. 부족 사회에서는 모든 위협이 개인적인 차원에서 이루어질 것이다. 반면에 21세기의 인구 밀도가 높은 도시에서 개인은 익명의 존재가 된다. 낯선 이들로 가득한 세상에서 단순한 일대일 신체 언어는 먹히지 않기가 십상이다.

　그렇긴 해도 개인적 적대감이 생기는 곳에서는 위협 신호가 사회생활에서 중요한 역할을 할 수 있다. 위협은 두 가지 종류가 있다. 첫 번째는 주먹을 들거나, 두 손을 맞잡고 뚝뚝 소리를 내거나, 화난 표정을 짓는 것처럼, 우리가 해석하는 법을 배울 필요가 없는 종류다. 이런 몸짓들은 너무나 기본적이어서 위협 과시라고 보편적으로 널리 이해된다. 두 번째 유형의 위협은 고도로 양식적이거나 상징적이며, 개별 문화에서만 발달한다. 이 범주에 속한 몸짓들은 세계의 어떤 지역에서는 심각한 위협이라고 해석될 수 있는 반면에, 다른 지역들에서는 그렇게 알려져 있지 않다. 역사적으로 보면 장갑으로 뺨치기, 즉 장갑을 벗어서 상대방의 얼굴을 가볍게 후려치는 몸짓이 대표적인 사례다. 비록 이 행동은 오늘날의 기준에서는 사소해 보일 수도 있지만, 17세기 유럽에서는 결투를 하자는 심각한 도전이라고 여겼고, 때로 결투자 중 한쪽 또는 양쪽 다 죽음을 맞이하기도 했다. 이해할 수 있는 일이지만, 미술에서는 위협의 국지적인 몸짓보다 세계적인 몸짓이 훨씬 더 흔하게 나타난다.

치켜든 주먹

그림이나 조각에서 위협하는 인물을 묘사할 때, 가장 흔히 취하는 자세는 치켜든 주먹이다. 이런 몸짓을 '목적 운동intention movement'이라고 한다. 당사자가 그 위협을 통해 다음에 무엇을 하겠다고 알리는 행동이다. 이 사례에서 치켜든 주먹을 내리면서 때리는 행동은 인간 종이 사용한 가장 오래된 기본적인 공격 형태다. 유아원에서 관찰하면, 유아들 사이에 다툼이 있을 때면 팔을 치켜들어서 때리는 것이 자동적이고 무의식적으로 하는 행동임이 드러난다. 마치 타고난 반응 같다. 수평으로 팔을 뻗어서 치는 행동은 더 정교하며 훨씬 뒤에 나타난다. 권투선수들이 주먹을 앞으로 뻗는 등의 특수한 기술들을 쓰는 경향이 있는 반면, 길거리에서 난투극이 벌어질 때는 원시적인 형태의 치켜든 주먹이 다시 나타나곤 한다.

미술에서 위협하는 인물들은 대개 오른팔을 치켜든 모습으로 묘사된다. 마치 상대방의 머리를 내려치려는 듯하다. 치켜든 주먹에 칼을 쥐고 있을 때는 더욱 그렇다. 앞으로 내밀어서 찌르는 움직임이 훨씬 더 효과가 있을 텐데도 그렇다. 이 치켜든 주먹 자세의 가장 오래된 사례 중 하나는 고대 이집트 미술에서 찾아볼 수 있다. 난쟁이 신인 베스Bes는 오른팔을 높이 치켜들고 길거나 짧은 칼을 쥐고 있는 모습으로 묘사되곤 한다[104]. 베스는 악마와 악령 같은 혼란스러운 존재와 사납게 싸우는 능력으로 유명했다. 원래 그의 역할은 파라오를 지키는 것이었지만, 세월이 흐르면서 평범한 이집트인들의 보호자로서 인기를 얻었고, 초자연적인 존재든 생물이든 간에 적으로부터 집안사람들을 보호하기 위해 집의 벽이나 물건에 그리곤 했다. 특히 베스는 위험한 동물로부터 사람들을 보호한다고 여겨졌다. 그가 왼손에 뱀을 움켜쥐고 있는 모습으로 그려지는 이유가 바로 그 때문이다.

1천 년 뒤 히말라야산맥에서 또 다른 보호 신이 비슷한 자세로 묘사되었다. 그는 오른팔을 위협하듯이 머리 위로 치켜들었다. 이 위협하는 인물은 금강수보살Canda Vajrapani이다. '금강저를 지닌 무시무시한 존재'라는 뜻이며, 불교와 신자들에게서 내면과 바깥의 모든 장애물을 제거하는 일을 한다. 불교에서 그의 분노는 해롭거나 어떤 사악한 것이 아니라, "꺾을 수 없는 연민의 힘"을 드러내는 것이다. 오른손에 쥔 금강저를 치명적인 무기로 휘두르면서, 왼손으로는 악귀를 물리치는 아미타구품인중 중품중생Karana mudra을 하고 있다. 흥미롭게도 이 전사의 자세에는 베스의 자세와 비슷한 점이 있다. 머리가 유달리 크고 배가 둥글며, 팔다리가 불룩하다는 점이 그렇다.

힌두교 및 불교와 관련이 있는 칼리Kali도 한 팔로 무기를 치켜든 위협적인 자세로 묘사되곤 하는 잔인한 신이다. 티베트 불교에서는 아들의 가죽을 뒤집어쓰고서 노새를 탄 모습으로 묘사되곤 한다. 아들을 불교로 개종시키지 못하자, 그녀는 산 채로 아들의 가죽을 벗기고 심장을 먹어치운다. 그림에서는 잘린 머리들이나 잘린 팔들을 꿴 목걸이를 찬 모습으로 그려지곤 한다. 한 손에는 아이의 머리뼈로 만든 물컵을 들고 있다. 때로 시체를 씹고 있거나 피 웅덩이를 건너기도 한다.

17세기에 렘브란트가 그린 삼손 초상화 중에는 삼손Samson이 화가 나서 필리스틴인 장인에게 주먹을 흔들고 있는 모습이 있다[106]. 이 그림은 삼손이 어린 염소를 선물로 들고서 아내를 방문했을 때 일어난 일을 가리킨다. 삼손은 말한다. "아내의 방으로 들어가고 싶습니다." 그러나 장인은 그를 못 들어가게 한다. "나는 자네가 틀림없이 그 애를 미워한다고 생각했네. 그래서 그 애를 자네 동료에게 주었네. 하지만 그 애보다는 동생이 더 아름답지 않나. 대신에 동생을 아내로 삼게나." 이 말에 삼손은 너무나 화가 나서 장인을 향해 위협적으로 주먹을 휘두른 뒤, 지독한 복수를 다짐하면서 떠났다.

다음 세기에 주먹을 치켜드는 위협은 고도로 독특한 새로운 형태를 취했다. 직업 권투선수가 주의 깊게 취한 자세였다. 두 다리를 벌려서 단단히 딛고 꽉 쥔 두 주먹을 앞으로 치켜들고 있다. 위협적이면서 방어적이다. 그냥 싸움이나 다를 바 없었던 것을 오늘날 우리가 아는 현대 스포츠로 변모시킨, 권투에 혁신을 일으킨 유대인 선수 대니얼 멘도자Daniel Mendoza가 창안한 자세다. 특히 멘도자는 속이거나 확 피하는 싸움 기법들을 도입함으로써 엉성한 싸움을 능란한 경기로 바꾸었다. 18세기 말 제임스 길레이James Gillray는 에칭화에 멘도자의 유명한 자세를 담았다[105]. 이 작품은 권투 장면을 담은 장르 자체를 탄생시켰다.

치켜든 주먹이 꽉 쥔 주먹으로 때리는 것부터 무기를 휘두르는 것에 이르기까지 다양한 공격을 가하는 준비 자세 역할을 할 수 있는 인간의 기본적인 위협 자세임은 분명하다. 20세기 초에 러시아의 공산당은 이 자세를 채택했다. 새로운 지도자 레닌이 주먹을 불끈 쥐고 뻣뻣하게 높이 치켜든 모습을 담은 포스터를 힘과 통일의 상징으로 삼았다. 이 자세는 곧 공산주의자들의 인기 있는 상징이 되었고, 다양한 유형의 선전물에 흔히 등장했다[107]. 각각 산업 노동자와 시골 노동자의 혁명을 상징하는 망치와 낫을 치켜든 자세로도 그려지곤 했다.

1937년 카탈루냐 화가 호안 미로Joan Miro는 스페인 내전에서 프랑코의 파시스트들과 맞서는 공화당원을 지지하는 포스터를 그려 달라는 요청을 받았다. 그는 공산당의 경례법을 빌려다가, 크게 과장하여 그린 아래팔을 허공에 치켜들고서 주먹을 불끈 쥔 스페인 농민의 모습을 담았다[108].

치켜든 주먹은 21세기의 거리 미술에도 등장한다. 사회적 항의의 메시지를 표현하는 곳에서는 예외 없이 이 주먹을 찾을 수 있다. 때로는 몸과 분리되어 주먹만 보이기도 한다.

104. 위 베스 신을 새긴 비석,
프톨레마이오스 왕조 또는 로마 시대,
기원전 4세기~서기 1세기,
석회암에 채색, 이집트

105. 아래 제임스 길레이, 「대니얼 멘도자」,
1788년, 에칭과 동판 부식

106. 렘브란트, 「장인을 비난하는 삼손Samson Accusing his Father-in-law」,
1635년, 캔버스에 유채

Dans la lutte actuelle, je vois du côté fasciste les forces périmées, de l'autre côté le peuple dont les immenses ressources créatrices donneront à l'Espagne un élan qui étonnera le monde. Miró.

107. 왼쪽 소련 선전 포스터(일부), 1930년대

108. 위 호안 미로, 「스페인을 도와줘Aidez L'Espagne」, 1937년,
종이에 석판 인쇄와 스텐실

허공 움켜쥐기air-grasp

치켜든 주먹이 머리를 때리겠다고 위협할 수 있듯이, 허공 움켜쥐기는 희생자의 목을 움켜쥐겠다고 위협할 수 있다. 손가락들을 뻣뻣하게 구부리고서 좌우로 벌린 채 상대의 목을 움켜쥐려는 양 뻗는다. 이 행동은 어른이 괴물 흉내를 내면서 아이를 향해 장난할 때 하기도 한다. 또 가부키 배우들이 고도로 양식화한 연기를 하는 장면을 담은 일본화에서도 볼 수 있다[110, 111].

　과학적으로 보면, 이 행동은 '목적 운동'의 일종이다. 다음에 하겠다고 위협하는 것을 시사하는 위치로 손을 가져간다. 이런 유형의 행동은 현대 거리 미술에서 종종 묘사되며, 그럴 때 움켜쥐는 손은 분노나 복수를 추구하는 상태를 보여 주기 위해 쓰인다. 이 손짓은 스케이트보드를 꾸미는 데에도 쓰였다. 허공을 움켜쥐는 손과 함께 욕설을 내뱉고 있음이 분명한 공격적인 쩍 벌린 입의 형태를 결합하여 유명해진 디자인이다[109]. 짐 필립스Jim Phillips가 산타크루즈Santa Cruz 스케이트보드를 위해 디자인한, 이 강력한 두 가지 결합 형태는 힘차면서 위협적인 인상을 풍긴다.

109. 짐 필립스의 '산타크루즈 스크리밍 핸드Santa Cruz screaming hand'
디자인을 재창조한 거리 그림, 연도 미상, 벽에 스프레이 페인트, 독일 뒤스부르크

110. 위 도요하라 구니치카豊原国周, 일본 가부키 배우의 모습(일부),
1883~1886, 목판 인쇄

111. 오른쪽 도슈사이 샤라쿠東洲斎写楽,
「야코 에도베이 역의 가부키 배우 오타니 오니지 III
Kabuki Actor Otani Oniji III as Yakko Edobei」(일부), 1794년, 목판 인쇄

위협하는 얼굴

위협을 알리는 얼굴 표정은 복합적이다. 사실 사람의 위협하는 얼굴은 몇 가지 유형이 있다. 이는 위협하는 사람의 감정 상태가 두 가지 상충되는 요소로 이루어지기 때문이다. 공격성과 두려움이다. 두려움 없이 순수하게 공격성만 있다면, 그 사람은 공격할 가능성이 높을 것이다. 공격성이 없이 순수하게 두려움만 있다면, 그 사람은 달아나거나 항복할 것이다. 공격성과 두려움이 둘 다 있을 때, 그 갈등상태는 위협적인 과시라는 형태로 표출된다. 그러나 이 갈등하는 충동들 사이의 균형은 사례마다 다르며, 그것이 바로 위협하는 얼굴이 그렇게 복잡한 양상을 띠는 이유다. 화난 얼굴에 욕설이 수반될 때면 상황이 더 복잡해진다. 얼굴 표정에 덧붙여서 침묵 대음성 위협이 추가되면서 더욱 분화가 이루어진다.

이런 다양성을 염두에 두고서 다양한 화가들이 위협하는 얼굴을 어떻게 그렸는지를 살펴보면 흥미롭다. 2017년 나이지리아 화가 칼레야예Kalejaye O. T.(KOT)는 성질 더럽기로 유명한 스웨덴 축구 선수 즐라탄 이브라히모비치Zlatan Ibrahimović를 그렸다[112]. 최대로 위협을 가하는 순간에 나타나는 강력한 근육 수축을 포착했다. 입을 위아래로 쫙 벌리고 눈썹을 찡그리면서 심하게 찌푸린다. 현대에 축구 경기는 극단적인 얼굴 표정의 풍부한 원천이며, 이브라히모비치는 가장 강력한 상대 선수를 위협할 만치 완벽한 얼굴 표정을 짓고 있다. 뉴욕의 거리 화가 WK 인터랙트는 「열두 명의 화난 사람들12 Angry Men」이라는 연작에서 이런 유형의 얼굴 표정들을 탁월하게 묘사했다[113]. 2009년 맨해튼의 한 화랑에 전시된 이 초상화들은 강렬한, 심지어 격정적인 분노와 위협의 표정을 담고 있다.

뉴질랜드의 원주민 마오리족은 정교한 포휘리pōwhiri 의식으로 방문객을 맞이한다. 이 의식은 웨로wero라는 사나운 표정을 드러내는 것으로 시작한다. 마오리족 전사들이 극단적인 형태의 위협 표정을 지으면서 전투할 때의 고함을 질러대는 것이다. 역사적으로 이 행동은 방문객의 담력을 시험하는 용도였다. 방문객이 꿈쩍 않고 서서 반응을 하지 않으면, 전사들은 방문객에게 상징적인 평화 제안을 한다. 의식 때 과시하는 위협은 예전처럼 진지하게 받아들여지지 않을지 모르지만, 포휘리는 여전히 마오리족 의식의 중요한 일부이며, 이와 같은 매우 과장된 위협 표정은 찬란하게 살아 있다[114].

112. 칼레야예 O. T.(KOT), 「어디 감히 즐라탄한테Dare to Zlatan」,
2017년, 종이에 흑연과 목탄 연필

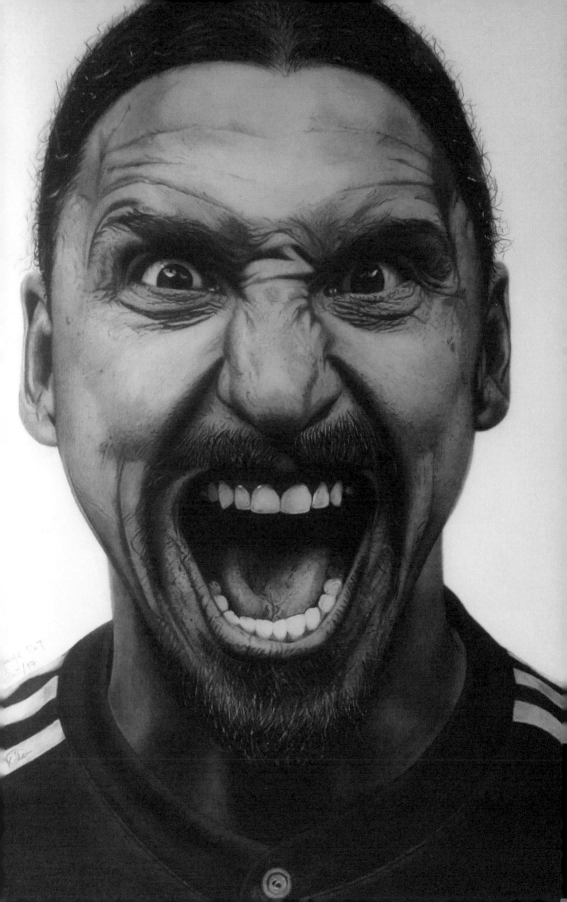

113. WK 인터랙트, 「초상화: 패트릭(열두 명의 화난 사람들)Portrait: Patrick(12 Angry Men)」,
2009년, 캔버스에 아크릴

114. 위 「조각된 아모Carved amo」
(마오리족 집 기둥), 1800년경,
나무, 뉴질랜드

115. 아래 레오나르도 다빈치,
「'앙기아리 전투'에서 두 병사의
머리 연구Studies for the Heads of Two
Soldiers in the "Battle of Anghiari"」,
1504~1505년경, 종이에 목탄

장갑으로 뺨치기

장갑으로 뺨치기glove-slap, soufflet는 가장 기이하면서 가장 양식화한 위협 중 하나다. 이는 상대의 발치에 갑옷의 '손 가리개를 내던지는' 중세 행동에서 유래했다. 기사가 상대에게 결투를 하자고 도전할 때 하는 행동이었다.

장갑으로 뺨치기는 사라진 지 오래이지만, 수백 년 동안 모욕을 당한 신사나 귀족이 결투를 하자고 도전함으로써 명예를 회복하려는 공식적인 위협 과시 행동이었다. 하인이나 농민 같은 사회의 하층 계급에는 금지된 행위였지만, 지위가 높은 남성은 자신 또는 자기 아내의 명예가 훼손되었다고 느끼면, 모욕을 가한 상대에게 가서 장갑을 벗어서 뺨을 후려치는 것밖에 방법이 없었다. 장갑이 없을 때에는 손바닥으로 후려치곤 했다. 도전자는 그 뒤에 상대에게 자신의 명함을 건넬 수도 있다. 독일 대학교의 귀족 학생들 사이에서는 조금 변형된 형태가 쓰였다. 명함을 조금 찢어낸 뒤에 건넸다. 명함을 받으면, 결투가 진행되었다. 결투하자는 정식 도전을 받아들이기를 거부하는 신사나 귀족은 딱한 겁쟁이라고 여겨졌다. 거절했다는 말이 널리 퍼진다면, 사회로부터 비난을 받게 되었다. 몰타섬에서는 결투를 거부하면, 투옥될 수도 있었다.

결투는 다음날 아침 한적한 곳에서 이루어졌고, 상대방에게 칼이나 총을 선택할 기회를 주었다. 결투 전날 밤, 당사자들은 어떤 식으로 할지 일정을 정하고, 사랑하는 이들에게 편지를 쓰곤 했다. 결투하는 날, 대개 새벽에 결투자들은 참관인과 함께 도착한다. 멋지게 차려 입고서, 상대에게 자제하면서 정중하게 행동한다. 상대가 칼에 찔리거나 총알에 맞아서 치명상을 입자마자, 대개 결투의 승자는 상대로부터 용서하겠다는 유언을 듣기를 바라면서 무기를 멀리 던지고 다친 상대에게 다가간다.

결투는 중세 시대에 시작되어 여론이 반대하는 쪽으로 돌아선 19세기 말까지 지속되었다. 결투는 17세기 말에 정점에 달했고, 1685~1715년의 30년 동안 프랑스에서만 1만 건의 결투가 이루어져서 수백 명이 목숨을 잃었다. 사망과 부상이 너무 잦아지면서 이윽고 사회에 부담을 줄 지경에 이르렀고, 결국 프랑스의 루이 13세에 이어서 루이 14세는 결투를 불법화했다. 그래도 결투는 잦아들지 않았다. 19세기 미국에서는 서부 카우보이들이 나름의 방식으로 결투를 벌이곤 했다. 하지만 그들에게는 무기 선택권이 없었다. 대개 그들은 자신이 믿는 권총을 썼고, 새벽에 숲속에서 만나는 것이 아니라 정오에 먼지 자욱한 큰길에서 대결했다. 이런 용감한 대치는 영화에서 보는 것보다 현실에서는 덜 흔했겠지만, 그래도 완전히 허구는 아니었다.

장갑으로 뺨치기를 묘사한 그림은 거의 없다. 화가들은 대부분 결투 자체를 더 매혹적인 주제라고 여겼기 때문이다. 또 때리는 행동은 너무 빨라서 캔버스에 포착하기가 어려웠다. 손 가리개를 내던지는 행동은 묘사하기가 훨씬 쉬웠고, 가리개를 바닥에 내던지고서 도전하는 순간은 더욱 그랬다. 그 장면은 19세기의 많은 삽화에서도 보인다[117, 118].

뺨치기 위협의 역사에서 이탈리아 귀족 시아라 콜로나Sciarra Colonna의 이야기는 가장 특이한 축에 든다. 프랑스 국왕 필립 4세의 친척이었던 그는 다름 아닌 교황 보니파키우스 8세를 표적으로 삼았다[116]. 교황이 결투를 받아들일 가능성은 없었으므로, 이 무례한 행동은 아마 겉으로 보이는 것보다 덜 위험했을 것이다. 그 일은 1303년, 콜로나가 아나니에서 교황을 만나서 체포하여 프랑스로 압송하여 재판을 받게 하려고 시도하는 과정에서 일어났다. 교황을 끌고 가려는 시도는 실패했지만, 그 과정에서 분노한 콜로나는 '아나니에서의 격분The Outrage of Anagni'이라고 널리 알려진 가장 유명한 뺨치기 위협을 실행했다.

116. **왼쪽** 알퐁스 마리 아돌프 드 뇌빌
Alphonse-Marie-Adolphe de Neuville의 삽화,
시아라 콜로나가 교황 보나파키우스
8세의 뺨을 때리는 장면, 1883년

117. **위** 국왕 리처드 2세의 앞에
손가리개를 던지는 청원파 귀족들,
1864년 삽화

118. **아래** 헨리 길라드 글린도니Henry
Gillard Glindoni의 「도전The Challenge」을
본뜬 그림, 『더 보이즈 오운 애뉴얼The Boy's
Own Annual』에 실린 삽화, 1898년

상징적인 위협의 몸짓

꽉 쥔 주먹 같은 기본적이면서 보편적인 위협의 몸짓 외에, 일종의 상징성을 드러내는 양식화한 지역별 몸짓도 많다. 대개는 공격 행동을 흉내 낸다. 손으로 목을 긋는 시늉을 하면서 "네 목을 그어버릴 거야"라고 말하는 것이 그렇다. 손을 들어서 집게손가락을 펴서 총 모양을 만들고 "너를 쏴 버릴 거야"라고 말하는 것도 그렇다. 이탈리아에는 마피아와 관련된 위협 몸짓도 몇 가지 있다. 상대의 얼굴에 상처를 입히는 양 엄지손톱을 뺨에 대고 죽 그어 내리는 '뺨을 베는' 몸짓이 한 예다.

이런 몸짓들은 그림이나 조각에 거의 나타나지 않지만, 예외가 있긴 하다. 하나는 미국 초현실주의자 거트루드 애버크롬비Gertrude Abercrombie의 「구애The Courtship」(1949)[119]라는 기이하면서 원시적인 그림이다. 강도처럼 검은 가면을 쓴 남성이 손을 총 모양으로 한 채 집게손가락을 여성을 향해 뻗어서 위협하고 있다. 여성은 전통적인 '손들어' 자세로 항복을 표시하고 있다.

추상표현주의 화가 필립 거스턴Philip Guston이 나중에 구상화로 옮겨갔을 때 그린 「말하기Talking」(1979)[120]는 마치 몸에서 잘린 양 불쑥 튀어나온 팔만 보인다. 집게손가락과 가운뎃손가락 사이에는 담배 두 대가 끼워져 있고(한 대는 타고 있다), 손가락은 팔에 찬 손목시계의 바늘과 정반대 방향을 총처럼 가리키고 있다. 아마도 과거에 있었던 폭력 행위를 시사하는 듯하다.

119. 오른쪽 위 거트루드 애버크롬비,
「구애」, 1949년, 메소나이트에 유채
120. 오른쪽 아래 필립 거스턴, 「말하기」,
1979년, 캔버스에 유채

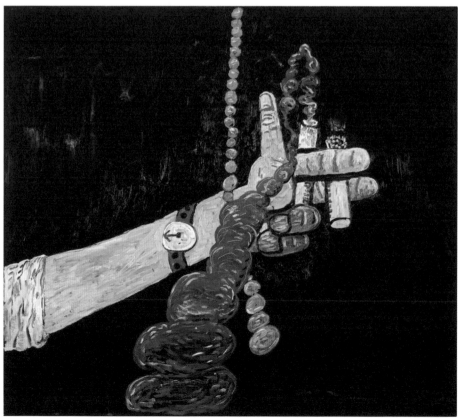

고통

Distress

고통에 시달리는 사람의 초상화를 그리는 일은 직업 화가에게 난제를 안겨 준다. 화가는 한편으로는 역사적으로나 개인적으로 고통에 시달리는 사람에게 주의를 기울일 필요가 있다고 느낄 것이다. 다른 한편으로는 고문, 공포, 고통의 장면이 미술품 수집가들을 꺼리게 만들 것임을 안다. 고통받는 현대인의 초상화는 역사적 인물의 초상화보다 더 꺼림칙하게 여겨질 수도 있다. 후자는 가치 있는 메시지나 어떤 역사적 진실을 전달하기만 한다면, 미술관, 공공미술 전시관, 교회 등에서 더 널리 수용되는 경향이 있었다. 십자가에 못 박힌 예수의 모습은 명백한 사례다. 어떤 기독교 기관도 그것이 우리가 아는 가장 야만적인 형태의 고문을 묘사한다는 이유로 단순히 거부하지는 않을 것이다. 묘사된 모습 자체는 끔찍할지 몰라도, 예수가 인류를 위해 스스로를 희생한다는 메시지는 구원을 안겨 준다.

　초기 화가들은 자신의 종교화에 크나큰 도덕적 메시지를 담는 일에 너무나 몰두한 나머지, 그림에 등장한 이들의 감정을 소홀히 한 듯하다. 십자가에서 고문받는 예수든, 그런 끔찍한 방식으로 서서히 죽어 가는 아들을 보는 어머니든 간에, 내면의 감정이 어떠한지 우리에게 전혀 알려 주지 않는 표정 없는 얼굴로 묘사되어 있다. 이런 관습이 바뀌는 데에는 수백 년이 걸렸다. 사람의 감정을 더 깊이 고려하게 되면서, 미술은 마침내 많은 유형의 고통받는 이들을 그리는 도전 과제에 달려들 수 있었다.

눈물 흘리기

비록 우리는 고통을 심하게 받는 사람이 어느 시점에는 울기 시작한다는 것을 당연시하는 경향이 있지만, 이런 반응은 포유동물 중에서 특이하다. 영장류 중에서 사람은 눈물을 흘리는 유일한 종이다. 원숭이와 유인원은 이 행동을 하지 않는다. 이 특이한 행동을 설명하는 이론이 두 가지 있다. 하나는 인간의 눈물에 과량의 스트레스 화학 물질이 들어 있고, 눈물을 흘릴 때 그 물질들이 배출된다는 것이다. 그러나 그 말이 맞는다면, 스트레스를 받는 침팬지는 왜 울지 않을까? 두 번째 설명은 매우 논란거리인 '수생水生 유인원' 이론에 토대를 둔다. 우리의 초기 조상들이 수생 단계를 거쳤으며, 그 시기에 물에서 더 효율적으로 살아갈 수 있는 많은 적응 형질들이 발달했다는 개념이다. 이 이론의 옹호자들은 해양 포유류가 소금기 있는 눈물을 흔히 흘리는—지나치게 많은 염분을 배출하기 위해서—반면, 육상 포유류에게서는 그런 눈물이 극도로 드물다는 사실을 지적한다. 이 개념의 한 가지 반론은 우리가 헤엄칠 때가 아니라, 매우 감정이 북받치거나 고통스러울 때 운다는 것이다.

인체의 특징 중 하나는 가장 가까운 동물 친척들에 비해 우리가 얼굴에 맨살이 많아서, 울면 아주 뚜렷이 드러난다는 것이다. 눈물은 뺨으로 흘러내리면서 우리의 마음 상태를 남에게 알리는 강력한 사회적 신호 역할을 한다. 게다가 눈물 흘리기는 위조하기가 어려운 무의식적인 행동이다. 가장 탁월한 배우들만이 울라고 주문할 때 눈물을 흘릴 수 있다. 그러기 위해 그들은 개인적으로 가장 극심했던 슬픔의 기억을 떠올리곤 한다. 우리 같은 보통 사람들은 아무리 애써도, 울라고 주문을 했을 때 그 즉시 눈물을 흘릴 수가 없다. 그래서 일상생활에서 눈물 흘리기는 신뢰할 수 있는 진정한 반응이자 사회적 신호로 여겨진다. 불행할 때에도 억지로 지을 수 있는 웃음과 다르다.

그림 속 인물의 뺨에서 눈물이 흘러내리고 있을 때, 우리는 얼굴에 다른 표정이 전혀 없다고 해도 그 인물이 슬퍼한다는 것을 즉시 알아차린다. 초기 화가들은 인물의 얼굴을 표정 없이 그림으로써, 인간의 감정에 소홀한 경향을 보였다. 화가들이 서서히 인간 얼굴의 감정 변화에 더 많은 주의를 기울이면서야, 매우 감동적인 미술 작품들이 출현하기 시작했다. 로히어르 판 데르 베이던Rogier van der Weyden의 「십자가에서 내림The Descent from the Cross」(1443년 이전)[122]은 완벽한 사례다. 이 플랑드르 화가는 예수의 시신을 십자가에서 내리는 이 장면에서 주변에서 애도하는 이들의 얼굴에서 흘러내리는 고통의 눈물을 탁월하게 묘사했다.

무심한 표정으로 눈물을 떨구는 것도 가능하지만, 울음에는 대개 찌푸린 눈썹, 가늘게 뜬 눈, 늘어난 입가 등 슬픔을 나타내는 많은 세부적인 얼굴 표정이 따르게 마련이다. 1483년경에 안드레아 만테냐Andrea Mantegna가 그린 「죽은 예수Lamentation over the Dead Christ」[123]를 보면, 성모 마리아가 손수건으로 눈물을 훔치고 있지만 반쯤 감긴 눈과 늘어난 입가가 슬픔에 잠겨 있음을 말해 준다. 파블로 피카소의 '우는 여인Weeping Woman' 연작(1937)[121]도 고도로 양식화됐지만, 눈물, 찌푸린 눈썹, 눈물을 짜내는 눈, 늘어난 입가 등 이런 세부적인 얼굴의 특징 중 상당수를 담고 있다. 이 연작은 같은 해에 그린 반전 벽화인 「게르니카Guernica」에 나오는 죽은 아기를 안고 있는 여성을 토대로 그린 것이다.

멕시코의 수수께끼의 올멕Olmec 문명은 우는 아기 모습을 담은 도기 인물상 형태로 인간의 슬픔을 매우 감동적으로 묘사했다[125]. 두 팔을 넓게 뻗고서 눈을 거의 감고 입가가 늘어난 모습의 이 도기상들은 너무나 잘 표현되어 있어서, 당장 아기를 안고서 달래고 싶은 충동을 느낄 정도다.

121. 파블로 피카소,
「손수건을 든 우는 여인Weeping Woman with Handkerchief」,
1937년, 캔버스에 유채

122. 로히어르 판 데르 베이던,
「십자가에서 내림」(일부), 1443년 이전,
화판에 유채

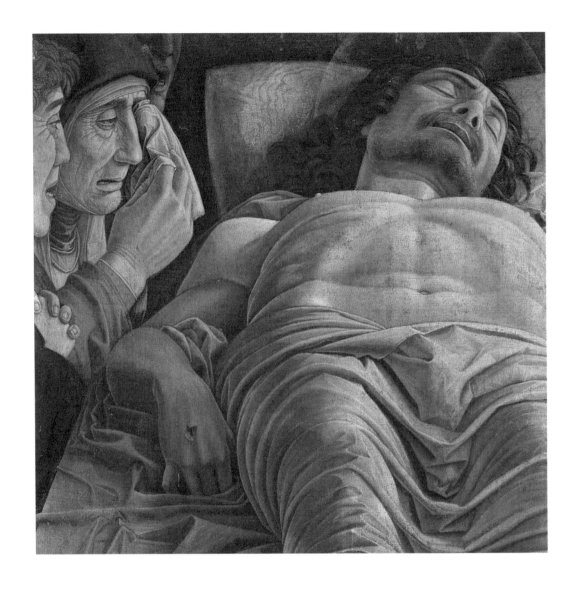

123. **위** 안드레아 만테냐, 「죽은 예수」(일부),
1483년경, 캔버스에 템페라

124. **오른쪽 위** 챠오빈Qiao Bin,
「삼채불열반조상Par nirvana(Death and Transcendence of the Buddha)
and Attendant Arhats」, 1503년, 채색 도기, 중국

125. **오른쪽 아래** 올멕의 '우는 아기' 상,
기원전 1100~900년, 도기, 멕시코

애도

사랑하는 사람을 잃었을 때의 슬픔은 특수한 유형의 몸짓 언어를 포함하는 매우 강렬하면서 때로 정교하기까지 한 장례 풍습을 낳았다. 특히 이집트와 그리스의 고대 장례식은 고도로 양식화해 있었다. 죽은 이가 사후 세계로 무사히 갈 수 있도록 정교한 절차에 따라 이루어져야 했다.

고대 이집트에서 애도하는 여성들은 머리를 쥐어뜯는 등 정해진 의식을 수행했다. 무덤 벽화를 보면 이 행위가 양식화된 형태로 묘사되어 있다. 애도하는 여성들이 마치 머리카락을 움켜쥐는 듯이, 머리 위로 두 손을 올리고 있다[129]. 이집트 장례 행렬 때 여성들은 머리카락을 쥐어뜯을 뿐 아니라, 눈물을 흘리고, 팔을 치켜들고 흔들고, 자기 몸을 때리고, 옷을 찢고, 머리를 헝클어서 얼굴을 온통 뒤덮는 등의 행동도 했다.

고대 그리스에서도 여성들은 장례식 때 주된 역할을 했다. 시신은 염을 한 뒤에, 조문객들이 볼 수 있도록 뉘였다. 여성 친척들은 그 주위에 모여서 애도가를 부르고, 옷을 찢고, 가슴을 두드리고, 머리카락을 쥐어뜯었다. 프로테시스prothesis라는 이 풍습을 담은 그림들에서 여성들은 대개 머리 위로 두 손을 올리고 머리카락을 쥐어뜯는 모습을 하고 있다[128]. 장례 행렬 때 남성들은 고개를 숙인 채 줄을 맞추어 걸은 반면, 여성들은 피가 흐르도록 뺨을 긁어대면서 울고 비명을 질러야 한다고 여겼다.

이런 장례 풍습은 점점 더 극단적인 양상을 띠어 갔다. 남성들은 다른 집안보다 더 인상적인 장례식을 치르기 위해서 곡하는 여성들을 고용하기 시작했다. 이윽고 그런 풍습이 도를 지나쳤다는 판단이 들자, 당국은 장례 행렬 때 울부짖으면서 곡하는 행동을 금지시켰다. 흥미롭게도 최근인 2017년에 타지키스탄에서 비슷한 법이 제정되었다. 장례식 때 큰 소리로 곡하고, 머리카락을 쥐어뜯고, 얼굴을 할퀴고, 곡하는 이들을 고용하는 것을 다 금지시켰다. 즉 일부 지역에서는 놀랍게도 21세기까지도 고대의 풍습이 이어져 왔던 것이다.

126. 프레더릭 레이턴Frederic Leighton, 「눈물Lachrymae」, 1894~1895년, 캔버스에 유채

127. 왼쪽 위 안니발레 카라치Annibale
Carracci, 「죽은 그리스도를 애도하다(세 명
의 마리아)The Dead Christ Mourned("The Three
Maries")」, 1604년경, 캔버스에 유채

128. 왼쪽 아래 아테네 무덤 장식판,
기원전 520~510년경, 테라코타, 그리스

129. 위 장례식에서 곡하는 여성들,
라모스의 무덤, 18대 왕조,
기원전 1550~1292년경, 이집트 테베

130. 아래 에밀 프리앙Émile Friant,
「'고통'을 위한 습작Study for "La Douleur"」,
1898~1899년경, 종이에 목탄

괴로움

중세 화가들은 십자가에 못 박히는 것부터 산 채로 가죽이 벗겨지거나 말뚝에 매여서 화형에 처해지거나 고문대에서 찢기거나 하는 극도의 고초와 고통에 처한 모습을 으레 묘사했다. 그러나 희생자가 괴로워하는 표정을 현실적으로 묘사한 그림은 거의 없다. 그런 인물들을 적절한 표정을 담은 일그러진 얼굴로 묘사하려는 움직임은 17세기에야 추진력을 얻기 시작했다.

플랑드르 화가 아드리안 브라우어르는 많은 그림에서 고통받는 인물을 탁월하게 묘사했다. 「카드놀이를 하다가 벌어진 농부들의 싸움질Peasants Brawling over Cards」(1630)[133]은 카드놀이를 하던 세 명이 벌이는 싸움이 묘사되어 있다. 한 명은 화가 나서 다른 사람의 머리카락을 움켜쥐고서 무거운 그릇으로 막 내려치려 하고 있다. 머리를 잡힌 사람은 타격을 예상하고서 눈을 꽉 감고 입을 벌리고 있다. 곧 닥칠 고통을 예견하는 듯하다. 일상생활을 담은 브라우어르의 또 다른 그림인 「등 수술The Back Operation」(1635~1636)에는 선술집의 뒷방인 듯한 곳에서 젊은 남성이 한 남성에게 수술을 받으면서 움찔하는 모습이 담겨 있다. 마취제가 없던 시절이었기에, 수술의 고통이 찡그린 얼굴에 잘 드러나 있다.

1680년대에 완성된 발타자르 페르모저Balthasar Permoser의 대리석 조각 「마르시아스Marsyas」[131]는 산 채로 가죽이 벗겨지는 이 사티로스의 고통스러운 표정을 보여준다. 마르시아스는 아폴로 신에게 음악을 겨루자고 도전하는 실수를 저질렀다. 그는 입을 쩍 벌린 채 계속 비명을 지르고 있는 모습이다. 눈은 꽉 감은 채 바깥세상과 단절하려고 애쓰는 듯하다. 고문을 받는 과정에서 혀가 깨물려서 잘려나간 듯하며, 눈가에 움푹 주름이 져 있고, 고통에 몸부림치느라 머리가 어깨 쪽으로 어색하게 비틀려 있다. 「마르시아스」에 담긴 사티로스의 강력한 표정은 프랜시스 베이컨Francis Bacon이 1950년대에 그린 괴로워하면서 비명을 질러대는 인물화[134]를 비롯한 많은 현대 미술 작품들을 떠올리게 한다.

131. 발타자르 페르모저,
「마르시아스」, 1680~1685년경, 대리석

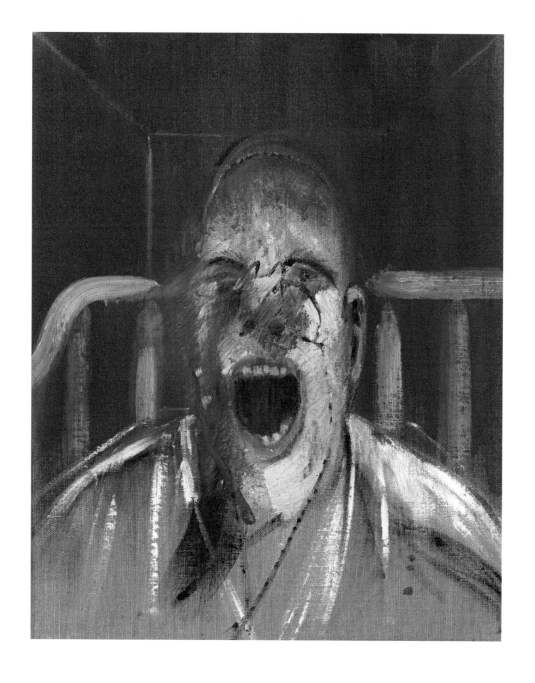

132. 왼쪽 위 후세페 데 리베라Jusepe de Ribera,
「아폴로와 마르시아스Apollo and Marsyas」, 1637년, 캔버스에 유채

133. 왼쪽 아래 아드리안 브라우어르,
「카드놀이를 하다가 벌어진 농부들의 싸움질」, 1630년, 나무에 유채

134. 위 프랜시스 베이컨, 「머리 습작Study of a Head」, 1952년, 캔버스에 유채

공포

공포의 표정은 한곳을 응시하는 크게 뜬 눈과 치켜올린 눈썹이 특징이다. 흠칫 놀랐을 때 어느 방향에서 오는 것이든 간에 닥칠 수 있는 모든 위험들을 경계하기 위해 무의식적으로 시야를 넓히기 때문이다. 죄인들이 지옥으로 떨어지는 장면을 담은 종교화에서는 그들이 예외 없이 그런 표정을 짓고 있다. 또 입가가 늘어난 모습으로 그려진 이들도 많다. 그중 최고에 속하는 로히어르 판 데르 베이던의 15세기 다폭 제단화 「최후의 심판The Last Judgment」[137]은 벌거벗은 죄인들이 지옥의 구덩이로 내던져질 것이라고 예상하면서 짓고 있는 두려움이 가득한 절망적인 표정을 잘 묘사하고 있다. 이 야심적인 작품은 프랑스 본에 있던 자선병원인 본 병원이 1443년에 의뢰한 것인데, 그 자리에 지금까지 남아 있다.

프랑스 화가 구스타프 쿠르베Gustave Courbet는 「절망한 남자The Desperate Man」 (1844~1845)[136]라는 자화상에서 극심한 불안에 빠진 모습을 담으려 시도했다. 이 그림에는 응시하는 시선, 부릅뜬 눈, 치켜뜬 눈썹, 약간 벌어진 입, 심지어 머리카락을 쥐어뜯는 것까지, 겁에 질린 표정의 모든 요소들이 들어 있지만, 왠지 인위적인 것처럼 보인다. 화가는 그런 표정을 연기하면서 그린 것이 분명하다. 탁월하게 그리긴 했지만, 이 작품은 감정의 극단을 묘사하는 것이 얼마나 어려운지를 잘 보여 준다. 온갖 무시무시한 상황에 처한 사람의 표정을 포착함으로써 특정한 표정을 아주 상세히 연구할 수 있게 해 주는 다큐멘터리 사진술이 등장하기 전, 화가들은 상상력에 의존해야 했다. 그래서 옛 미술 작품에서 묘사한 극단적인 감정—특히 공포—은 설득력이 떨어질 때가 많다.

135. 니콜라스 푸생Nicolas Poussin,
「유아 대학살The Massacre of the Innocents」(일부),
1628년경, 캔버스에 유채

136. 위 구스타프 쿠르베, 「절망한 남자」,
1844~1845년, 캔버스에 유채

137. 오른쪽 위 로히어르 판 데르 베이던,
「최후의 심판」(일부) 1445~1450년, 나무에 유채

138. 오른쪽 아래 「디오니소스 밀교 숭배」 벽화의 일부,
폼페이 신비의 별장

혐오

역사적으로 혐오는 그림이나 조각의 주제가 된 적이 거의 없었다. 아마 시각적 매력이 없었기 때문일 것이다. 그러나 주목할 만한 예외 사례가 약간 있다. 후원자의 취향을 무시하고서 이 인간 감정을 담기로 작정한 화가들의 작품이다.

아드리안 브라우어르도 그러했다. 이 플랑드르 화가는 자화상으로 보이는 「쓴 약 The Bitter Potion」(1636~1638년경)[139]에서 지독한 맛이 나는 액체를 맛본 남자의 반응을 포착하고 있다. 남자는 한 손에는 병, 다른 한 손에는 얕은 그릇을 들고서, 입을 쩍 벌린 채 전형적인 혐오를 드러내는 찡그린 표정을 짓고 있다. 오른손에 든 병은 그 액체가 쓴 강장제임을 시사한다. 일부에서는 당시 말라리아 치료약으로 널리 쓰였던 기나나무 껍질로 만든 약일 수도 있다고 본다. 이 그림의 극도로 일그러진 얼굴은 표정을 과장해서 그리는 실험을 한 선구적인 사례였다.

또 다른 작품인 「냄새 Smell」(1631)[140]에서, 브라우어르는 비록 덜 극단적이긴 해도 마찬가지로 설득력 있게 와닿는 혐오 표정을 묘사한다. 그림은 아마도 아빠일 남성이 아기의 엉덩이를 닦고 있고, 다른 사람이 지켜보고 있는 모습을 담고 있다. 남자는 응가를 닦으면서 혐오감을 억누르려고 애쓰는 듯하지만, 머리를 될 수 있으면 아기에게서 멀리 하려고 애쓰면서 살짝 인상을 찌푸리고 있다. 뒤에 선 사람은 그렇게 자제력을 보이지 않고 입을 쩍 벌리고 있다.

18세기의 독일-오스트리아 조각가 프란츠 크사버 메서슈미트 Franz Xaver Messerschmidt 는 정신 질환에 시달렸는데, 그 시기에 극단적인 감정을 묘사하는 일에 강박적으로 매달렸다. 그가 이 시기에 만든 몹시 찡그린 얼굴을 한 흉상은 69점에 달한다고 추정된다(그중 49점이 남아 있다). 기존의 진지한 신고전주의 조각들과 확연히 다른 작품들이었다. 이 얼굴들은 내면의 악마와 고통스럽게 맞서 싸우고 있는 그 자신의 모습을 담은 것이라고 여겨져 왔다. 그는 작품에 필요한, 고통으로 몹시 찡그린 표정을 짓기 위해 자신을 아주 세게 꼬집곤 했다. 그런 다음 30초 동안 거울로 자신의 모습을 들여다본 뒤에 그대로 묘사하곤 했다. 그의 작품 중에서 혐오 표정에 가장 가까운 것은 「찡그린 남자 The Vexed Man」(1771~1783)[141]다. 이 걸맞지 않은 제목은 작가의 사후에 붙여진 것이다. 꼬리가 밑으로 처진 꽉 다문 입술, 찡그린 코, 감긴 눈과 주름진 이마가 합쳐져서 강한 불쾌감을 담은 표정을 만들어 낸다.

139. 아드리안 브라우어르, 「쓴 약」,
1636~1638년경, 참나무에 유채

140. 위 아드리안 브라우어르, 「냄새」(일부),
1631년, 화판에 유채

141. 오른쪽 프란츠 크사버 메서슈미트,
「찡그린 남자」, 1771~1783, 설화 석고

상징적 고통

앞서 말했듯이, 중세 미술 속의 인물은 감정이 거의 없는 모습으로 그려지곤 했다. 지옥의 구덩이에서 산 채로 삶아지고 있는 죄인들조차도 차분하리만치 무심한 표정으로 묘사되었다. 당시 작품들에서 사람의 얼굴을 그렇게 그리는 방식이 아주 널리 퍼져 있었기에, 화가는 감정의 세기를 무시하기가 불가능한 상황에서는 상징적 표상을 활용했다. 이 방법은 고통의 성모Our Lady of Sorrows를 다양하게 묘사할 때 매우 유용했다[142]. 성모 마리아가 생애에 입곱 가지 큰 고통에 시달렸음을 표현한 것이다. 중세 화가는 당대의 미술 관습을 따르면서, 아들이 십자가에 못 박혀서 끔찍한 고통을 받는 모습을 목격하는 등의 일을 겪을 때의 고통을 어떻게 전달할 수 있었을까? 얼굴 표정을 무시하고 대신에 입곱 개의 칼이 그녀의 심장을 찌르는 모습으로 그린다는 것이 그들이 찾아낸 해결책이었다. 이런 극도로 인위적인 해결책은 일회성이 아니었다. 그림과 조각 양쪽에서 되풀이하여 나타났다. 이 관습이 확연히 양식화한 이후에는 성모의 심장을 찌르는 칼의 수가 때때로 달라지기도 했다. 「성모 칠고Virgin of Seven Sorrows」라는 제목이 붙은 이 장르의 한 그림에서는 칼이 다섯 개만 그려져 있다. 그 구도가 좀 더 낫다고 여겼기 때문이다.

사람들은 고통의 성모를 묘사한 성화가 주술적인 능력을 지녔다고 믿기도 했다. 「일곱 칼의 테오토코스Theotokos of Seven Swords」 또는 「시메온의 예언Symeon's Prophesy」이라고 알려진 러시아의 한 성화는 치유력을 지닌다고 알려졌다. 이 성화는 관절염을 앓고 있었던 한 농부가 발견했다. 그는 어느 날 밤 동네 성당의 종각으로 가면, 성모의 성화를 발견할 것이라는 목소리를 들었다고 했다. 가 보니 먼지에 뒤덮인 널빤지가 있었고, 닦아 내니 정말로 성모의 성화였다. 이 발견을 기리는 미사가 열렸고, 그때쯤 그의 질병은 사라지고 완전히 나은 상태였다.

많은 역사가들은 초기 미술 양식이 시각적 이미지에 이렇게 기이할 만치 인위적이고 상징적인 접근법을 취한 이유가 단순하다고 본다. 당시 미술에서는 플라톤적 이상주의가 규범이었고, 개인의 감정 표현은 중요한 요소가 아니었다는 것이다. 그 뒤로 사회가 '영원하며 이상적인 신성한 세계' 대신에 물질세계에 더 초점을 맞추게 되면서, 이런 미술관에도 변화가 시작되었다. 이 전환을 처음으로 보여 준 작품 중 하나는 1688년에 샤를 르 브룅Charles Le Brun이 그린 「정념의 표정Expressions of the Passions of the Soul」이다.

142. 피에르 레이몽·Pierre Reymond,
「성모의 칠고 명판·Plaque with Seven Sorrows of Mary」,
1541년, 구리판에 에나멜

191

자기 보호

Self-protection

삶은 요람에서 무덤까지, 위험으로 가득하다. 모든 동물은 스스로를 보호하는 방법을 진화시켜 왔으며, 인간도 마찬가지다. 위험에 처했을 때 우리가 주로 취하는 반응 중 하나는 가능한 빨리 달아나는 것이다. 화가들은 때로 황급하게 달아나는 모습을 묘사하기도 했지만, 대개는 서 있는 영웅이나 패배자를 보여 주는 쪽을 선호해 왔다. 우리는 몸이 부드럽고 단단한 껍데기로 감싸여 있지 않으므로, 위험에 처했을 때 다치지 않을 방법을 고안해야 했다. 이는 보호할 옷을 입거나 하는 식으로 어떻게든 몸을 가린다는 뜻이었으며, 그런 수단들은 화가에게 풍성한 시각적 이미지의 원천이 되었다. 이 모든 보호 수단이 사라질 때, 패배자가 되는 수밖에 없을 것이다. 복종하겠다는 의향을 알리는 공식 항복이 이루어질 수도 있다. 최악의 사례에서는 항복하겠다는 몸짓 자체가 무시당한다. 몇몇 화가들은 그런 시나리오를 강력한 정치적 메시지를 시각적으로 전달하는 용도로 삼는다.

그러나 미술에서 자기 보호가 언제나 갈등의 중심에 놓여 있는 모습으로 그려지는 것은 아니며, 때로 훨씬 덜 극적인 양상을 띠기도 한다. 우리 중 상당수는 일상생활을 하면서 걱정스러운 순간을 접하곤 한다. 면접이나 업무 회의나 가정 불화 같은 사회적 상황은 우리에게 유달리 불안한 느낌을 일으키고 보호를 좀 받을 필요성을 느끼게 할 수도 있다. 우리 대다수는 자신이 초조한 상태임을 인정하고 싶지 않으므로, 불안을 감추기 위해 최선을 다하며, 마음이 아주 편한 척한다. 불행히도 그럴 때 우리 몸짓 언어는 속내를 드러낼 수 있으며, 우리 자신은 의식하지 못하는 미묘한 움직임을 통해 그렇게 하곤 한다. 몸을 꼬고 손을 허리에 올리는 등의 사소한 보호 몸짓이 거기에 포함된다.

또 손가락을 꼬는 등 스스로 안전하다는 느낌을 얻기 위해 공개적으로 하는 특수한 몸짓들도 있다. 베일을 쓰거나 문신을 하는 것을 이런 맥락에서 생각하는 사람은 그리 많지 않겠지만, 사실 둘 다 보호 형식으로써 시작되었다. 둘 다 악령을 막아 준다고 믿었다.

달아나기

피신은 위험에 처한 동물들의 주된 반응 중 하나다. 그러나 인간은 고정된 정착지에서 살기에 피신이 수월하지 않을 때도 있다. 많은 이들은 집과 물건을 놔두고 떠나기를 꺼려할 것이며, 크나큰 재앙이나 생명의 위협이 닥칠 때에만 버릴 것이다.

영국 화가 헨리 기브스Henry Gibbs는 「불타는 트로이를 탈출하는 아이네이아스와 식구들Aeneas and his Family Fleeing Burning Troy」(1654)[144]에서 그런 장면을 상상한다. 그는 그들이 몸을 앞으로 기울이면서 달아나는 모습으로 묘사함으로써 그들이 처한 곤경을 강조한다. 어린 소년이 아버지의 튜닉을 잡아당기고, 아이네이아스가 늙은 부친을 업고 있는 등의 세세한 묘사들은 긴박하다는 인상을 더욱 심어 준다. 식구들을 따라잡지 못하고 뒤처진 아내는 그리스 병사의 손아귀에서 벗어나려고 애쓰고 있다.

미국 화가 버니스 버크먼Bernece Berkman은 「전쟁에서 달아나는 유대인들Jews Fleeing War」(1939)[143]이라는 찡한 제목의 작품에서 1930년대에 나치의 유대인 박해를 다루고 있다. 그녀는 네 사람이 기이하게 일그러진 경관 속에서 공포에 질려서 달아나고 있는 악몽 같은 장면을 보여 준다. 화가는 헨리 기브스가 긴박함을 강조하기 위해 썼던 장치를 그대로 쓴다. 아이는 부모에게 매달려 있다. 버크먼이 설정한 황량한 풍경은 박해를 받아서 고향을 떠나야 하는 이들이 겪는 위험과 공포를 상징한다.

143. 버니스 버크먼,
「전쟁에서 달아나는 유대인들」, 1939년,
캔버스에 유채

144. 위 헨리 기브스,
「불타는 트로이를 탈출하는 아이네이아스와 식구들」,
1654년, 캔버스에 유채

145. 오른쪽 자코포 틴토레토Jacopo Tintoretto,
「성 조지와 용Saint George and the Dragon」 1555년경, 캔버스에 유채

항복

'손들어' 자세는 항복의 신호이며, 다음과 같은 단순한 메시지를 전달한다. "쏘지 마, 항복할게." 흰 깃발을 흔드는 것처럼, 대개 극한 상황에서 마지막으로 필사적으로 자비를 청원하는 행동으로만 쓰인다. 그리고 반드시 원하는 효과가 따르는 것도 아니다.

그런 자세를 택했을 때의 위험을 보여 주는 그림이 한 점 있다. 프란시스코 고야 Francisco Goya의 걸작 「1808년 5월 3일The 3rd of May 1808」(1814)[147]이다. 반도 전쟁 때 나폴레옹 군대에 맞선 스페인인들의 저항을 기리는 작품이다. 이 작품의 초점은 흰 셔츠를 입은 남자에게 맞춰져 있다. 그는 두 손을 높이 들어 올리고 있다. 언뜻 보면, 그의 몸짓 언어는 앞에 있는 총살 부대를 향해 항복한다는 명확한 메시지를 보내고 있다. "항복!" 그러나 이 행동에는 반항과 헛수고라는 의미도 담겨 있다. 동료들의 대부분이 살해당해서 그의 발치에 쓰러져 있고, 그는 자신이 다음 차례임을 알기 때문이다.

2014년 미국의 백인 화가인 웨슬리 제임스 록Wesley James Lock은 정치적 메시지를 전달하기 위해서 2백 년 전의 고야처럼, 실패한 '손들어' 항복 자세를 묘사했다. 그는 무장하지 않은 십 대 흑인 청소년 마이클 브라운을 살해한 백인 경찰관을 재판에 회부하지 않겠다고 배심원단이 판결하자 분개했다. 그는 가슴에 총알구멍이 몇 개 난 흑인 젊은이가 두 손을 들어 올린 모습을 심금을 울리는 이미지로 만들어 냈다. 그는 그 작품에 「상처와 줄무늬Scars and Stripes」[149]라는 제목을 붙였다. 총알구멍은 미국 국기의 별, 흘러내리는 핏줄기들은 띠를 상징한다.

146. 앙리 루소Henri Rousseau,
「불쾌한 놀람Unpleasant Surprise」(일부),
1901년, 캔버스에 유채

147. 위 프란시스코 고야, 「1808년 5월 3일」(일부), 1814년, 캔버스에 유채

148. 오른쪽 위 장 미셸 바스키아Jean-Michel Basquiat,
「무제Untitled」, 1981년, 캔버스에 아크릴, 오일스틱, 스프레이 페인트

149. 오른쪽 아래 웨슬리 제임스 록, 「상처와 줄무늬」, 2014년, 종이에 잉크

갑옷

동물이 공격으로부터 스스로를 보호하는 방법은 몇 가지가 있다. 위장술을 쓰거나, 딱딱한 껍데기나 날카로운 가시로 감싸거나, 독을 지닌 종류도 있다. 포식자가 쫓아오지 못할 만치 빠르게 움직이는 종류도 있고, 들어 올릴 수 없을 만치 무겁고 딱딱한 껍데기를 덮고 있는 종류도 있다. 사람은 빨리 달릴 수 있긴 하지만, 구석으로 몰린다면 부드러운 몸을 보호할 방법이 거의 없다.

우리는 본능적으로 다른 부위보다 얼굴과 머리를 먼저 보호한다. 특수한 감각 기관들이 있는 곳이기 때문이다. 신체 공격을 받을 때 가장 단순한 반응은 막기 위해서 얼굴 앞으로 두 손을 들어 올리는 것이다. 이 보호 수단은 1974년 무하마드 알리가 조지 포먼과 맞붙은 전설적인 경기 '럼블 인 더 정글Rumble in the Jungle'에서 씀으로써 유명해졌다. 알리는 두 주먹을 얼굴 앞으로 모아서 상대가 계속 치도록 놔두었다. 그러다가 상대가 지치자, 알리는 핵주먹을 날렸다. 미술로 돌아가서, WK 인터랙트가 1992년 뉴욕에 그린 흑백 벽화[156]는 위협받는 사람이 오로지 두 손으로 자신을 보호해야 하는 극적인 상황을 완벽하게 포착하고 있다.

사람은 수천 년 동안 방패를 추가적인 보호 수단으로 삼아 왔다. 미국에서 발견된 고대 원주민 암벽화[150]에서도 이 점이 뚜렷이 드러난다. 초기의 방패는 동물 가죽이나 나무 같은 재료로 만들었고, 드물게 금속으로 만든 것도 있었다. 화기가 발명되기 전까지, 큰 군대는 대부분 방패를 지니고 있었다. 로마군은 특수한 방식으로 방패를 서로 얽어서 머리 위로 들어 올려서(앞줄에 있는 병사들은 예외였다. 그들은 앞쪽으로 내밀어서 방어를 했다), 테스투도testudo라는 귀갑 대형을 이루었다. 평소에는 방패를 왼쪽 팔에 끼고 다니다가 위급할 때 들어 올려서 서로 얽으면 봉쇄 무기가 되었다. 귀갑 대형을 이루면 위에서 떨어지는 화살 등이 뚫고 들어오지 못했다. 병사들은 위에서 내던지는 것들을 전혀 두려워하지 않은 채, 한 몸처럼 움직이면서 포위한 성벽을 향해 다가갈 수 있었다. 로마에 있는 트라야누스의 기둥에 새겨진 장면 중에 이 모습도 담겨 있다[154]. 더 최근에 헨리 무어Henry Moore는 손에 드는 원형 방패를 조각 작품에 다양하게 적용하는 일에 매료되었고, 1950~1970년대에 걸쳐서 많은 작품에 등장시켰다[155].

초기 인류는 일종의 방패로 자신을 보호하려고 시도하는 것 외에는 다른 대안이 없었다. 그러다가 더 정교한 기술이 개발되면서, 갑옷을 입어서 신체 안전도를 높이는 것이 가능해졌다. 비록 일상 용도로 쓰기에는 너무 거추장스러울지라도, 매우 위험한 순간에는 입을 수 있었다. 초기의 갑옷은 굳힌 가죽으로 되어 있었다. 기원전 4세기에 고대 그리스에서는 리넨 갑옷linothorax, 즉 리넨 천을 겹겹이 겹쳐서 만든 갑옷이 쓰였다. 화살을 막을 수 있을 만큼 튼튼하면서, 가벼우면서 유연하기까지 했다. 알렉산드로스 대왕은 때때로 리넨 갑옷을 입고 고르곤gorgon인 메두사가 그려진 흉갑을 차고서 전쟁터로 나섰다. 현재 나폴리의 국립 고고학 박물관에 있는 유명한 폼페이 모자이크에 그 모습이 담겨 있다[152]. 비늘 갑옷(작은 금속판이나 유기물을 줄줄이 겹쳐서 이은)과 사슬 갑옷(작은 금속 고리들을 엮어서 그물처럼 만든) 등도 초기 형태의 보호 수단이었다.

이런 갑옷들은 나중에 판금 갑옷(좀 더 큰 철판이나 강철판으로 만든)으로 대체되었다. 그러면서 중세 기사 하면 으레 떠올리는 무거운 갑옷이 이윽고 등장했다. 역사적으로 갑옷은 단순히 몸을 보호하는 것 이상의 일을 했다. 입은 사람에 관해 무언가를 말해 주었다. 그런 값비싼 물건을 쓸 여유가 있는 자라면, 현장에서 죽이기보다는 인질로 잡는 편이 더 낫다는 것을 뜻했다. 판금 갑옷을 방어 수단만이 아니라 위협적인 시각적 과시 수단으로도 쓴 교묘한 사례들도 있다. 갑주를 씌운 말에 탄 갑옷을 입은 전사는 평범한 보병에게는 무시무시한 광경이었을 것이 분명하다. 17세기에 우아하게 장식된 갑옷은 귀족 남성들의 높은 지위를 과시하는 행동이 되어 있었다. 카라바조Caravaggio의 「알로프 드 위냐쿠르와 그의 시종Portrait of Alof de Wignacourt and his Page」(1608년경)[151]의 주인공이 한 예다.

그러나 19세기 말로 가면, 갑옷은 이미 옛 전설이 되어 있었다. 1880년, 많은 은행을 털고 경관 두 명을 살해한 호주의 무법자 네드 켈리Ned Kelly는 경관들과 마지막 총격전을 벌였다. 켈리는 금속 쟁기 날을 이어 붙여서 임시 갑옷을 만들었지만, 왼쪽 다리를 가리지 못했다. 그 허점이 그를 몰락시켰다. 그는 하체에 심한 부상을 입고서 바닥에 쓰러져서 체포되었다. 그는 25세의 나이에 교수형에 처해졌는데, 유명한 마지막 말을 남겼다. "인생이 다 그렇지, 뭐." 1940년대에 호주 화가 시드니 놀란Sidney Nolan은 일련의 그림을 통해 도주하는 켈리를 기념했다[153].

150. 위 고대 푸에블로인(아나사지족) 암벽화,
곰 발톱 방패를 지닌 전사,
기원전 500년~서기 500년, 미국 뉴멕시코

151. 아래 카라바조,「알로프 드 위냐쿠르와
그의 시종」, 1608년경, 캔버스에 유채

152. 오른쪽 위 알렉산드로스 대왕
모자이크화의 일부, 기원전 100년경,
폼페이 파운Faun 저택

153. 오른쪽 아래 시드니 놀란,
「켈리와 말Kelly and Horse」, 1946년,
합판에 에나멜

154. **왼쪽 위** 트라야누스 기둥의 부조(서기 113년),
귀갑대형을 이룬 로마인들, 대리석 부조의 19세기 석고 주형, 로마

155. **왼쪽 아래** 헨리 무어, 「방패를 든 전사Warrior with Shield」,
1953~1954년, 나무 받침에 청동

156. **위** WK 인터랙트, 「투쟁Struggle」, 1992년, 벽화, 뉴욕

차단

때로 스트레스를 받을 때, 우리는 주변에서 일어나는 모든 일에 대처할 수 없다고 느낀다. 그럴 때 우리는 차단할 방법을 찾으려 한다. 대처할 필요가 없도록 말이다. 세상과 단절하기 위해 우리가 하는 행동에는 '차단cut-off'이라는 이름이 붙여졌다.

너무 많은 사회적 압력에 시달리고 있다면, 우리는 지나친 자극을 줄이기 위해 최선을 다하며, 이는 대개 눈이나 귀 같은 주요 감각 기관을 가리는 것을 의미한다. 가장 기본적인 해결책은 그 혼란 속으로 되돌아갈 수 있을 만큼 회복될 때까지 자신을 사회적 상황에서 완전히 격리하는 것이다. 그러나 그 방법은 우리가 일상적인 사회적 만남에서 흔히 쓰는 차단 방법의 범위를 훨씬 넘어서는 극적인 해결책이다. 우리는 훨씬 더 자주 겪는 사소한 스트레스에는 훨씬 덜 극적인 유형의 일시적인 행동으로 대응한다.

이런 행동 중에서 가장 흔하면서 자명한 유형은 그냥 눈을 감는 것이다. 우리는 그냥 눈꺼풀을 닫아서 들어오는 시각 정보를 차단한다. 시끄러운 파티에서 기억이 안 나는 뭔가에 관해 질문을 받은 사람은 기억을 훑기 위해 눈을 꽉 감을 수도 있다. 더 극단적인 상황에서는 우리는 한 단계 더 나아가 눈을 감을 뿐 아니라, 한 손이나 두 손으로 눈을 덮기까지 한다. 방석이나 베개, 또는 가까이 있는 사람의 옷 같은 부드러운 물체에 머리를 묻을 수도 있다. 스트레스를 주는 것이 너무 심한 소음이라면, 우리는 손으로 귀를 꽉 막기도 한다.

이런 행동들은 무엇을 차단하려는 것인지 정직하게 그대로 드러내므로, 쉽게 알아볼 수 있다. 반면에 네 가지 무의식적인 행동을 비롯한 훨씬 더 흥미로운 특수한 범주에 속하는 행동들도 있다. 당사자가 거의 알아차리지 못한 채 미묘하게 차단하는 방식들이다. 첫 번째는 '회피하는 눈evasive eye'이다. 대화하는 상대에게서 유달리 오랫동안 시선을 딴 데로 돌리고 있는 것이다. 상대와 거의 눈을 맞추지 않으며, 꽤 긴 시간 동안 옆쪽이나 땅에 있는 어떤 가상의 대상을 응시한다. 두 번째 유형은 '힐끔거리는 눈shifty eye'이다. 대화하는 내내 저쪽을 보다가 이쪽을 보곤 하는 행동을 빠르게 되풀이하는 것이다. 세 번째는 '깜박거리는 눈stuttering eye'이다. 상대방의 눈을 바라보는 듯하지만, 눈을 빠르게 계속 깜박거리는 것이다. 네 번째는 '더듬대는 눈stammering eye'이다. 눈을 마주보고 있긴 하지만, 한 번에 몇 초씩 감곤 하는 것이다.

이 네 가지 유형의 차단은 우리를 좀 당혹스럽게 하며, 이유는 모르겠지만 그런 행동에 점점 짜증이 날 수 있다. 어떤 이유로든 간에 상대가 우리와 함께 있고 싶어 하지 않는다는 것을 직관적으로 알기 때문이다. 상대는 우리를 두려워하거나 싫어하거나 지루하게 여겨서, 자리를 뜨고 싶은 것일 수 있다. 어느 모로 보나 친절하고 이 사회적 만남에 진지하게 몰두하고 있는 양 보일지 몰라도 말이다. 아니면 그냥 수줍음이 아주 많아서 그럴 수도 있다. 이런 차단 신호들은 무의식적으로 생성되며, 우리는 동일하게 무의식적으로 그런 신호들을 받아들인다. 즉 그런 신호는 만남의 표면 바로 아래에서 일어나는 비음성적인 의사소통이며, 암묵적으로 자극을 주는 역할을 한다. 개인이 급성 스트레스를 받고 있다면, 이런 차단 작용 때문에 거의 저절로 '틱tic'이 일어날 수도 있다. 그런 경련은 미미하지만 당사자에게 매우 중요한 안도감을 제공하는 효과를 일으킨다. 어떤 의미에서 보면, 차단의 매 순간은 단 몇 초 동안이라도 감각적 과부하를 줄임으로써 그 숨 막히는 상황에서 탈출하려는 미미한 상징적인 시도다.

이런 무의식적인 형태의 차단은 대개 너무 미묘하거나 일시적이어서 화폭에 담기가 쉽지 않다. 그러나 견딜 수 없는 상황에서 눈이나 귀를 가리는 의도적인 행동은 미술 작품에 종종 담기곤 했다. 미술 작품에서 가장 흔히 보이는 차단 유형은 두 손으로 얼굴을 가리는 것이다. 이 행동을 담은 미술 작품들은 고대 이집트부터 현대에 이르기까지 찾아볼 수 있다. 고대 이집트에서는 대곡꾼들이 보여 주는 고도로 양식화한 차단 유형이 있었다. 그리스·로마 양식의 어느 한 묘지에서 발견된 대곡꾼들의 조각상들은 이 점을 명확히 보여 준다. 두 점은 두 손으로 눈을 가리고 있고, 또한 점은 두 손으로 머리를 감싸 쥐고 있다. 당시에는 고용한 여성들이 허공을 향해 손을 휘젓고, 슬픔에 젖은 모습으로 자기 가슴을 치고, 얼굴 가득 눈물을 흘리면서 매장지까지 따라가는 풍습이 있었다(174쪽 참조). 대곡꾼 조각상은 가장 부유했던 이들의 미라와 함께 발견되므로, 부자만이 그런 과시를 할 여유가 있었던 듯하다.

15세기 한 기도서에 실린 겟세마네 동산에서의 예수의 고통을 묘사한 삽화[159]에서는 예수가 두 손으로 얼굴을 가리고 있다. 이 장면을 묘사한 대부분의 그림에서는 예수가 두 손을 앞에 모으고 무릎을 꿇고 기도하고 있다. 그런데 이 그림의 화가는 고뇌하는 예수가 세상을 눈앞에서 지우기 위해 두 손으로 차단한 모습을 담았다. 이런 식으로 손바닥으로 얼굴을 가림으로써 차단을 시도하는 모습을 담은 대다수의 미술 작품들에서처럼, 이 삽화의 예수도 얼굴을 두 손으로 가리고 있다. 그러나 파리 튈르리 공원에 있는 앙리 비달Henri Vidal의 유명한 카인Cain 조각상(1896)은 형제를 죽인 뒤 수치스러워서 한 손으로 얼굴을 가린 모습으로 카인을 묘사했다.

아마 차단 행위를 가장 가슴 아프게 묘사한 모습은 르네상스의 위대한 피렌체 화가 산드로 보티첼리Sandro Botticelli의 작품에서 볼 수 있을 것이다. '버림받은 이'라는 뜻의 「라 데렐리타La Derelitta」(1495)[158]라는 제목이 붙은 이 그림에는 잠긴 문 앞 계단에 홀로 앉아 있는 여성이 나온다. 그녀의 옷가지들은 계단에 흩어져 있다. 막 내쫓기는 바람에 차마 추스르지 못했음을 시사한다. 너무나 황망한 나머지, 그녀는 얼굴을 두 손에 묻은 채 앉아 있다. 견딜 수 없이 절망적인 이 순간에 바깥 세계와 단절하고자 시도한다.

반 고흐도 비슷한 분위기를 그림에 담았다. 「슬픔에 빠진 노인('영원의 문에서') Sorrowing Old Man("At Eternity's Gate")」(1890)[157]은 난롯가에 앉아서 두 손으로 머리를 감싼 채 앉아 있는 노인을 그린 작품이다. 자신이 곧 죽는다는 사실을 견디기 힘든 그는 곧 떠날 세상과 잠시나마 스스로 단절함으로써 위안을 얻으려 시도한다. 중요한 점은 반 고흐가 사망하기 2개월 전인 1890년 5월에 이 그림을 그렸다는 것이다. 그는 7월 29일, 권총으로 자살했다.

대개 차단은 스트레스를 줄이기 위해 이루어지지만, 다른 동기로 얼굴을 가리기도 한다. 특히 신원을 가리기 위해서도 쓰인다. 유명인은 파파라치에게 사진이 찍히지 않도록 손이나 옷 등으로 얼굴을 가리곤 한다. 뱅크시 같은 화가들이 가명으로 창작 활동을 하는 것은 이런 유형의 차단의 연장선이라고 볼 수도 있다. 많은 그라피티와 거리 화가들은 자신의 작품이 불법성을 띠고 있음을 알기에 신원을 감추곤 한다. 이런 형식의 미술에서는 익명성이 중요한 역할을 해 왔다. 아일랜드 화가 코너 해링턴Conor Harrington은 그라피티 및 거리 미술 요소를 회화와 혼합한 작품을 그리며, 익명으로 많은 작품을 그려 왔다. 화가는 「숨바꼭질Hide and Seek」(2016)[160]을 비롯한 자신의 연작이 "역할과 권력을 안겨 주겠다는 정치적 기만, 거짓말, 반쪽짜리 진리의 수용, 진정한 자아를 대신하는 소셜 미디어 자아의 주도, 가명을 쓰고 진정한 정체를 숨기는 그라피티 자아의 채택"을 의미한다고 말한다.

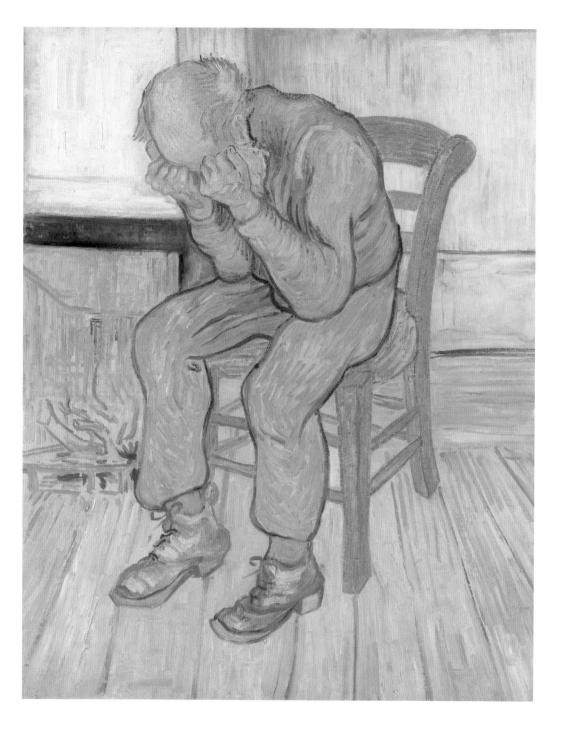

157. 빈센트 반 고흐,
「슬픔에 빠진 노인('영원의 문에서')」,
1890년, 캔버스에 유채

158. 위 산드로 보티첼리,
「라 데렐리타」(일부), 1495년, 나무에 템페라

159. 아래 겟세마네 동산에서의 고뇌(일부),
1470년, 기도서, 네덜란드

160. 오른쪽 코너 해링턴, 「숨바꼭질」,
2016년, 리넨에 유채

몸 십자가

경찰은 특정한 구역을 보호하고자 할 때, 보호 장벽을 친다. 사람은 어느 정도 보호 받을 필요가 있다고 느끼면, 양쪽 팔을 엇갈려서 몸 십자가body-cross라는 자세를 취해서 보호막을 칠 수도 있다. 이 자세에 어떤 극적인 측면은 없지만, 우리는 대개 의식하지 못한 채 그렇게 한다. 그러나 이 행동의 빈도가 높고, 각계각층의 사람들이 다 한다는 사실은 이 행동이 사회적 상호 작용에서 미미하긴 해도 어떤 가치 있는 역할을 함을 시사한다.

미술에서는 다양한 유형의 몸 십자가 자세를 찾아볼 수 있다. 초상화의 맥락에서는 이 자세가 장시간 자세를 취한 채 앉아 있는 모델에게 어느 정도 편안함을 줄 수 있다. 파블로 피카소의 「앉아 있는 아를캥Seated Harlequin」(1923)에서 모델은 두 손의 손바닥을 맞대고 움켜쥔 채 앉아 있다. 그는 왼손으로 오른손을 받침으로써, 몸 앞쪽에 보호 장벽을 두르고 있다. 더 편안한 느낌을 주기 위한 고안된 자세다. 한 손을 다른 손 위에 놓고서 손바닥과 손가락 관절을 맞대고 있는 자세의 그림들도 있다. 윈덤 루이스Wyndham Lewis가 그린 영국의 시인이자 소설가인 스티븐 스펜더Stephen Spender(1938)[163]의 초상화, 무명의 네덜란드 화가가 그린 「터번을 두른 남자의 초상 Portrait of a Man in a Turban」(1440년대)[162]에서도 이 자세를 볼 수 있다. 한 손으로 다른 팔의 아래팔이나 손목을 쥐고 있는 또 다른 자세는 좀 느슨하긴 하지만 레오나르도 다빈치의 「모나리자Mona Lisa」(1503~1519년경)에서 볼 수 있다.

몸 십자가의 다른 변형 형태들은 주로 손가락을 중심으로 이루어진다. 손가락을 꽉 깍지 끼거나 손가락 끝을 가볍게 댈 수도 있다. 후자는 뾰족탑steepling 자세라고 하는데, 손가락들을 맞대고 위로 향한 모양이 교회 뾰족탑을 연상시키기 때문이다. 이를 뒤집어서 손가락 끝을 아래로 향한 뒤집힌 뾰족탑inverted steeple 자세도 있다. 말이 나온 김에 덧붙이자면, 미국 트럼프 대통령은 다른 나라 수반을 만날 때마다 이 자세를 취한다.

몸 십자가의 또 다른 판본은 손목을 서로 겹치면서 팔을 X자 모양으로 가슴에 갖다 대는 것이다[161]. 이 자세는 미술에서 종교적 인물을 묘사할 때 가장 흔히 채택하곤 한다. 성인 같은 분위기를 부여하는 데 쓰인다. 또 이는 정숙함의 표시이기도 하며, 여성 나체화에서 가슴을 가리는 수단으로 쓰인다는 점에서 특히 그렇다. 이 자세를 팔을 곧게 펴서 하는 형태도 있다. 팔을 허리 바로 아래에서 교차하여 두 손을 양쪽 다리에 놓는다.

161. 파울라 모더존 베커Paula Modersohn-Becker, 「늙은 시골 여인Old Peasant Woman」(일부), 1905년경, 캔버스에 유채

162. **위** 무명의 네덜란드 화가,
「터번을 두른 남자의 초상」, 1440년대, 나무에 유채
163. **오른쪽** 윈덤 루이스,
「스티븐 스펜더」, 1938년, 캔버스에 유채

팔짱

팔짱은 두 형태가 있으며, 둘 다 보호 행동이다. 하나는 매우 의도적이며, 무언가에 맞서는 분위기를 풍긴다. 대개 나이트클럽의 경비원들이 몸집이 더 커 보이기를 원할 때 쓰는 '위풍당당 자세'다. 또 하나는 좀 거북하거나 위협받는다고 느끼는 사회적 만남에서 무의식적으로 취하는 자세다. 대화가 안 좋은 쪽으로 흐르거나 민감한 주제를 건드리거나, 불안을 느낄 때 그런 자세를 취할 수 있다. 면접을 보거나 많은 청중 앞에서 발표를 할 때가 그렇다. 불편하다는 느낌이 아주 약해서 대개 우리는 팔짱 자세를 취했음을 알아차리지 못하지만, 무의식적으로는 자기 위안이 필요함을 인식한 것이다. 이 행동은 유년기, 특히 부모에게 안길 때 안도하던 순간에 뿌리를 둔 것으로 본다. 어른이 된 우리는 가슴 앞으로 팔짱을 껴서 본질적으로 그 포옹을 흉내 낸다. 본질적으로 자기 자신을 껴안는 것이다.

초상화의 모델이 될 때도 위협적인 상황에 놓인다는 느낌을 받을 수 있으며, 때로는 불안함과 거북함을 느낄 수도 있다. 화가가 자세 선택에 영향을 미칠 때도 많긴 하지만, 편하다고 느끼는 자세를 택하라고 한다면 우리는 팔짱을 끼고 앉아 있거나 서 있을 가능성이 높다. 이 때문에 초상화에서 이 보호 자세를 택한 모델을 많이 볼 수 있다. 프란시스코 고야의 「건축가 티부르시오 페레즈 이 쿠에르보Tiburcio Pérez y Cuervo」 초상화(1820)[164]부터 폴 세잔Paul Cezanne의 「팔짱을 끼고 선 농부Peasant Standing with Arms Crossed」(1895년경)[165]에 이르기까지 많은 작품에서 볼 수 있다.

164. 프란시스코 고야,
「건축가 티부르시오 페레즈 이 쿠에르보」(일부),
1820년, 캔버스에 유채

자기 보호 | 팔짱

165. 왼쪽 폴 세잔, 「팔짱을 끼고 선 농부」,
1895년경, 캔버스에 유채

166. 위 파울라 레고Paula Rego, 세 폭으로 된
「바니타스Vanitas」의 중앙 패널, 2006년, 종이에 파스텔

허리에 손

두 팔을 허리에 올리고 팔꿈치를 양쪽으로 내민 허리에 손 자세는 전혀 다른 두 가지 사회적 맥락에서 쓰인다. 하나는 지위가 높은 사람이 으스대면서 권력을 과시하는 몸짓의 일부로서 쓰인다(86쪽 참조). 다른 하나는 공개된 장소에서 막 체면을 구긴 사람이 당황하여 낙심했음을 보여 주는 신호일 수 있다. 그런데 이 대조적인 듯한 두 상황에 어떤 공통점이 있는 것일까? 답은 양쪽 다 관련자들이 반사회적인 행동을 하고 있다는 것이다. 본질적으로 허리에 손 자세는 "내게서 떨어져, 나를 껴안지 마"라고 무의식적으로 말하는 방식이다. 몸 양쪽으로 튀어나온 팔꿈치는 몸통에서 바깥쪽으로 향한 화살표 모양을 이룸으로써, 사실상 모든 이에게 물러나라고 말하고 있다. 실제로 허리에 손 자세를 한 사람을 껴안으려고 하면, 어렵다는 것을 알게 된다. 이 자세를 취할 때, 우리는 자신이 어떤 시각적 진술을 하고 있는지 의식하지 못할 수도 있지만, 뾰족한 팔꿈치는 상징적으로 다음과 같은 경고를 보낸다. '더 이상 가까이 오지 마.'

여기에 실린 두 사례인 렘브란트의 「허리에 손 올린 남자의 초상Portrait of a Man with Arms Akimbo」(1658)[167]과 러시아계 프랑스 화가 샹 수틴Chaïm Soutine의 「벨보이The Bellboy」(1925)[168]는 이들이 서로 이유는 전혀 다를지라도, 허리에 손 자세를 취함으로써 모든 형태의 신체 접촉으로부터 자신을 무의식적으로 보호하려 하고 있음을 명확히 보여 준다. 렘브란트의 인물은 고고한 반면, 수틴의 벨보이는 기운 없는 모습으로 생각에 잠겨 있다.

167. 오른쪽 위 렘브란트,
「허리에 손 올린 남자의 초상」,
1658년, 캔버스에 유채
168. 오른쪽 아래 샹 수틴, 「벨보이」,
1925년, 캔버스에 유채

손가락 꼬기

영어권에서는 "손가락을 꼬고 있어I am keeping my fingers crossed"가 "행운을 빌게"라는 표현으로 널리 쓰인다. 좋은 결과를 바랄 때 그렇게 말하면서, 때로 손가락을 그렇게 꼬곤 한다. 이 손짓은 가운뎃손가락과 검지를 펴서 교차하고, 다른 손가락들은 구부려서 엄지로 누르는 것이다. 일반적으로 행운의 표시라고 본다. 이 손짓을 하는 방법은 세 가지다. 공개적으로 할 때는 남들이 보도록 손을 든다. 비밀리에 한다면, 손을 주머니에 넣은 채로 하거나 다른 방식으로 숨긴 채 한다. 마지막은 '비밀' 몸짓의 특수한 형태로서 손을 등 뒤로 숨긴 채 하는 것이다. 이 특수한 형태는 앞에 있는 사람에게 거짓말을 할 때, 보복을 받지 않도록 자신을 보호하고자 한다. 대개는 뒤에 있는 다른 사람에게 자신이 하는 말이 거짓임을 알아차리도록 하기 위해서 쓴다.

'손가락 꼬기' 손짓의 기원을 놓고 몇 가지 이론이 나와 있다. 가장 설득력 있는 이론은 은밀하게 십자가 표시를 만드는 방법으로서 시작되었다는 것이다. 초기 기독교인들, 특히 박해에 직면한 이들에게는 그 손짓이 신앙을 드러내지 않으면서 신성한 십자가를 향해 보호를 간청하는 방법이었다. 기독교가 더 널리 받아들여지자, 그 손짓은 불운을 막아 준다는 의미로서 살아남았다. 가벼운 마음으로 행운을 바라면서 그 손짓을 하는 이들은 대개 그 손짓이 기독교 십자가의 상징에서 기원했을 것이라는 생각을 별로 하지 않을 듯하다.

'손가락 꼬기' 손짓의 한 가지 별난 특징은 그것이 유럽 전역에서 행운의 표시로 널리 인정되고 있긴 해도, 20세기 이전의 서양 미술 작품에서 아예 찾아보기가 어렵다는 점이다. 오늘날 그 손짓은 거리 미술 세계에서 인기를 끌고 있다. 2014년 볼티모어 거리 미술가 네더Nether는 친구들과 함께 도시의 방치된 건물들에 사회적 메시지를 담은 벽화를 그리기 시작했다. 그중에 불우한 사람들이 '손가락 꼬기' 손짓을 하는 그림이 몇 점 있다[169]. 그들의 삶에 행운이 좀 필요하다고 말하는 것이다.

169. 네더, 「건축 블록을 차지하려는 싸움The Fight for Building Blocks」,
2014년, 미국 볼티모어

보호용 코르누타

마노 코르누타, 즉 '뿔 난 손'이라는 손짓은 집게손가락과 새끼손가락을 펴고, 가운데의 두 손가락은 구부려서 엄지로 눌러서 만든다. 지중해 연안에서 널리 알려져 있는데, 용도는 두 가지다. 성적 모욕(132쪽 참조) 그리고 사악한 시선으로부터 보호하려는 용도가 그것이다. 손을 수직으로 치켜든 채로 하면, 거의 언제나 모욕의 의도를 담고 있다. 그러나 뿔 난 손 신호를 수평으로 하면, 그 손짓을 한 사람을 잠재적인 위협으로부터 보호하는 방패 기능을 한다. 이 맥락에서는 가톨릭 신자들이 위험을 감지했을 때 성호를 긋는 것과 비슷하다.

코르누타의 보호 형태는 고대부터 있었다. 이는 고대 황소 숭배에서 기원했다. 손가락 뿔을 앞으로 쭉 내밀어서 커다란 짐승이 달려든다는 것을 상징했다. 고대 에트루리아인 무덤의 벽화와 기원전 500년경 이탈리아에서 번성한 다우니아 문화의 초기 토기에서도 나타난다. 초기 기독교인도 이 손짓을 받아들였고, 서기 6세기 중반에 만들어진 라벤나의 산 비탈레 성당 모자이크에 묘사된 코르누타는 하늘에서 아래로 뻗은 신의 손처럼 보인다[171].

앞서 말했듯이, 코르누타 손짓은 사악한 눈, 즉 당신을 뚫어지게 바라보면 큰 해를 입힌다고 여겨지는 사악한 힘으로부터 보호하기 위해 쓰여 왔다. 많은 문화에서 오늘날까지도 유지되고 있는 이 널리 받아들여진 미신은 때로 아주 심각한 양상을 띠곤 한다. 이탈리아 골동품 수집가인 안드레아 데 요리오Andrea De Jorio가 1832년에 쓴 글에는 이런 일화가 실려 있다.

> 아내는 자신이 예타트리체jettatrice(사악한 눈을 지닌 여성)라고 믿는 귀부인이 남편의 아름다움, 특히 그의 멋진 허벅지가 대단하다고 칭찬하는 모습을 지켜보고 있었다. (…) 그녀는 손수건이 필요한 척했다. 그래서 손수건을 꺼내는 양 남편의 주머니에 손을 넣은 뒤, 마노 코르누타 손짓을 취했다. 그리고 집게손가락과 새끼손가락을 펴고 그 끝으로 마치 꿰뚫고 싶어 하는 양 아주 세게 남편의 허벅지뼈를 찔러 대기 시작했다. (…) 그녀는 예타트리체라고 믿는 귀부인이 대화를 다른 방향으로 돌릴 때까지, 그 예방 조치를 계속 취했다.

사악한 눈의 효과를 믿는 태도는 19세기의 집시 문화에서도 찾아볼 수 있었다. 존 필립John Phillip의 자화상[170]에는 여행 중이던 이 스코틀랜드 화가가 젊은 집시 여성을 스케치하는 모습이 담겨 있다. 그녀는 자신을 보호하기 위해 뿔 난 손을 그에게 향하고 있다.

170. 위 존 필립,
「사악한 눈The Evil Eye」(일부),
1859년, 캔버스에 유채

171. 아래「아벨과 멜기세덱의 희생
Sacrifices of Abel and Melchizedek」중 일부,
6세기 중반, 모자이크,
이탈리아 라벤나 산 비탈레 성당

문신

오늘날 문신을 바라보는 관점은 대체로 세 가지다. 인내의 표시로서(시술이 고통스럽기 때문에), 신체 예술의 한 형태로서, 사회적 반항의 상징으로서 바라보는 것이다. 이런 관점에서 보면 문신을 한다는 것은 선택된 소수에 속한다는 의미가 되고, 따라서 어느 모로 보나 평범했던 사람이 더 흥미로운 인물인 양 보일 수 있다. 문신은 사회의 특정 요소나 구성원에게 충성을 과시하는 용도로 쓰일 때도 있다. 즉, 어떤 조직, 집단, 유명인, 사랑하는 사람에게 하는 것이다.

이 모든 현대적인 관점은 문신의 고대 기능 중 하나를 무시한다. 악운이나 악령으로부터 보호하는 역할이 그것이다. 우리 고대 조상들은 깨지거나 잃어버리거나 도둑맞을 수 있는 행운의 부적이나 호부를 지니는 대신에, 행운의 상징을 피부에 영구히 새겨 넣었을 수도 있다. 이 의미는 지금 서양에서는 거의 잊혔지만, 세계의 몇몇 지역에서는 지금도 매혹적인 장식용이 아니라 주로 보호용으로 문신을 한다. 예를 들어, 캄보디아에서는 문신으로 보호하는 고대의 관습이 지금도 유지되고 있다. 사크 얀트Sak yant는 악령을 물리치고 위험을 막아 준다고 보는 신성한 주술적 문신이다. 각각의 복잡한 무늬는 나름의 의미를 지니며, 대를 이어 전해져 왔다. 문신 시술자는 승려다. 그들은 대나무 바늘을 써서 신성한 무늬를 짜며, 각자에게 맞는 보호 무늬를 세심하게 고른다. 어떤 무늬는 적대적인 친척으로부터 보호해 주고, 어떤 무늬는 총에 맞지 않게 해 주는 식이다. 승려는 시술 대상자에게 문신의 주술이 먹히려면, 술을 피하고 특정한 음식을 먹지 말아야 하는 등 엄격한 규칙을 따라야 한다고 설명한다. 일단 시술을 끝낸 뒤에는 절에서 그 문신에 축복을 내려야 한다.

동양의 문신이 지닌 신비주의적 요소에 매료된 서양인들은 꽤 많다. 하지만 그런 문신의 의미를 오해하는 일도 흔하다. 현재 동양의 전통 문신이 서양에서 유행하고 있는 것은 어느 정도는 할리우드 영화배우 안젤리나 졸리Angelina Jolie 덕분이다. 그녀는 2003년 캄보디아를 방문했을 때 문신의 대가인 승려에게 왼쪽 어깨에 고대 크메르 글귀를 새겨 달라고 부탁했다. 그러니 오늘날 많은 젊은 서양인은 알든 모르든 간에, 순수하게 장식용이 아니라 보호용 문신을 지니고 있는 셈이다.

북아메리카의 몇몇 부족들, 남태평양의 사모아인을 비롯한 몇몇 섬 원주민들, 뉴질랜드의 마오리족은 문신 풍습을 가장 오래 전부터 지녀온 이들에 속한다. '타투tattoo'라는 단어는 남태평양에서 유래했으며, 마오리족의 문신이야말로 가장 복잡하고 정교하다고 할 수 있다. 19세기의 드로잉과 회화에는 마오리족 지배층이 얼굴에 얼마나 놀라운 문신을 새겼는지가 잘 드러나 있다[172].

172. 찰스 로디어스Charles Rodius,
마오리족 남성의 문신한 얼굴(일부),
1834~1835년, 연필, 검은 분필, 흰 분필

베일

베일은 수천 년 동안 보호 도구로 쓰였다. 역사적으로 베일의 주된 기능은 공공장소로 나갈 때 남성들의 힐끔거리는 시선으로부터 여성을 보호하는 것이었다. 3천 년 전 고대 아시리아에서 사회적 지위가 높은 여성은 공공장소에 나설 때 언제나 베일을 썼다. 지위가 높기에 당연히 평민들의 시선이 쏠릴 것이라고 여겼기 때문이다. 그 결과 베일은 높은 지위의 상징이 되었고, 하층 계급의 여성은 베일을 쓰는 것이 금지되었다. 이 법을 어기면 끔찍한 처벌을 받았다. 중기 아시리아 법전을 요약한 다음의 내용에 잘 설명되어 있다. "베일을 쓴 매춘부를 본 사람은 누구나 그녀를 잡고, 목격자를 확보하고, 왕궁 입구로 끌고 와야 한다. (…) 그녀에게는 50대의 태형에다가, 뜨거운 물을 머리에 쏟는 처벌이 내려질 것이다. (…) 여자 노예는 베일을 써서는 안 된다. 베일을 쓴 노예 여자를 보는 사람은 붙잡아서 왕궁 입구로 끌고 와야 한다. 그 노예는 귀가 잘리게 될 것이다."

천 년 뒤, 고대 그리스에서도 높은 지위에 있는 여성은 공공장소에서 베일을 쓰는 것이 관습이었다. 비록 가능한 한 공공장소에 가지 말아야 했지만 말이다. 고대 로마에서 젊은 미혼 여성은 베일 없이도 공공장소에 갈 수 있었지만, 일단 혼인을 하면 베일을 쓰고서 남편과 함께 다녀야 했다.

어떤 의미에서는 전통적인 기독교 혼례식 때 일어나는 일과 정반대다. 혼례식 때는 신부가 베일을 쓰고 성당으로 들어와서, 식이 끝난 뒤에야 베일을 걷는다. 이 풍습은 과거의 미신에 깊이 뿌리를 두고 있다. 사람들이 사악한 눈을 비롯하여 해를 끼칠 수 있는 악령을 믿었던 시절이다. 그런 위협으로부터 사람들을 보호하기 위해 온갖 기이한 방법들이 도입되었다. 악령은 특히 인생의 행복한 순간에 더 나타나기 쉬우며, 따라서 혼례식이 표적이 되리라는 것은 명백하다고 믿었다. 그래서 신부를 보호하기 위해 베일로 얼굴을 가렸다. 음탕한 남자들의 힐끔거리는 시선이 아니라, 사악한 초자연적인 힘으로부터 보호하려는 것이었다. 베일은 남녀가 남편과 아내임을 선언하자마자 걷을 수 있었다. 일단 혼인하면 여성은 남편의 보호를 받는다고 믿었기 때문이다.

역사적으로 서양에서는 남편이 사망하면 아내는 어떤 형태로든 베일을 써야 한다고 여겼다. 애도의 표시인 동시에, 부적절한 남성의 시선으로부터 보호하기 위해서다. 물론 문화마다 풍습은 크게 다르고 세월이 흐르면서도 달라지긴 했다. 오늘날 베일은 엄격한 무슬림 사회에서 널리 쓰이고 있으며, 주로 정숙함을 과시하는 기능을 한다.

묘사하기가 어렵다는 것으로 악명이 높았음에도, 베일은 미술에서 널리 묘사되어 왔다. 가장 탁월한 사례 중 하나는 나폴리의 카펠라 산세베로 예배당에 있는 「베일에 가려진 진리Veiled Truth」(1750)라는 조각상이다. 이 조각상은 대리석이다. 너무 단단해서 얇은 막 같은 물질을 흉내 낼 수 없어 보이는 매체다. 그런데 베네치아 미술가 안토니오 코라디니Antonio Corradini는 경이로운 솜씨로 베일에 감싸인 인물의 느낌을 탁월하게 전달한다. 그러나 당시에 이 조각상은 논란을 일으켰다. 원래 추도용으로 의뢰된 것인데, 베일 아래로 보이는 세부 부위들이 장례식 기념물로서는 부적절하다고 보는 이들이 있었기 때문이다.

다음 세기에 프랑스 미술가 장 레옹 제롬이 그린 「베일을 쓴 체르케스 여인Veiled Circassian Woman」(1876)[174]에도 비슷한 비판을 쏟아낼 수 있었을 것이다. 그림에 묘사된 우아한 여인은 검은 베일을 쓰고 있다. 아마도 배우자의 죽음을 애도하고 있음을 시사하는 듯하다. 그러나 그녀의 머리카락과 젖가슴 윤곽이 뚜렷이 보인다. 이 그림을 제롬이 동양 여인을 상상하여 그린 것이라고 설명할 수도 있다. 그는 중동을 매우 낭만적인 방식으로 그리기를 좋아했다. 그는 1856년에 그 지역을 처음 방문했다. 이집트를 거쳐 성지와 시리아를 여행했다. 그 경험을 토대로 그는 아랍의 삶을 이상화하여 묘사하는 새로운 양식을 탄생시켜서 유럽에 유행시키는 데 기여했다.

19세기 영국에서 젊은 이탈리아 화가 라파엘레 몬티Raffaelle Monti는 코라디니의 발자취를 따랐다. 그는 대리석이라는 어려운 매체로 베일을 쓴 여성의 모습을 대단히 솜씨 좋게 조각한 「베일을 쓴 베스타의 여사제Veiled Vestal Virgin」(1846~1847)[173]를 내놓았다. 이 조각상을 처음 선보였을 때, 빅토리아 시대 관람객들은 대리석 베일이 섬세한 천으로 만들어진 것이 아니라는 말에 깜짝 놀랐다.

173. **위** 라파엘레 몬티,
「베일을 쓴 베스타의 여사제」, 1846~1847년, 대리석, 영국 채츠워스 하우스

174. **오른쪽 위** 장 레옹 제롬,
「베일을 쓴 체르케스 여인」, 1876년, 캔버스에 유채

175. **오른쪽 아래** 에드먼드 블레어 레이턴Edmund Blair Leighton,
「올리비아Olivia」, 1887년, 캔버스에 유채

에로틱

The Erotic

성적인 몸짓 언어를 묘사한 미술 작품은 크게 두 범주로 나뉜다. 에로틱, 즉 관능적인 것과 노골적인, 즉 외설적인 것이다. 주요 화가들 중에 때때로 후자로 돌아서서, 일반 대중에게 거의 전시된 적이 없을 만치 성교의 해부학적 사실들을 외설적인 수준으로 자세히 묘사한 그림을 그리곤 한 이들이 얼마나 많은지 알면 놀랄 것이다. 피카소, 달리, 앙드레 마송, 레오노르 피니, 로베르토 마타, 장 뒤뷔페, 한스 벨머, 발투스, 길버트 앤 조지, 만 레이, 카렐 아펠, 게오르게 그로스, 에곤 실레, 구스타프 클림트, 오귀스트 로댕, J. M. W. 터너, 구스타프 쿠르베, 오브리 비어즐리, 헨리 퓨젤리, 토머스 롤런드슨, 렘브란트도 그러했다. 예를 들어, 화가가 생식기를 의도적으로 음란하게 상세히 묘사하는 쪽을 택한다면, 그 요소는 필연적으로 그림의 나머지 부분들을 압도함으로써 전통적인 의미의 예술 작품이라고 보기가 거의 불가능해진다. 그렇기 때문에 나는 그렇게 묘사한 작품들은 이 책에 포함시키지 않았다.

반면에 인체의 관능성을 표현하려는 시도가 이루어질 때면 종종 흥미로운 결과가 나오곤 한다. 이 집단에 속한 그림들은 몇 가지 범주로 나눌 수 있지만, 범주들은 범위가 겹치곤 한다. 여성의 나체가 대표적이다. 알몸은 대대로 무수한 미술가가 선호하는 대상이었으며, 여성의 젖가슴이 특히 그러했다. 그보다 덜 노골적으로 다정하면서 머뭇거리는 구애 장면을 담은 작품들도 있다. 연인들이 껴안거나 입을 맞추는 모습도 거기에 포함될 수 있다. 마지막으로 성적인 분위기가 강하게 나타난 모습을 묘사한 작품들도 있다. 대개 그런 작품은 편리한 위장 수단으로 쓰이는 신화나 전설을 배경으로 삼는다.

나체

나체를 대하는 태도는 문화와 맥락에 따라서 크게 달라지며, 또 시간이 흐르면서 달라진다. 역사적으로 서양 사회에서는 나체를 가려야 한다고 여겼으며, 알몸을 드러내면 충격과 혐오를 불러일으키곤 했다. 빅토리아 시대 영국에서는 여성이 치마를 조금 들어 올리다가 발목이 드러나기만 해도, 예의에 어긋난다고 여겼다. 오늘날 나체를 대하는 서양의 태도는 예전보다 더 관대해졌지만, 시민들은 여전히 공개된 장소에서는 몸을 가리기를 원한다.

2003~2004년 영국인 스티븐 고프Stephen Gough는 때로 모자는 쓰긴 했지만, 장화와 양말만 신고서 배낭을 메고 남쪽의 랜즈엔드에서 북쪽의 존오그로츠까지 걸어서 잉글랜드를 종단하겠다고 나섰다. 나체 관련 법률을 시험대에 올리려는 시도였다. 그는 '나체 방랑자Naked Rambler'라는 별명을 얻었다. 그가 1,450킬로미터의 여정을 다 걷기까지는 몇 달이 걸렸다. 그리고 그 기간의 상당 부분을 그는 구치소에서 보냈다.

세계의 많은 지역에서 미술가들은 노골적인 성행위까지 포함하여, 자신이 택한 거의 모든 형태의 나체를 자유롭게 전시하고 있다. 영국에서 경찰이 전시회를 중단시킨 마지막 사건 중 하나는 1970년에 일어났다. 런던에서 존 레넌John Lennon의 드로잉 전시회가 열렸는데 음란하다는 이유로 중단시켰다. 1년 뒤 마거릿 해리슨Margaret Harrison의 페미니스트 미술 전시회도 성기를 드러낸 모습으로 그려진 캡틴 아메리카와 휴 헤프너Hugh Hefner(잡지 『플레이보이』의 창간자—역주)의 그림이 있다는 이유로 경찰이 중단시켰다(헤프너의 성기는 토끼 머리 모양으로 그렸다).

2014년 여성 행위예술가 데보라 드 로베르티스Deborah de Robertis는 파리의 오르세 미술관에 들어가서 여성의 외음부를 상세히 묘사한 구스타프 쿠르베의 「세계의 기원The Origin of the World」(1866) 앞으로 갔다. 그녀는 바닥에 앉아서 두 다리를 쩍 벌리고 성기를 드러냄으로써 그 유명한 그림을 재현했다. 관람객들은 그녀에게 환호를 보냈다. 그러나 곧 미술관 직원들이 와서 관람객들을 내보냈고, 그녀는 체포되었다. 이 사건은 미술 작품의 나체와 현실의 나체를 대하는 사회의 태도 차이를 고스란히 요약하고 있다. 그림이나 조각에 담긴 나체는 현실의 나체에게는 주어지지 않은 어떤 전시 면허증을 지닌 것이 분명하다.

서양 미술에서 나체의 역사는 복잡하다. 대체로 나체는 다음의 두 범주 중 하나에 속한다면 미술에서 자유롭게 허용되고 받아들여졌다. 첫 번째 범주는 인체 해부 구조를 찬미하는 태도를 미술 작품에 포함시키는 것이다. 이런 유형의 나체는 수천 년 동안 미술에 있었지만, 특히 고대 그리스와 관련이 깊다. 두 번째 범주는 목욕이나 샤워나 수영처럼 옷을 벗어야 하는 성적이지 않은 활동, 또는 대상자를 벌거벗기는 처벌이나 순교나 굴욕 장면에 초점을 맞추는 것이다. 이런 맥락을 취하면 미술가는 그 활동을 알몸을 드러내는 구실로 삼을 수 있고, 한편 관람자는 자신의 관심사가 성적인 요소와 전혀 관련이 없다고 주장할 수 있다. 화가와 관람자가 공유하는 이런 겉치레 덕분에 그런 작품들은 공개 전시될 수 있었으며, 일상생활에서 보이면 불법적이거나 사회적 비난을 받았을 수준의 나체 장면도 많았다. 이런 태도는 인체 해부 그림과 책에도 똑같이 적용되었다.

미술가들이 해부학적으로 올바른 방식으로, 그리고 자연스러운 자세로 인체 알몸을 묘사하려는 시도를 처음으로 한 것은 고대 그리스에서였다. 로마인들도 그 뒤를 따랐지만, 서기 5세기에 로마가 몰락한 뒤로 나체는 주요 미술 작품에서 거의 사라졌다. 르네상스 때 이르러서야 다시 등장했는데, 처음에는 알몸의 인체 비례를 좀 판에 박힌 양상으로 묘사했다. 대 루카스 크라나흐Lucas Cranach the Elder의 작품이 그러했다[176]. 그러다가 묘사가 서서히 더 정확해지고 자연스러워졌다.

아마 역사상 가장 유명한 나체는 스페인 화가 디에고 벨라스케스Diego Velázquez가 그린 「로크비 비너스The Rokeby Venus」(1647~1651)[178]일 것이다. 이 그림은 뒷모습을 담음으로써 검열을 피했다. 또 화가는 날개 달린 작은 큐피드를 구도에 담음으로써, 이 그림이 실제 사람의 초상이 아니라 신화의 한 장면임을 명확히 했다. 남성 관람자들의 시선을 사로잡았다는 점은 분명했지만 말이다. 많은 화가들도 이 장치를 써서 음란하다는 비난을 피하면서 나체를 그릴 수 있었다. 벨라스케스의 이 걸작이 1914년 런던 국립 미술관에 전시되었을 때, 한 여성 참정권 운동가는 남성들이 그 그림을 뚫어지게 쳐다보고 있는 모습에 너무나 분개하여 고기 칼을 들고 그 그림에 달려들었다. 그림은 다섯 군데가 깊이 베였다. 그녀는 '난도자 메리Slasher Mary'라는 별명을 얻었다. 왜 그 그림을 공격하기로 마음먹었는지 묻자, 그녀는 "남자들이 온 종일 그 앞에서 헤벌쭉대는 꼴"에 분노가 치밀어서라고 답했다.

19세기가 시작될 때, 스페인의 대가 프란시스코 고야는 자신의 유명한 나체화 「옷을 벗은 마하The Naked Maja」(1795~1800)[177] 때문에 추문에 휩싸였다. 그 그림은 스페인 총리 마도엘 데 고도이가 몇 년 동안 사실私室에 감추어 두고 있었는데, 스페인 종교 재판소 수사관들에게 발각되었다. 재판소는 그 작품이 "상스럽고 공익에 해를 끼친다"고 판단했고, 수상은 화가의 이름을 댈 수밖에 없었다. 고야는 재판소에 소환되어서 "도덕적 타락" 행위를 저질렀다고 고발되었다. 그는 자신이 공식적인 나체화 전통을 따랐다고 주장함으로써 간신히 기소를 피할 수 있었다. 그는 운이 좋았다. 사실 그의 그림은 「로크비 비너스」와 더 이전의 나체화들이 회피했던 자유로운 표현 방식을 취했기 때문이다. 고야는 나체 여인을 신화적인 존재로 묘사하는 대신에, 진짜 사람으로 묘사하는 대담한 방식을 취했다. 그림 속의 여성은 자신의 알몸을 보는 관람자를 정면으로 바라보면서 웃음을 짓고 있다.

19세기 중반에 프랑스 화가 장 레옹 제롬도 추문을 일으키지 않으면서 관능적인 나체를 보여 주는 방법을 찾아냈다. 그는 근동 곳곳을 여행했는데, 당시 그곳에는 아직 노예 제도가 남아 있었다. 그는 자기 작품에 노예 시장을 종종 등장시켰다. 거래되는 알몸의 여자 노예들을 묘사함으로써, 그는 관람자가 도덕적 분노를 표출하는 동시에 인체의 아름다움에 감탄하도록 할 수 있었다. 「노예 시장The Slave Market」(1866)에서 그는 야외 시장에서 구매하려는 사람이 벌거벗은 여자 노예의 이를 살펴보고, 노예 상인이 그 옆에서 지켜보고 있는 장면을 그렸다. 제롬이 19세기 유럽 사회와 너무나 동떨어진 배경과 맥락을 취한 덕분에, 그는 알몸의 실제 여성을 묘사하고도 무사할 수 있었다. 또 불경하다는 죄로 재판정에 섰을 때 옷을 벗어던진 고대 그리스의 전설적인 매춘부의 이야기를 담은 「배심원 앞에 선 프리네Phryne Revealed before the Areopagus」(1861)[179]도 대중의 항의를 피할 수 있었다. 그러나 이 두 작품에서 제롬은 여성의 성기 해부 구조를 상세히 묘사하지 않도록 주의를 기울였다. 묘사했다면 19세기의 감수성을 한참 넘어서게 되었을 것이다. 적어도 대중적인 맥락에서는 그렇다.

빅토리아 시대의 정숙한 척하는 분위기가 정점에 달했을 때에도 나체화는 여전히 그려졌지만, 여성들은 대개 성기를 가린 부끄러워하는 자세로 그려졌다. 그런 부위들을 드러낸 작품들도 소수 있긴 했지만, 제롬의 그림들이 그랬듯이 음부를 세밀하게 묘사하지 않았다. 여성의 알몸을 이렇게 인형처럼 그리는 방식이 당시 미술에 너무나 널리 쓰였기에, 미술사가인 존 러스킨John Ruskin은 혼인한 첫날밤에 아내의 몸에서 음모를 보고는 너무나 소름 끼쳐서 아내와 성관계를 가질 수가 없었다고 한다. 그래서 부부는 결코 합방을 하지 않았고, 결국 그 혼인은 취소되었다.

이런 그림들의 반대쪽 극단에는 노골적으로 성적인 작품들이 있다. 프랑수아 부셰François Boucher의 여성 나체[180]는 미술사적 의미를 지닌 작품에 속한다. 이 그림은 루이 15세의 어린 애첩 중 한 명인 루이즈 오머피Louise O'Murphy라는 아일랜드 여성을 묘사한 것으로 여겨진다. 그녀는 13세 때 카사노바의 유혹에 넘어갔는데, 카사노바는 그녀의 나체화를 그려달라고 화가에게 의뢰했다. 프랑스 왕은 그 그림을 보고서 너무나 매료되어서 그녀를 애첩으로 취했고, 나중에 부셰에게 그녀의 모습을 영구히 남길 작품을 그려달라고 했다. 부셰는 그녀가 벌거벗은 채 두 다리를 벌리고 누워 있는 매우 유혹적인 자세로 그렸다.

19세기 말에 프랑스 조각가 오귀스트 로댕은 실물을 보면서 일련의 스케치들을 빠르게 그리기 시작했다. 로댕은 벌거벗은 모델들에게 아무런 형식적인 자세도 취하지 말고, 그냥 지극히 자연스럽게 앉거나 늘어지거나 몸을 뻗거나 춤추거나 돌아다니라고 했다. 모델들이 그렇게 움직일 때 그는 종이를 쳐다보지 않은 채 모델들에게 시선을 고정시킨 채로 이른바 '보지 않고 하는 드로잉'을 계속했다. 그 결과 시대를 훨씬 앞서간 마법처럼 자연스러운 드로잉 작품들이 탄생했다. 로댕은 이렇게 말했다. "나는 내 드로잉이 이토록 강렬한 인상을 풍기는 이유를 안다. 내가 개입하지 않았기 때문이다. 나는 자연과 종이 사이에서 재능을 제거했다. 나는 추론하지 않는다. 그냥 흐르는 대로 맡길 뿐이다." 1906년 이 드로잉 몇 점이 바이마르 미술관에 전시되었을 때 너무나 극심한 논쟁이 벌어지는 바람에, 사교계의 멋쟁이인 미술관 관장 해리 케슬러Harry Kessler는 해고당했다.

20세기에 성적인 충격을 가한 작품이라는 관점에서는 다음 두 화가의 나체화가 가장 두드러진다. 1906년 파리에 온 이탈리아 화가 아메데오 모딜리아니Amedeo Modigliani는 두 가지에 푹 빠져들었다. 마약과 섹스였다. 그는 해시시, 압생트, 코카인에 푹 절어 있던 시절에 가장 활발하게 작품도 쏟아냈다. 그가 35세의 나이로 세상을 떠나기 전에 완성한 젊은 연인들의 나체를 그린 22점의 작품은 성적 강렬함의 새로운 기준을 설정했다. 1917년 그 작품들 중 몇 점이 파리에서 전시되었을 때, 큰 물의가 일어났고 경찰이 출동하여 전시회를 중단시켰다. 경관 중 한 명이 말한 바에 따르면, 주된 항의는 나체화에 음모가 그려져 있었다는 것이다. 그러나 사실은 모딜리아니가 어떻게 했든 간에 원초적인 성욕을 너무나 강렬하게 묘사하는 데 성공했기 때문이었다. 그의 그림을 보는 관람자의 마음속에 오로지 벌거벗은 여성과 화가가 막 섹스를 했는지, 아니면 섹스를 하기 직전인지라는 질문만이 떠올랐기 때문이다[181]. 거의 같은 시기에 활동한 오스트리아 화가 에곤 실레Egon Schiele도 다양하게 왜곡된 자세로 성적으로 도발하는 모습으로 여성을 그림으로써 물의를 일으켰다. 너무나 항의가 빗발치는 바람에 1912년 실레는 음란한 그림을 그렸다는 이유로 체포되어 투옥되었다. 그래도 그는 굴하지 않고 성적인 초상화를 계속 그렸다. 현재 유명한 「누운 여인Reclining Woman」(1917) 같은 작품이 그러했다. 이 그림의 여성은 가슴을 드러내고 두 다리를 벌리고 있다. 성기는 허리를 감싼 이불에 일부 가려져 있다.

20세기에 벨기에 화가 폴 델보Paul Delvaux도 여성의 몸을 매우 즐겨 그렸고, 그의 대형 초현실주의 작품들 중에는 기이하게 어긋나 보이는 도시에서 몽유병자처럼 돌아다니는 벌거벗은 여성들을 그린 것이 많다. 이런 작품들에서는 나체와 배경이 대조를 이루면서 벌거벗은 모습이 주는 충격을 더욱 강화한다. 피카소도 유명한 나체화를 많이 그렸지만, 그의 작품들은 관능적이라기보다는 곡선미와 육체미에 더 치중했다. 그의 동료인 호안 미로도 나체화를 그렸는데, 대개 아주 추상화하거나 왜곡시켰기 때문에, 성기 구조를 노골적으로 때로 확대해 그린 것도 그저 시각적 상징처럼 보인다.

최근의 가장 유명한 나체화는 영국 화가 루시언 프로이트Lucian Freud가 그린 것들인데, 너무나 대담하게 노골적으로 표현해서 관능적인 요소가 전혀 보이지 않는다. 그 뒤로 나체화는 쇠퇴해 왔다. 그러나 나체 자체는 회화 이외의 행위 예술을 비롯한 다양한 예술 분야에서 다양한 방식으로 쓰이고 있다.

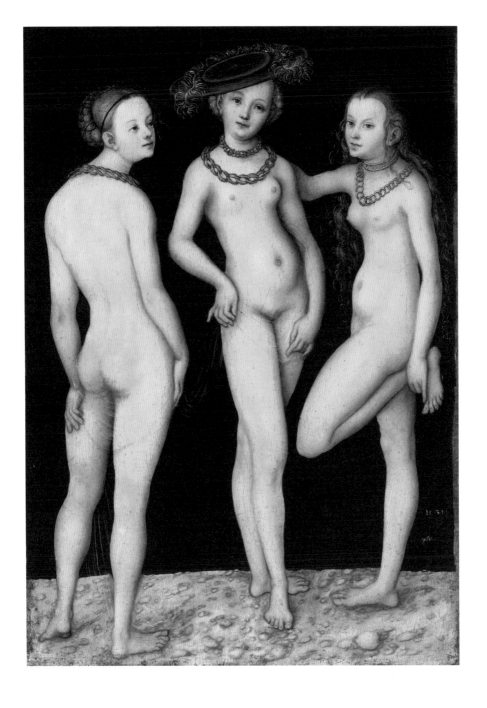

176. 대 루카스 크라나흐,
「미의 세 여신The Three Graces」, 1531년, 나무에 유채

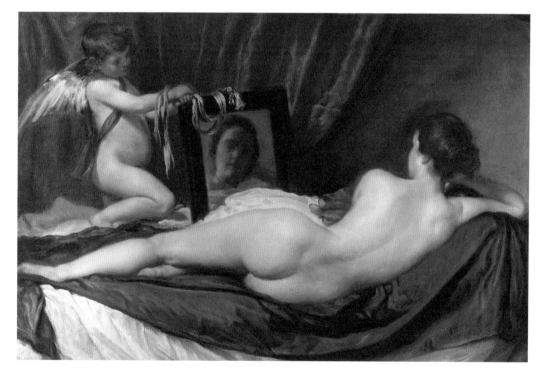

177. 위 프랑시스코 고야,
「옷을 벗은 마하」, 1795~1800년, 캔버스에 유채

178. 아래 디에고 벨라스케스,
「로크비 비너스」(일부), 1647~1651년, 캔버스에 유채

179. 왼쪽 위 장 레옹 제롬, 「배심원 앞에 선 프리네」, 1861년, 캔버스에 유채
180. 왼쪽 아래 프랑수아 부셰, 「루이즈 오머피」, 1752년, 캔버스에 유채
181. 위 아메데오 모딜리아니, 「누운 나체」, 1917년, 캔버스에 유채

여성의 젖가슴

여성의 젖가슴은 에로틱 미술에서 특별한 역할을 한다. 비록 젖가슴이 아기에게 젖을 먹이는 실용적인 기능을 지니고 있지만, 그 모양이 지극히 관능적이라는 강력한 증거가 있다. 이 주장을 이해하려면, 우리의 가장 가까운 동물 친척들을 살펴봐야 한다. 원숭이와 다른 유인원 암컷들은 가슴이 밋밋하며, 수유를 할 때에만 젖꼭지 주위가 부풀어 오른다. 그럴 때에도 여성의 젖가슴처럼 반구형으로 부풀지는 않는다. 또 새끼가 젖을 떼면, 어미의 가슴은 다시 납작해진다. 여성의 젖가슴은 전혀 다르다. 사춘기 때 부풀어 오른 뒤에, 수유를 하든 안 하든 간에 가임기 내내 반구형을 유지한다. 젖가슴의 구조를 보면 지방 조직이 부피의 대부분을 차지하며, 젖 생산과 관련이 있는 젖샘 조직은 일부에 불과하다. 여기서 여성 젖가슴의 모양이 성적인 신호 역할을 한다는 결론이 나오게 마련이다. 진화적으로 볼 때, 우리 종의 이 특징은 우리가 곧추서서 서로 마주보면서 아주 많은 시간을 보낸다는 사실과 관련이 있다. 따라서 그런 성적인 신호를 보내는 데 적절한 부위는 몸의 앞쪽이다. 역사적으로 자신의 작품에 여성의 젖가슴을 집어넣어서 남성 관람자들의 시선을 더 끌고자 했던 화가들은 검열을 피하기 위해 젖가슴의 모성 기관으로서의 기능을 구실로 삼을 수 있었다.

서양 미술에서 여성의 젖가슴은 역사가 깊다. 사실 멀리 선사 시대까지 올라갈 정도다. 알려진 비너스상 중에서 가장 오래된 홀레 펠스의 비너스Venus of Hohle Fels[182]는 3만 5천~4만 년 전의 것이며, 몸의 상당 부분을 공 모양의 커다란 젖가슴이 거의 차지하고 있다. 성적인 측면을 과장한 조각상이다. 그 뒤로 수천 년 동안 만들어진 많은 비너스상들도 마찬가지로 젖가슴이 두드러지게 과장되어 있으며, 그 존재를 강조하기 위해 손으로 감싼 모습을 한 것들도 있다. 또 다른 놀라운 인물상은 기원전 1600년에 만들어진 미노아의 뱀 여신상이다. 크레타섬에서 발견된 이 신상은 흰 젖가슴을 제외하고 온몸이 옷으로 감싸여 있고, 양손에 뱀을 높이 들고 서 있다. 후대의 에덴동산의 이브 이야기를 떠올리게 한다. 유달리 두드러진 젖가슴은 여성의 관능성을 나타내는 생생한 상징이다.

그리스와 로마의 고대 문명에서는 여성의 벌거벗은 젖가슴이 더 자연스러운 비율로 줄어든 형태로 묘사되었지만, 여전히 미술에서 중요한 역할을 했다. 여성의 나체 조각상에서 특히 그렇다. 또 젖가슴은 폼페이의 성애적인 프레스코화에서도 많이 나타난다.

그 뒤에 여성의 젖가슴은 약 1천 년 동안 미술에서 사라졌다가, 아기 예수에게 젖을 먹이는 성모라는 종교적 맥락에서 다시 나타났다. 여성의 젖가슴이 '세속화한' 것은 약 16세기가 되어서였다. 이 시기의 가장 유명한 작품 중 하나는 라파엘로 Raphael가 그린 젊은 여성의 초상화인 「라 포르나리나La Fornarina」(1518~1519)[185]다. '라 포르나리나'는 화가의 연인 중 한 명인 빵집 딸의 별명이었는데, 모델이 실제로 는 그 여성이 아니라는 주장도 나와 있다. 또 왜 그녀가 오른손으로 왼쪽 젖가슴을 만지고 있는지를 놓고서도 많은 학술적 논쟁이 벌어져 왔다. 그녀가 라파엘로와의 사이에서 낳은 아기에게 수유를 하는 중이었으며, 그래서 예민해진 젖가슴이 불편 해서 만진 것이라는 주장도 나왔다. 그녀가 의학적 질환을 감추려고 한 것이며, 그 쪽 젖가슴의 모양이 좀 이상하다고 가리키는 이들도 있다. 실제로 왼쪽 젖가슴이 살 짝 들어간 양 보이긴 하는데, 그것은 그림의 왼쪽에서 오는 강한 빛이 인물을 비추 기 때문에 나타난 결과인 듯하다. 오른손의 집게손가락이 젖가슴에 짙은 그림자를 드리워서 생긴 것이다. 모델이 왜 자신의 젖가슴을 만지고 있는지에 관해 그보다 더 설득력 있는 설명은 젖가슴을 가리려고(아니면 아마도 붙들고 있는 얇은 천이 흘러내리지 않 도록 하기 위해서) 손을 들어 올리고 있다는 것이다. 당시에 부적절하게 보일 수도 있는 자세를 취하라는 요청을 받고 있음을 그녀가 의식하고 있음을 보여 주려는 정숙한 몸짓인 셈이다. 물론 그 결과 오히려 벌거벗은 젖가슴으로 관람자의 시선이 쏠리도 록 함으로써 초상화의 관능적인 매력을 고조시키는 효과가 나타난다.

여성의 젖가슴에 초점을 맞춘 가장 기이한 그림 중 하나도 이 시기에 그려진 것이 다. 어느 이름 모를 화가의 「가브리엘 데스트레와 그 자매Gabrielle d'Estrées and One of her Sisters」(1594년경)[183]다. 두 젊은 여성이 목욕을 하는 모습을 담았다. 몹시 성적 인 분위기를 풍기는 이 작품은 때로 레즈비언 사랑의 상징으로 쓰이곤 한다. 그러나 사실은 두 자매간의 애정을 묘사한 것으로 보인다. 왼쪽 인물이 임신한 듯한 자매를 귀찮게 하는 모습이다. 오른쪽 인물은 프랑스 국왕 앙리 4세의 애첩인 가브리엘 데 스트레라고 여겨지며, 그녀는 왕의 아이를 임신하고 있다. 자매는 그녀의 젖꼭지를 비틀며 장난치고 있는 모습이다. "곧 이게 필요해질 걸"이라고 말하는 듯하다. 화가 는 이렇게 모성과 연관 지음으로써 어느 기준으로 보더라도 몹시 성적인 미술 작품 을 그릴 수 있었을 것이다.

17세기 초에는 입어 보고 싶은 옷차림으로 초상화를 그리는 것이 유행했다. 가장 인기 있는 주제 중 하나는 양치기 소녀였으며, 상류층 젊은 여성은 양을 돌보는 일 을 하는 여성이 입는 낡은 옷이나 다름없는 매우 목가적인 옷을 차려입고서 자세를 취하곤 했다. 이런 식으로 옷을 입음으로써 그들은 잠시나마 다른 사람이 되어 다른 역할을 맡음으로써 자기 옷을 입었을 때보다 더 자유롭게 행동할 수 있었다.

말년에 렘브란트도 모델들에게 고대의 옷을 입힌 모습으로 초상화를 그렸다. 그 가 63세의 나이로 사망하기 직전인 약 1665~1669년에 그린 「유대인 신부The Jewish Bride」는 유명한 사례다. 이 제목은 그가 붙인 것이 아니라, 19세기에 붙여진 것이다. 모델이 누구인지는 불분명하지만, 호색적인 부부가 역사적인 복장을 하고서 육체적 접촉의 내밀한 순간을 즐기고 있는 모습을 담았다고 한다. 빈센트 반 고흐는 이 작품에 담긴 애정 어린 모습에 너무나 깊이 감동하여 2주 동안 꼬박 그 앞에 앉아 있을 수 있다면 자기 생애의 10년을 기꺼이 포기할 것이라고 말했다.

17세기 영국에서 정숙함을 엄격하게 강조하던 크롬웰 시대가 끝나고 자유주의적 사고를 지닌 찰스 2세가 왕위를 되찾자, 미술 작품에서 여성의 젖가슴도 다시 등장했다. 약 1670년에 사이먼 베렐스트Simon Verelst가 그렸다고 하는 왕의 애첩 넬 귄Nell Gwyn의 유명한 초상화는 대담하게 성적인 방식으로 젖가슴을 드러내고 있다. 이 자유분방한 시기에는 여성 옷의 목선이 너무 낮아져서 귀부인의 화장대에는 젖꼭지 화장에 쓰이는 홍옥색 화장품 단지가 으레 놓여 있었다고 한다.

아마 여성 젖가슴의 아름다움을 가장 찬미한 작품 중 하나는 미국 화가 새러 굿리지Sarah Goodridge가 상아에 그린 「드러난 아름다움Beauty Revealed」(1828)[184]이라는 세밀화일 것이다. 거울을 이용하여 그린 이 자화상이 그녀가 사랑한 남자에게 줄 선물이었다는 점은 거의 확실하다. 그러나 그는 다른 사람과 혼인했다. 그럼에도 이 특별한 선물을 결코 되돌려 주지 않았다. 대상을 과연 이보다 더 섬세하게 성적으로 묘사할 수 있을지 상상하기가 어렵다. 화가는 다른 모든 신체 부위들을 없애고 옷 한가운데 드러난 자신의 젖가슴만을 그림으로써 이 분위기를 더욱 강화시킨다.

제1차 세계 대전이 끝난 뒤, 나체를 대하는 서양의 태도는 더욱 자유로워졌으며, 여성의 젖가슴은 미술 작품에 자유롭게 등장하기 시작했다. 초현실주의자들은 여성 몸의 이 부위를 대상으로 온갖 별난 시도를 했다. 벨기에 화가 르네 마그리트René Magritte의 몇몇 작품은 가장 놀라운 시도라고 할 수 있다.

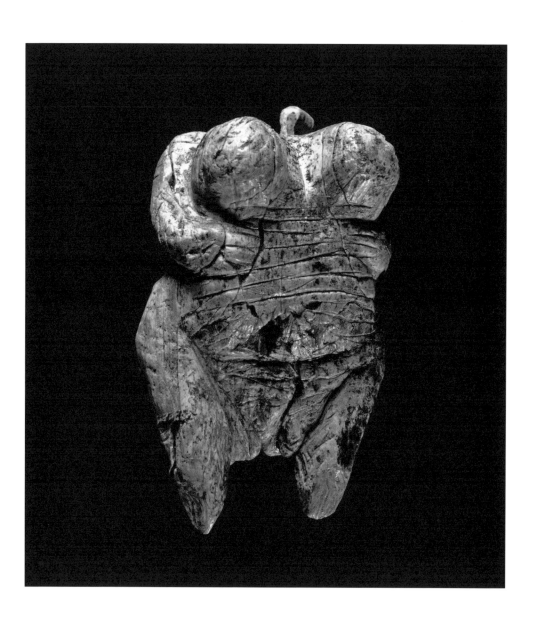

182. 홀레 펠스의 비너스,
기원전 3만 5천~4만 년, 매머드 상아

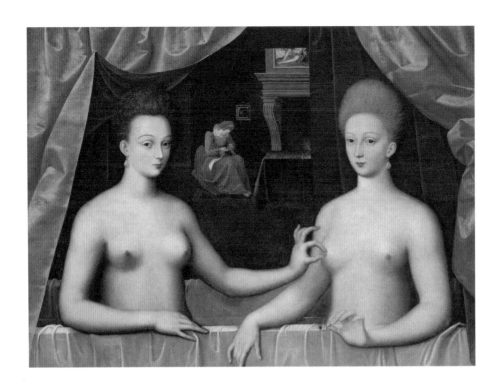

183. 왼쪽 위
작가 미상, 「가브리엘 데스트레와 그 자매」, 1594년경, 나무에 유채

184. 왼쪽 아래
새러 굿리지, 「드러난 아름다움」, 1828년, 상아에 수채

185. 위
라파엘로, 「라 포르나리나」, 1518~1519년, 나무에 유채

무화과 잎

각 시대의 화가들은 검열을 피하고자 흥미로운 수단을 다양하게 활용했다. 여성의 음부를 완전히 매끄럽게 묘사하는 풍습이 한 예다. 생식기 부위를 가리던 시절도 있었다. 몸의 '거슬리는' 부위가 자연스럽게 가려지도록 자세를 취하는 단순한 방식을 쓸 때도 있었다. 벌거벗은 인물이 정면을 향하도록 하면서 성기 부위를 작은 무언가로 가리는 더 장난스러운 방식을 쓴 화가들도 있었다. 물론 지금은 진부하게 보이는 고전적인 방식 중 하나는 무화과 잎이었다. 그러나 무화과 잎은 많은 고안 장치 중 하나일 뿐이었다. 머리 타래, 띠, 손, 나뭇가지[186], 천 조각 등 화가들은 이런 다양한 장치를 교묘하게 배치함으로써 은밀한 부위를 가렸다. 공식적으로 이런 작은 방해물들은 당대의 엄격한 규정을 회피하기 위해서 놓였다. 물론 실제로는 정반대 효과를 일으켰다. 대상의 성적 해부 구조에 더 시선이 모이도록 함으로써, 관람자가 금지된 부위를 상상하면서 즐길 기회를 주었다.

1500년대 중반에 시스티나 성당에서 미켈란젤로의 프레스코화가 첫 선을 보였을 때, 일부에서는 노출이 너무 심하다고 분개했다. 교황의 예절 부장은 제단의 벽을 덮은 「최후의 심판The Last Judgment」(1537~1541)이라는 프레스코화가 성당보다는 공중 목욕탕이나 선술집에 더 어울린다고 비난했다. "그렇게 신성한 곳에 너무나도 부끄럽게 알몸을 드러낸 모습으로 인물들을 묘사하다니 치욕스럽다." 그는 미켈란젤로의 작품들을 다 걷어내라고 요구했다. 그 그림들은 미켈란젤로의 생전에는 그대로 놔두었지만, 1564년 그가 세상을 떠나자, 가톨릭 당국은 그 위대한 대가의 제자 한 명을 불러서 일부 신체 부위들을 덧칠해 가렸다.

미켈란젤로의 거대한 대리석 조각상 「다비드David」도 눈에 확 띠는 성기를 갖추고 있기에, 논란거리가 되었다. 1504년에 피렌체에 설치될 때 돌팔매질을 당하는 것부터 수난사가 시작되긴 했지만, 그 상을 둘러싼 소동은 훨씬 뒤에 높이 6미터의 그 상을 실물 그대로 본뜬 상이 1857년 빅토리아 여왕에게 헌상되었을 때에도 일어났다. 여왕이 그 노골적인 나체에 너무나 충격을 받자, 미술관은 재빨리 석고로 높이 0.5미터의 커다란 무화과 잎을 만들었다. 직원들은 그 상이 전시되어 있는 런던의 빅토리아 앨버트 미술관에 여왕이 올 때마다, 서둘러 그 상의 다리 사이에 이 무화과 잎을 매달았다.

186. 대 루카스 크라나흐,
「아담과 이브Adam and Eve」, 1533년 나무에 유채

성적 포옹

성인끼리 서로 완전히 껴안는 행동을 하는 사회적 맥락은 몇 가지에 불과하다. 감정적 유대가 재확립되는 환영 인사 때, 감정적 유대가 깨지는 작별 인사 때, 그 순간의 기쁨을 함께 나눌 필요가 있는 승리 때, 상대에게 깊은 연민을 드러내는 재해 때, 사랑이나 욕망의 행위로서 상대를 껴안는 성적인 전희를 할 때다.

성적인 포옹은 많은 화가가 수백 년 동안 묘사해 왔다. 16세기에 티치아노Titian가 그린 「비너스와 아도니스Venus and Adonis」[187]는 벌거벗은 여성이 사랑의 포옹을 주도하고 있는 모습으로 그렸기 때문에, 당시에 좀 괘씸하게 여겨졌다. 아도니스는 옷을 다 갖춰 입고 사냥 도구까지 갖춘 모습이다. 한 손에 창을 들고, 다른 손에는 커다란 사냥개 두 마리를 묶은 줄을 쥐고 있다. 비너스는 유혹적인 포옹으로 그에게 매달리면서 사냥을 떠나지 못하게 막고 있다. 그는 두 가지 커다란 즐거움 중 어느 쪽을 택해야 할지 어정쩡한 모습이다. 비너스의 자세는 그녀가 무엇을 생각하고 있는지를 관람자에게 명확히 알려 준다.

언뜻 볼 때 장 오노레 프라고나르Jean-Honoré Fragonard의 탁월한 구성을 보여 주는 작품인 「빗장The Bolt」(1777년경)[190]은 두 연인 사이의 애정 행각을 묘사하고 있는 듯하다. 젊은 남성은 상대의 허리를 꽉 움켜쥔 채 침실임이 분명한 곳의 문빗장을 향해 손을 뻗고 있다. 그러나 더 자세히, 특히 젊은 여성의 모습을 자세히 살펴보면, 남성으로부터 몸을 빼고 있는 것처럼 보이기도 있다. 모호하다. 흔히 생각하는 것처럼 그녀는 남성의 구애에 그다지 마음이 내키지 않아서 거부하는 것일까, 아니면 문을 잠그려는 남성의 행동이 어떤 더 악의적인 행동을 가리키는 것일까? 성적인 상징성(빗장을 자물쇠에 세게 밀어 넣고 있는 모습에서 가장 뚜렷이 드러나며, 앞으로 성적인 행위가 일어날 것임을 암시하는)과 어질러져 있는 방의 모습에 힘입어서 이 그림은 매우 강렬한 인상을 심어 준다.

프레더릭 레이턴은 「어부와 사이렌The Fisherman and the Syren」(1856~1858)[189]을 그릴 때 요한 볼프강 폰 괴테의 시에서 영감을 얻었다. 인어가 어부에게 당신이 내 아이들을 꾀어서 죽이고 있다고 알리고 그를 자신의 미모로 꾀어 물속 깊숙이 끌어들이기 위해 물 위로 올라온다는 내용이다. 그림은 벌거벗은 육감적인 사이렌의 유혹을 받고 내키지 않아 하는 젊은 어부를 묘사한다. 미술 역사상 가장 강렬한 성적인 포옹 장면 중 하나다. 이 시기의 다른 많은 작품들처럼, 레이턴은 신화적 장면에 초점을 맞춤으로써 그럭저럭 검열을 피했다.

프레더릭 윌리엄 버턴Frederic William Burton의 「헬렐릴과 힐데브란트, 탑 계단에서의 만남Hellelil and Hildebrand, the Meeting on the Turret Stairs」(1864)[188]은 불행한 운명을

맞이할 두 연인의 가슴 아픈 비극적인 순간을 담았다. 중세 전설에 따르면, 이 젊은 여성의 부친은 그녀의 연인을 인정하지 않았고, 아들들에게 죽이라고 지시했다. 버턴의 수채화는 연인의 마지막 은밀한 만남을 상상한다. 헬렐릴은 애인을 차마 볼 수가 없어서 고개를 돌리고, 젊은 남자는 그녀의 오른팔만을 살포시 껴안는다.

20세기 초에 에곤 실레는 연인들이 서로 껴안고 있는 모습을 많이 그렸다. 아마 그중 가장 잘 알려졌을 「포옹The Embrace」(1917)에서 그는 거의 필사적으로 서로에게 꽉 매달려 있는 벌거벗은 남녀를 묘사한다. 그들은 육감적이고 평온하기보다는 깡마르고 초조하다. 원초적이고 타산적인 육욕을 담은 포옹이다.

극동에서는 연인 사이의 노골적인 성행위를 인상적일 만치 다양한 자세로, 게다가 남성의 생식기를 인상적인 수준으로 크게 묘사한 채색 인쇄물과 회화 전통이 오래전부터 이어져 왔다. 대개 목판 인쇄물로 찍던 춘화春畫는 일본에서 인기 있는 성애물이었다. 17~18세기에 전성기를 누렸다.

187. 위 티치아노, 「비너스와 아도니스」(일부),
1554년, 캔버스에 유채

188. 오른쪽 프레더릭 윌리엄 버턴,
「헬렐릴과 힐데브란트, 탑 계단에서의 만남」,
1864년, 종이에 수채와 구아슈

255

189. 왼쪽 프레더릭 레이턴,
「어부와 사이렌」, 1856~1858년, 캔버스에 유채

190. 위 장 오노레 프라고나르,
「빗장」, 1777년경, 캔버스에 유채

성적인 입맞춤

입맞춤(키스)은 특이하게 기원했을 수도 있다. 많은 젊은 연인은 짐작도 못하는 쪽에서 말이다. 입맞춤이 어떻게 시작되었는지를 이해하려면, 원시 시대로 거슬러 올라갈 필요가 있다. 초기 인류 사회에서 엄마는 음식을 씹어서 입술을 맞대어 아기의 입으로 넘겨주는 방법으로 젖을 떼었다고 한다. 새가 하는 것과 비슷한 이 육아 방식은 오늘날의 우리에게는 낯설게 보일지 모르지만, 우리 종은 백만 년 넘게 그렇게 해 왔을 가능성이 높다. 진화생물학자들은 입을 맞추는 키스가 선사 시대의 잔재라고 주장한다. 대대로 전해져서 유지된 것인지, 아니면 우리가 그렇게 하려는 타고난 성향을 갖추게 된 것인지 여부는 말하기가 어렵다.

오늘날 우리는 공공장소에서 두 사람이 키스를 하는 장면을 목격할 때, 두 가지 반응 중 하나를 취하는 경향이 있다. 매혹적인 애정의 과시로 보거나, 공공장소에서 그런 짓을 하냐고 싫은 기색을 보인다. 아마 미술 작품에서 입맞춤이 비교적 드문 이유는 이 양면성 때문일 것이다. 연인의 서로를 향한 사랑하는 감정을 즐길 수 있는 한, 우리는 미술 작품에서 그 행위를 볼 때 충분히 행복을 느끼는 듯하다. 그런 한편으로, 입맞춤의 순간에 그들이 서로에게 완전히 몰입해 있다는 사실은 우리에게 배제되었다는 느낌을 줄 수도 있다. 사실 두 사람은 자신들의 관계에서 우리가 배제되었음을 강조하기 위해 사회적 상황에서 일부러 오래 입맞춤을 할 수도 있다.

「키스The Kiss」라는 똑같은 제목으로, 논쟁거리가 된 두 작품이 있다. 입맞춤의 거의 전형적인 시각적 표현으로 자리 잡은 작품들이다. 하나는 오귀스트 로댕이 1888~1898년에 조각한 하얀 대리석 상[191]으로서, 단테의 『지옥』에서 펼쳐지는 한 사건을 토대로 한 것이다. 불륜을 저지른 남녀가 여자의 남편에게 발각되어서, 둘 다 죽임을 당한다는 내용이다. 찬미자들은 이 작품을 헌신적인 연인 사이의 감각적이고 애정 어린 접촉을 표현한 걸작이라고 보는 반면, 비판자들은 열정적인 남녀를 엿보는 것이 아니라 마치 미술 수업 시간에 모델을 보는 것 같다고 본다. 너무 공들여서 자세를 취하고 있다는 것이다. 로댕 자신은 이 작품이 지나치게 관습적이라고 보았고, 과대평가되었다고 여겼으며, "흔해 빠진 공식을 따라서 장식한 대형 조각품"이라고 불렀다. 비록 이 조각이 전달하는 성적 충격이 오늘날의 우리에게는 약해 보일지 모르지만, 1893년에 이 복제품이 시카고에 전시되었을 때 공개 전시하기에는 너무 음란하다고 봐서 특별 전시실에 숨겨 두었다. 개별 신청자만 볼 수 있었다.

두 번째 「키스」는 구스타프 클림트가 1908~1909년에 그린 황금빛으로 빛나는 작품[193]이다. 화가가 자신의 연인을 꺼안고 있는 모습을 나타냈다고 본다. 일부에서는 이 작품을 연인들의 완벽한 키스, 즉 '황홀경에 빠지게 하는' 키스라고 보지만, 비판자들은 정교한 황금 무늬에 압도되어서 두 인물이 각주 수준으로 격하되고 있다고 평했다. 또 여성의 표정을 더 자세히 살펴보면 그녀가 낭만적인 분위기에 푹 빠져 있는 것이 아니라, 연인이 몰두하고 있는 행위를 그냥 참고 있는 양 보일 수도 있다.

진정한 애정이라는 관점에서 보면, 이 두 작품은 앙리 드 툴루즈 로트레크Henri de Toulouse-Lautrec의 두 젊은이가 침대에서 입맞춤하는 그림에 미치지 못한다. 「침대에서의 키스In Bed: The Kiss」(1892)[192]는 왼쪽에 젊은 여성, 오른쪽에 머리가 더 짧은 젊은 남성을 그린 듯하다. 그러나 사실 이 그림은 서로에게 안긴 채 자신의 직업에서는 거의 하지 않는 종류의 애정을 즐기고 있는 파리의 두 매춘부를 묘사한 것이다. 화가는 이 작품을 유달리 마음에 들어 했으며, 이렇게 말했다고 한다. "다른 작품들보다 더 낫다. 관능적 기쁨을 고스란히 담아냈다."

파블로 피카소는 입맞춤하는 연인을 담은 회화와 드로잉을 많이 그렸다. 대개 부드러운 사랑이 아니라 강렬한 욕망의 순간을 묘사했다. 노인(아마 자기 자신을 표현했을)이 자신의 얼굴을 황홀한 상태에 빠진 여성의 얼굴에 비비대는 모습도 종종 그렸다. 80대에 그린 한 드로잉에서는 마치 음식을 찾는 양, 서로의 입속으로 혀를 들이밀고 있는 남녀가 보인다. 입맞춤하는 행위의 원시적인 기원을 떠올리게 한다.

191. **왼쪽 위** 오귀스트 로댕, 「키스」, 1888~1898년, 1898년 이후 대리석 작품을 본뜬 석고
192. **왼쪽 아래** 앙리 드 툴루즈 로트레크, 「침대에서의 키스」, 1892년, 나무에 유채
193. **위** 구스타프 클림트, 「키스」, 1908~1909년, 캔버스에 유채와 금박

속박

속박은 미술의 역사를 생각할 때 곧바로 떠올리게 될 주제가 아닐 수도 있지만, 속박을 묘사한 작품들도 수 세기 전부터 있었다. 대개는 비참한 곤경에 처한 알몸의 여성이 중심에 놓인다. 무력하게 묶여 있기에, 그녀는 남성 자아의 어두운 측면에 와 닿도록 고안된 것이 분명한 배경 속에서 자신의 운명을 기다리는 수밖에 없다. 역사적으로 그런 그림은 고전 신화에 확고히 뿌리를 박음으로써 고상함이라는 무거운 가면을 써 왔다. 관람자에게 묶여 있는 알몸의 미녀가 그 이야기의 일부에 불과할 뿐이라고 믿으라고 짐짓 말한다. 그림의 주된 목적이 옛 신화를 보여 주려는 것이 아님이 구성상 명확히 드러나 보임에도 말이다.

화가에게 이런 온건한 외설 작품을 창작할 완벽한 핑계를 제공하는 유명한 이야기가 한 편 있다. 바로 페르세우스와 안드로메다의 이야기다. 에티오피아 여왕 카시오페이아는 자신의 딸인 안드로메다가 바다의 님프들보다 더 아름답다고 자랑했다. 그 말에 분노한 바다의 신 포세이돈은 그 왕국을 없애라고 바다 괴물을 보냈다. 신을 달랠 방법은 하나뿐이었다. 안드로메다를 제물로 바치는 것이었다. 제물을 바치는 과정은 몹시 섬뜩했다. 안드로메다는 해안의 바위에 묶였고, 절망하고 겁에 질린 채로 무시무시한 바다 괴물이 나타나서 자신을 먹어 치우기를 기다려야 했다. 그것으로도 부족하다는 듯이, 그녀는 알몸으로 묶여 있어야 했다. 제물이 준비되고 괴물이 덮치려는 순간에, 페르세우스가 나타나서 괴물을 물리치고 안드로메다를 구했다. 영웅은 안드로메다와 사랑에 빠졌고, 둘은 혼인했다.

티치아노, 파올로 베로네세Paolo Veronese, 조르조 바사리Giorgio Vasari, 주세페 체사리Giuseppe Cesari[194], 페테르 파울 루벤스Peter Paul Rubens 등 주요 화가들이 이 신화에 얼마나 많이 매료되었는지를 알면 놀랄 것이다. 위대한 렘브란트도 이 신화를 그림에 담았지만, 그의 안드로메다는 미를 표현하는 고전적인 관습에 들어맞지 않았기에 비판을 받기도 했다. 이 이야기를 담은 가장 오래된 그림은 고대 그리스 항아리, 더 이후에 고대 로마의 모자이크와 벽화에서 찾아볼 수 있다. 이런 작품들에서는 대개 안드로메다가 옷을 입고 있으며, 벌거벗은 쪽은 페르세우스다. 이 주제는 15세기에 다시 그림에 등장했는데, 안드로메다는 여전히 옷을 입고 있다. 그러나 사슬에 묶여 있는 대신에 작은 바위 위에 앉아서 빈둥거리는 듯하다. 한편 페르세우스는 갑옷을 입은 기사로 묘사되어 있다. 화가들이 여주인공을 벌거벗기고 사슬에 묶인 모습으로 그릴 용기를 낸 것은 16세기가 되어서였다. 그리고 그 양식은 정형화한 공식이 되어서 수 세기 동안 되풀이하여 나타났다.

남성이 비슷한 방식으로 속박되어 있는 장면도 있다. 성 세바스티아누스의 순교 장면이다. 세바스티아누스는 서기 3세기 로마 황제의 근위대장이었다. 기독교인이 박해받던 시대였다. 세바스티아누스는 그 자신이 기독교인이고 많은 이를 개종시켰다는 사실이 발각되어 사형 선고를 받았다. 그는 화살 세례를 받은 뒤 방치되었지만 죽지 않았다. 한 과부에게 발견되어 간호를 받고서 건강을 회복했다. 그러나 그녀의 노력은 헛수고가 되었다. 그는 황제에게 기독교인들을 잔인하게 처벌하지 말라고 훈계했다가, 매질을 당해 죽어서 하수구에 버려졌다. 미술에서는 성 세바스티아누스가 대개 나무에 묶인 채 화살에 꿰인 모습으로 묘사된다.

안드로메다 신화가 그랬듯이, 이 이야기에 접근하는 방식도 화가마다 달랐다. 독일 화가 한스 멤링Hans Memling은 「성 세바스티아누스의 순교The Martyrdom of St Sebastian」(1475년경)에서 세바스티아누스를 깡마른 젊은이로 묘사한다. 근위대장이었다고 할 수 없을 만치 너무나 섬세하고 소년 같은 모습이다. 그는 작은 나무에 기대어 서 있다. 한쪽 손목은 머리 위로 높이 묶여 있고, 다른 한쪽 손목은 등 뒤로 묶여 있다. 옷은 벗겨져서 발치에 널려 있어서, 그의 굴욕감을 강조한다. 같은 시대에 '성聖 가족의 대가'라고만 알려진 화가가 그린 독일의 한 제단화에서도 세바스티아누스는 깡마른 젊은이로 묘사되어 있다. 상체는 알몸이고, 두 손목은 머리 위쪽으로 들려서 나뭇가지에 묶여 있다. 이 초상화의 기이한 점은 세바스티아누스의 머리다. 얼굴을 보면 젊은 여성이 분명하기 때문이다. 이탈리아 르네상스의 주요 화가들도 대부분 성 세바스티아누스의 그림을 그렸다. 피에로 델라 프란체스카Piero della Francesca, 조반니 벨리니Giovanni Bellini, 산드로 보티첼리, 안드레아 만테냐, 피에트로 페루지노 Pietro Perugino[196]도 그랬다.

초현실주의자 한스 벨머Hans Bellmer 같은 현대 화가들은 더 노골적인 형태로 여성의 속박을 묘사했지만, 그래도 여전히 진지한 미술 작품으로 받아들여진다. 비록 지난 수십 년 동안에는 포르노그래피에 가까워져서 예술적 가치가 전혀 또는 거의 없는 작품들이 늘어났지만 말이다. 2015년에 호주의 신초현실주의자 윌리엄 존스 William Johns가 그린 「내 다리 옆의 발A Foot Next to My Leg」[195]은 예외다. 벌거벗은 여성이 의자에 묶여 있는데, 그녀는 반쯤 공격적인 자세로 밧줄을 팽팽하게 잡아당기면서 몸을 앞으로 내밀고 있다. 그 앞에는 얼굴 없는 남성이 한쪽 무릎을 바닥에 댄 자세로 그녀에게 넥타이를 내밀고 있다. 넥타이가 남근의 상징이라는 프로이트의 주장을 떠올리게 하는 구성이다. 이 수수께끼 같은 모호함 덕분에 이 그림은 특별한 가치를 지닌다.

194. 왼쪽 주세페 체사리,
「페르세우스와 안드로메다」(일부),
1592년경, 석판에 유채

195. 위 윌리엄 존스,
「내 다리 옆의 발」, 2015년, 캔버스에 유채

196. 아래 피에트로 페루지노,
「성 세바스티아누스의 순교」,
1495년, 화판에 유채

휴식

At Rest

수 세기 동안 화가들은 쉬고 있는 인체를 묘사해 왔다. 그 자세가 나름의 장점을 지닌다는 것은 명백하다. 모델이 더 편안할수록, 특정한 자세를 오랫동안 유지하기가 더 쉽다. 또 사람은 다른 동물들에 비해 쉬고 있는 자세가 놀라울 만치 다양하다. 잠자리에서 우리는 열 가지가 넘는 자세로 잠을 자며, 깜박 잠에 빠져드는 것까지 포함하면 더욱 많이 늘어난다.

　　앉아 있을 때 우리는 다리를 어떻게 꼬느냐에 따라서 다양한 정도로 느긋함을 즐길 수 있다. 자지 않은 채 누워 있기로 마음먹는다면, 우리는 바로 눕거나 엎드리거나 옆으로 누워서 쉴 수 있다. 쪼그려 앉기를 택한다면 그 방법도 몇 가지가 있으며, 근처에 벽이나 나무가 있으면 등을 기대고 쉴 수 있다. 때로 졸리긴 하지만 깨어 있어야 한다면, 손이나 팔, 또는 다른 표면에 머리를 올려놓음으로써 무의식적으로 약간의 도움을 받는다. 잠이 더 많이 쏟아진다면, 하품을 시작한다. 하품은 수수께끼의 행동이며, 하품이 어떤 기능을 하는지는 아무도 모른다. 마지막으로, 흔들의자에 앉아서 앞뒤로 흔들어서 편안함을 얻을 수도 있다. 이 움직임은 우리가 자궁 안에 아늑하게 있을 때 누렸던 감각을 마법처럼 재현한다.

다리 꼬기

다리를 꼬고 앉는 일은 너무나 흔해서 우리는 거의 생각도 안 하고 다리를 꼰다. 그러나 좀 모호하기는 해도 그것은 중요한 사회적 과시 행동의 역할을 한다. 다리 꼬기 자세는 한편으로는 방어해야 한다거나 안전하지 못하다고 느껴서 세계로부터 단절하고 싶음을 시사하는 일종의 차단 형태일 수 있다. 그런 한편으로, 그 자세는 상대방과 함께 있어도 편안하다는 신호일 수 있다. 그것이 우리가 공경을 표하거나 경계할 때 택하는 자세, 즉 빨리 행동해야 할 필요가 생길 때를 대비하여 대개 다리를 벌리고 똑바로 앉은 자세의 정반대이기 때문이다. 우리는 대개 다리 자세의 이런 차이들을 의식하지 않는다. 사회적 상황에서 우리 마음은 다른 문제들로 바쁘며, 다리는 스스로 알아서 해야 한다. 그 결과, 다리는 몸에서 가장 정직한 부위라고 묘사되어 왔다. 우리는 얼굴에서는 진정한 감정을 쉽사리 숨길 수도 있다. 그 한 예로, 마음은 그렇지 않음에도 정중하게 웃음을 띨 수도 있다. 그러나 그럴 때도 다리의 위치나 초조한 발의 위치는 우리의 속내를 드러낼 수 있다.

또 우리는 홀로 있을 때도 다리를 꼴 수 있다. 사회적 신호로서가 아니라, 몸을 좀 더 편하게 하려는 방편으로 말이다. 다리 꼬기 행동은 자기 접촉의 한 형태다. 남과의 신체적 상호 작용을 흉내 냄으로써 몸을 달래는 다양한 몸짓을 가리키는 한 용어다. 이 자기 접촉의 한 가지 극단적인 형태는 자신의 다리를 껴안을 때 볼 수 있다. 무릎을 구부려서 가슴까지 끌어올리고 팔로 다리를 감싼 뒤, 머리를 무릎에 뉘는 행동이다.

물론 다리를 꼬는 시기와 방법에는 문화적 차이가 있다. 서양에서는 한쪽 무릎을 다른 쪽 무릎의 위에 놓는 식으로 꼬는 것이 흔하다. 루시언 프로이트가 2003~2004년에 그린 앤드류 파커 볼스Andrew Parker Bowles 준장[198]의 초상화가 한 예다. 여기서 모델의 자세는 여유롭다는 분위기를 풍기며, 손바닥을 무릎에 올리고 좌우대칭인 앉은 자세를 취하고 단체 사진을 찍는 군대의 전형적인 자세와 극명한 대조를 이룬다. 「전혀 중요하지 않은 남자A Man of No Importance」(2012)[200]라는 제목의 슈루크 아민Shurooq Amin의 자화상에서 이 쿠웨이트 화가는 비슷하게 관습적인 자세를 취하고 있다. 선글라스를 쓰고 머리카락을 늘어뜨리고, 맨다리를 무릎에서 꼬고 곧추선 자세로 앉아 있다. 그러나 더 자세히 들여다보면, 이 작품이 중동 사회에서 여성의 역할을 말하고 있음이 명확히 드러난다. 2012년 쿠웨이트 시티에서 화가는 '이것이 한 남자의 세계다'라는 제목으로 전시회를 열면서 이 그림을 선보였는데, 극심한 논쟁이 일어나면서 몇 시간 만에 전시가 중단되었다. 이 그림은 화가가 '팝코노그래픽Popcornographic'이라는 이름으로 그리는 연작 중 한 점이었는데, 모두 중동에서 금기로 여기는 주제들을 다루고 있다.

일반적인 다리 꼬기에는 몇 가지 변이 형태가 있다. 가장 온건한 형태는 발목만 엇거는 것이다. 영국 왕실의 여성들이 종종 취하는 자세다. 전통적으로 그들은 대중 앞에 앉아 있을 때 다리를 꼬는 행동을 피해 왔다. 서기 5세기의 한 중국 조각상은 이 자세의 놀라운 효과를 보여 준다[197]. 무릎에 발목 얹기는 점잖은 발목 교차의 정반대일 것이며, 종종 자신감의 과시로 해석된다. 비록 그 자세는 주로 남성이 하지만, 오귀스트 르누아르Auguste Renoir는 「앉아 있는 조제트 샤르팡티에Georgette Charpentier Seated」(1876)에서 소녀가 이 자세를 느슨하게 하는 모습을 묘사한다. 한편 다리 감기leg-twin, 즉 한쪽 다리를 다른 쪽 다리로 감는 자세는 거의 전적으로 여성만이 하며, 훨씬 더 의미가 모호하다. 맥락에 따라서 차단의 형태라고 볼 수도 있고, 다른 극단에서는 성적인 과시라고 볼 수도 있다. 앤서니 브란트Anthony Brandt의 「다리를 꼰 나체Nude with Crossed Legs」(1959)[199]는 이 자세를 취한 놀라울 만치 비틀린 여성의 모습을 묘사한다.

또 한 가지 변이 형태는 양쪽 발을 무릎이나 허벅지 밑으로 넣고서 다리를 교차하고 바닥에 앉는 것이다. 이 자세는 서양에서는 으레 명상과 연관 짓지만, 세계의 많은 지역에서는 다양한 일상적인 사회적 맥락에서 쓰인다. 이 자세의 유달리 복잡한 형태 중 하나는 가부좌로서, 양쪽 발을 다른 쪽 다리의 허벅지에 올려놓고 발바닥을 위로 향하는 것이다. 원래 인도에서 나온 이 자세는 마음을 가라앉힌다고 믿어지며, 허리뼈에 압력을 줌으로써 긴장을 푸는 데 도움을 준다고 한다.

197. 위 중국의 관음보살상,
470~480년경, 사암에 색칠

198. 아래 루시언 프로이트,
「준장The Brigadier」, 2003~2004년,
캔버스에 유채

199. 위 앤서니 브란트,
「다리를 꼰 나체」, 1959년, 캔버스에 유채

200. 아래 슈루크 아민,
「전혀 중요하지 않은 남자」, 2012년,
나무에 붙인 캔버스에 혼합 매체

웅크리기

웅크리기는 대개 무릎을 구부리고 뒤꿈치를 엉덩이나 허벅지 뒤쪽에 대거나 가까이 가져가서 쪼그린 자세라고 본다. 서양에는 쉬는 자세로서는 그다지 널리 쓰이지 않지만, 많은 문화, 특히 아시아에서는 웅크리기가 앉거나 선 자세보다 더 선호되곤 한다.

미술 작품에서는 웅크린 인물이 엉덩이를 바닥에 대고 있는 모습으로 묘사되는 일이 드물지 않다. 두 손이나 한 손으로 바닥을 짚은 채, 한쪽 무릎을 바닥에 대고 다른 쪽 다리로 웅크리고 있는 반쯤 웅크린 자세로 그린 작품들도 있다. 쪼그린 자세의 다른 변형들은 손과 팔의 위치에 초점을 맞추곤 한다. 예를 들면, 손은 가슴에 얹거나, 깍지를 끼거나, 무릎에 올릴 수도 있다. 양쪽 팔꿈치를 무릎 위에 대고 지탱하거나, 팔을 굽혀서 무릎에 올려놓거나, 팔로 다리를 감쌀 수도 있다. 선사 시대의 많은 웅크린 조각상들에서는 팔을 가슴에 꽉 붙이고 있다. 여기에는 현실적인 이유가 있었을 가능성이 있다. 팔을 펼치면, 다치거나 부러질 위험이 더 컸기 때문이다.

고대 이집트 상 중에는 두 팔을 접어서 무릎 꼭대기에 놓은 채 웅크리고 있는 모습도 있다[202]. 이 웅크린 자세는 고대 이집트 미술에서 아주 많이 등장하기에, 그런 상에는 이런 이름까지 붙게 되었다. 이집트 블록형 조각상block statues(벽돌 모양이기 때문에). 조각의 벽돌 모양 특성을 더 돋보이게 하기 위해서, 팔다리의 세부 묘사는 생략한 사례가 많다. 이집트 블록형 조각상은 신전의 바닥에 놓여 있었으며, 때로 마치 신전의 의례와 행렬을 지켜보는 양, 머리를 뒤쪽으로 살짝 기울인 것들도 있다.

웅크린 자세의 상들은 대부분 좌우대칭이지만, 미켈란젤로는 「웅크린 소년 Crouching Boy」(1530~1534년경)[201]에서 더 흥미로운 구성으로 창작하기 위해서 비대칭 요소를 도입했다. 그는 소년이 두 손을 하나로 모으지만, 한쪽 팔은 굽힌 다리 사이로 지나가게 하고, 다른 쪽 팔은 다리 바깥을 감싸도록 했다.

웅크린 여성의 모습도 파블로 피카소의 많은 작품에서 볼 수 있다. 미켈란젤로처럼 그도 한쪽 발이나 팔을 비틀거나, 인물을 특정한 각도에서 보거나, 반쯤 웅크린 자세로 표현함으로써 좌우대칭을 살짝 어긋나게 하는 방법들을 썼다.

201. 미켈란젤로, 「웅크린 소년」,
1530~1534년경, 대리석

202. 위 이집트 파디마헤스의 블록형 조각상,
기원전 760~525년, 화강섬록암
203. 아래 와스테크Huastec 인물상,
16세기, 멕시코, 도자기

204. 에드가르 드가, 「목욕통The Tub」,
1886년, 판지에 파스텔

기대기

휴식의 가벼운 형태 중 하나는 몸을 수직 표면에 기대는 것이다. 이 표면은 버팀대 역할을 한다. 니컬러스 힐리어드가 16세기에 그린 매혹적인 세밀화에는 장미 정원에서 한 젊은이가 나무에 기대 있는 모습이 담겨 있다[207]. 엘리자베스 1세 여왕이 총애한 제2대 에식스 백작 로버트 데버루라고 하는 이 남자는 자신의 손을 심장 쪽에 대고 있다. 마치 사랑하는 이에 관한 백일몽을 꾸는 듯하다. 데버루는 뛰어난 시인이자 전사였지만, 여왕과의 관계는 파란만장했다. 결국 그는 반역죄로 처형당했다.

라파엘로 전기 화가인 존 에버릿 밀레이가 그린 「나무꾼의 딸」(1851)[205]은 나무에 태연하게 기댄 소년이 소녀에게 딸기를 건네면서 우정이 싹트는 장면이다. 그러나 이 그림은 보이는 것과 달리 낭만적이지 않다. 코번트리 팻모어Coventry Patmore가 쓴 같은 제목의 시에서 영감을 받은 것인데, 이 시는 나무꾼의 딸인 모드와 부유한 지주 아들의 비극적인 이야기를 들려준다. 그들은 계급이 달라서 혼인할 수 없었고, 모드는 결국 사생아를 낳고 정신도 망가졌다. 그들의 유년기를 묘사한 밀레이의 그림에서는 두 사람의 옷과 자세가 계급 차이를 강조하는 데 쓰였다.

마찬가지로 감동적인 그림인 「순교자: 제비꽃 행상인」(1885)[206]에서 페르낭 펠레즈는 꽃을 파는 어린 행상인이 지쳐서 벽에 기댄 모습을 묘사한다. 소년은 너무 피곤해서 거의 눈도 뜨지 못할 지경이지만, 제비꽃을 팔아서 얻는 몇 푼에 생존이 달려 있다. 이 그림은 19세기 사람들에게 연민을 일으킴으로써, 도시민을 극도의 빈곤 상태로 내모는 당시의 사회 조건을 개선할 행동에 나서도록 부추기려는 의도를 담고 있었다.

매우 지쳤을 때(또는 지겨워졌을 때), 우리는 다른 신체 부위에 머리를 기댄 채 쉬기도 한다. 우리는 별 생각 없이 그런 행동을 하는 경향이 있으며, 그 행동은 몇 가지 형태를 취한다. 가장 흔한 것 중 하나는 '손바닥 받치기'다. 탁자 같은 단단한 표면에 팔꿈치를 대고 아래팔을 세워서 머리를 받친다. 대개 손바닥으로 턱이나 뺨을 괸다. 영국 화가 타이샨 스키렌버그의 초상화[209]가 이를 잘 보여 준다. 이 자세의 한 가지 변이 형태는 손등의 손마디로 턱이나 뺨을 괴는 것이다. 피터 렐리가 그렸다고 하는 초상화[208] 속의 여성이 이 자세를 취하고 있으며, 덕분에 여유로운 분위기가 조성된다. 몸을 더 지탱할 필요가 있을 때에는 두 팔을 다 쓸 수 있다. 또 다른 변이 형태는 한쪽 무릎에 머리를 옆으로 괴는 것이다. 에곤 실레의 「무릎을 구부리고 앉은 여성」(1917)[210]이 그렇다. 기댄 사람이 두 팔로 머리를 감싸서 받칠 수도 있다. 탁자에 앉아 있다면, 축 늘어지면서 머리 옆을 아래팔에 얹기도 한다.

205. 존 에버릿 밀레이John Everett Millais,
「나무꾼의 딸The Woodman's Daughter」(일부), 1851년, 캔버스에 유채

206. 위 페르낭 펠레즈Fernand Pelez,
「순교자: 제비꽃 행상인A Martyr: The Violet
Vendor」, 1885년, 캔버스에 유채

207. 아래 니컬러스 힐리어드Nicholas
Hilliard, 「장미꽃밭에서 나무에 기댄 젊
은이(제2대 에식스 백작 로버트 데버루Robert
Devereux로 추정)Young Man Leaning Against a
Tree Amongst Roses」, 1587년경, 수채

208. 오른쪽 피터 렐리Peter Lely로 추정,
「도체스터 백작 부인Countess of Dorchester」
(일부), 17세기 말, 캔버스에 유채

209. 위 타이샨 스키렌버그Tai-Shan Schierenberg,
「니콜라 어스본의 초상Portrait of Nicola Usborne」, 2010년, 캔버스에 유채

210. 오른쪽 에곤 실레,
「무릎을 구부리고 앉은 여성Seated Woman with Bent Knee」, 1917년, 크레용과 구아슈

눕기

서양 미술에는 오래 전부터 알몸으로 누워 있는 여성을 그리는 전통이 있었다(236쪽 "나체" 참조). 역사적으로 미술가들은 대체로 그런 여성을 신화 속 장면을 배경으로 삼아 그렸다. 그럼으로써 사실상 합법적으로 나체를 묘사할 수 있었다. 지금까지 알려지기로는 이탈리아 르네상스 화가 조르조네Giorgione가 그렸다고 추정되는 「잠자는 비너스Sleeping Venus」(1508~1510년경)가 가장 오래된 작품이다. 굽이치는 언덕을 배경으로 알몸의 비너스가 누워 있는 모습이다. 누워 있는 나체 여성 그림에서 흔히 그렇듯이, 비너스는 눈을 감은 채 한쪽 팔로 팔베개를 하고 있다. 그 어떤 그림보다 훨씬 더 관능적으로 묘사한 티치아노의 「우르비노의 비너스Venus of Urbino」(1538)[211]에서는 젊은 나체 여성이 호화로운 방의 침대 또는 안락의자에 누운 자세로 관람자를 똑바로 바라보고 있다. 이 그림을 어떻게 해석할지를 놓고 많은 논쟁이 벌어져 왔지만, 관능적이라는 점에는 논란의 여지가 없다.

누워 있는 인물의 밋밋한 곡선은 구성도 밋밋하게 만들 수 있기에, 화가는 장면을 더 흥미롭게 만들기 위해 수직 요소를 도입하곤 했다. 누워 있는 나체 여성을 그린 작품 중 가장 유명한 축에 속하는 에두아르 마네Édouard Manet의 「올랭피아Olympia」(1863)[212]는 티치아노의 「우르비노의 비너스」에서 영감을 얻은 것인데, 화가는 모델이 커다란 베개들을 괴고 있는 자세를 취하게 하고, 그 뒤쪽에서 하녀가 꽃을 가져오고 있는 모습을 덧붙인다. 앙리 마티스Henri Matisse는 「기대어 누운 누드Large Reclining Nude」(1935)[213]에서 누운 인물의 팔다리를 색다르게 배치함으로써 수직성을 가미한다. 이 누운 여성들은 은밀한 부위가 가려져 있다. 마티스의 그림에서는 다리, 마네의 그림에서는 올랭피아의 손에 가려져 있다.

그렇게 했음에도 1863년 「올랭피아」가 처음 전시되자 큰 소동이 일었다. 지금의 우리는 알아차리지 못하지만, 이 그림에는 올랭피아가 귀부인이 아니라 매춘부임을 시사하는 사소한 단서들이 많이 담겨 있었기 때문이다. 19세기 중반의 사람들은 이런 대작에 매춘부를 모델로 삼았다는 사실을 수치스럽게 여겼다. 티치아노의 비너스처럼 올랭피아도 관람자를 똑바로 바라보고 있지만, 올랭피아는 거의 맞서겠다는 시선으로 바라본다. 겉보기에는 아주 정숙해 보이는 왼손의 자세도 의미가 있다고 해석되었다. 나의 이 부위를 보고 싶다면, 돈을 내야 한다는 뜻이라는 것이다.

프랑스 인상파 화가 오귀스트 르누아르는 여성의 벌거벗은 등에 매료되었고, 그의 누워 있는 나체 그림 중 상당수는 뒤에서 본 모습이다. 그의 초기 나체 그림들은 윤곽선이 뚜렷했지만, 후기 작품들은 더 부드럽고 흐릿하다. 많은 비평가는 이것이 인상파 양식의 발전이라고 보았다. 사실은 르누아르가 나이를 먹으면서 근시와 손가락에 생긴 급성 관절염에 시달리면서, 예전처럼 세밀하게 그릴 수가 없었기 때문이었다. 그러나 후기 작품에 담긴 부드러움이 관능적인 매력을 더 높였다는 점도 말하지 않을 수 없다.

영국 화가 존 윌리엄 고드워드John William Godward도 다양하게 기대어 누운 자세로 여성을 그리는 것을 좋아했다. 하지만 그의 여성들은 옷을 다 차려 입은 모습이었다. 고드워드는 로렌스 앨머 태디머Lawrence Alma-Tadema의 제자로서, 고대 그리스와 로마에서 영감을 얻었다. 그런 태도는 그의 가장 잘 알려진 작품 중 하나인 「돌체 파르 니엔테Dolce Far Niente」(1904)[216]에서 뚜렷이 드러난다. 고전 의상을 입은 아름다운 젊은 여성이 연꽃이 핀 연못 옆에 부드러운 모피를 깔고 먼 곳을 바라보며 엎드려 있다.

구스타프 쿠르베는 「센강변의 여인들Young Ladies on the Banks of the Seine」(1857)[215]에서 한 여성이 옷을 입은 채 엎드려 있고, 그 뒤에 누운 다른 한 여성은 꿈꾸듯이 먼 곳을 바라보고 있는 모습을 담고 있다. 파리 살롱전에 이 작품이 전시되었을 때, 소동이 일었다. 당시 여성의 초상화에 으레 적용되던 다소 엄격한 규칙들을 팽개쳤다는 이유에서였다. 특히 관능적인 분위기가 빠져 있다는 것이었다. 주된 인물은 페티코트까지 입고서 발만 드러냈을 뿐 아니라, 관능적인 분위기를 풍기는 시선으로 관람자를 쳐다보고 있지도 않다. 19세기 중반의 미술 관람자들에게는 고전적인 나체를 묘사한 그림보다 이 그림이 더 충격적으로 와 닿았다. 또 근처에 있는 배에 놓인 남성의 모자는 이 장면을 더욱 암시적으로 만든다.

데이비드 호크니David Hockney는 「일광욕하는 사람Sunbather」(1966)[214]에서 벌거벗은 남성 모델을 엎드린 자세로 묘사한다. 호크니가 1960년대에 로스앤젤레스에서 그린 연작 중 하나다. 당시 그는 수영장을 주제로 한 작품을 많이 그리고 있었다. 사실 「일광욕하는 사람」에서는 남성 못지않게 물도 중요한 대상이다. 호크니는 서양 미술에서 반복되는 주제 중 하나인 물놀이하는 사람을[아마 조르주 쇠라Georges Seurat의 「아니에르에서의 물놀이Bathers at Asnières」(1884)가 가장 먼저 떠오르는] 그리지만, 그 인기 있는 전통에 동성애적 관점을 덧붙인다.

211. 티치아노, 「우르비노의 비너스」,
1538년, 캔버스에 유채

212. 에두아르 마네, 「올랭피아」,
1863년, 캔버스에 유채

213. 앙리 마티스, 「기대어 누운 누드」,
1935년, 캔버스에 유채

214. 데이비드 호크니, 「일광욕하는 사람」,
1966년, 캔버스에 아크릴

215. 구스타프 쿠르베, 「센강변의 여인들」,
1857년, 캔버스에 유채

216. 존 윌리엄 고드워드, 「돌체 파르 니엔테」,
1904년, 캔버스에 유채

흔들기

흔들기를 휴식의 일종으로 포함시킨다는 것이 좀 낯설어 보일지도 모르지만, 흔들기는 놀이에서 중요한 역할을 한다. 흔들기는 태아 때로 거슬러 올라갈 수 있다. 자궁 속에서 태아는 세 가지 기본 리듬을 접한다. 엄마의 심장이 뛰는 리듬, 엄마의 허파가 호흡하는 리듬, 엄마가 걸을 때 몸이 흔들거리는 리듬이다. 발달 후기의 태아는 이 각각의 리듬에 예민해지며, 태어난 뒤에는 그런 리듬을 평온한 휴식 상태와 연관 짓곤 한다.

엄마는 이유를 모르면서도, 아기를 달래려 할 때 직관적으로 아기를 안고서 흔들 것이다. 이 흔드는 행동을 너무 빨리 또는 너무 느리게 하면, 원하는 효과를 얻지 못할 가능성이 있다. 아기를 달래는 데 가장 좋은 흔드는 속도가 분당 60~70회라는 것이 꼼꼼한 연구들을 통해 밝혀졌다. 어른의 평균 심장 박동 속도에 가깝다. 이는 엄마의 심장 리듬이 아기에게 각인되었음을 시사한다.

엄마가 안고 흔드는 것이 이 행동의 최초 형태이지만, 이 행동은 몇몇 다른 맥락에서도 나타난다. 요람에 뉘이고 재우기 위해 흔드는 것도 그렇다. 이 흔들기도 심장이 뛰는 속도에 맞출 때 가장 효과가 있다고 본다. 아이는 슬픔을 느낄 때, 리듬 있게 상체를 앞뒤로 흔들면서 스스로 위안을 찾으려 할 수도 있다. 어른도 갑작스럽게 절망이나 슬픔에 빠졌을 때 비슷한 행동을 보일 수 있다. 스트레스를 받는 상황에서 나타나는 이런 행동은 아기 때 몸을 흔들면 마음이 가라앉는 것과 관련이 있을지 모른다.

흔들의자는 앞뒤로 몸 흔들기의 달래는 효과를 이용하는 가구다. 때때로 화가들은 휴식을 주고 부드럽게 마음을 가라앉히는 흔들의자의 리듬 운동을 묘사해 왔다. 흔드는 요람은 고대부터 있었지만 어른을 위한 흔들의자가 발명된 것은 18세기 초에 들어서였다. 그 시기의 아메리카 민속 미술에서 흔들의자에 앉은 사람을 묘사한 가장 오래된 작품들을 찾아 볼 수 있다.

19세기에 흔들의자는 초상화가들에게 인기 있는 소재였다. 프랑스 화가 제임스 티소James Tissot는 「마지막 저녁The Last Evening」을 위한 습작인 「흔들의자에 앉은 젊은 여성Young Woman in a Rocking Chair」(1873년경)[218]에서 한 여성이 흔들의자에 앉아서 생각에 잠긴 채 쉬고 있는 모습을 묘사했다. 에드바르 뭉크Edvard Munch는 「흔들의자에 앉은 카렌 이모Aunt Karen in the Rocking Chair」(1883)[219]라는 초기 작품에서 차분한 분위기의 자기 이모를 묘사한다. 그러나 흔들의자를 찬미한 가장 유명한 인물은 존 F. 케네디 미국 대통령이라고 할 수 있다[217]. 늘 등 통증에 시달렸던 그는 많은 흔들의자를 구입했다. 대통령 전용기로 여행할 때도 흔들의자를 썼다.

217. 윌리엄 F. 드레이퍼William F. Draper,
「존 F. 케네디John F. Kennedy」, 1966년, 캔버스에 유채

218. 제임스 티소, 「흔들의자에 앉은 젊은 여성」(「마지막 저녁」을 위한 습작),
1873년경, 갈색 종이에 흑연, 구아슈와 수채

219. 에드바르 뭉크, 「흔들의자에 앉은 카렌 이모」,
1883년, 캔버스에 유채

하품하기

하품은 오랜 세월 과학자들을 당혹스럽게 만들어 온 기이한 행동이다. 하품이 언제 나오는지는 명백하다. 지쳤을 때, 쉬어야 한다고 느끼지만 그렇게 할 수 없을 때 주로 나온다. 또 우리는 하품을 지루함과도 관련짓곤 한다. 하품은 턱을 최대로 벌리고 숨을 들이마신 뒤 내뱉는 행동이며, 때로 목과 가슴, 팔을 쭉 뻗는 행동도 수반된다. 또 전염성이 아주 강하다. 사람들은 남이 하품하는 것을 보면, 따라서 하품을 하곤 한다. 집단 전체로 퍼질 수도 있다.

그러나 하품의 맥락과 취해지는 행동을 이해한다고 해도, 우리는 하품을 왜 하는지는 제대로 이해하지 못하고 있다. 갑작스럽게 허파로 많은 공기를 빨아들임으로써 깨어 있도록 돕는 역할을 한다는 주장이 있다. 이 이론에게는 안 된 일이지만, 물고기도 물속에서 하품을 한다. 또 다른 창의적인 설명은 하품이 집단의 수면 시간을 일치시키는 데 기여한다는 것이다. 즉 새들이 홰를 틀기 전에 하는 행동과 비슷하다는 것이다. 그러나 이 논리에도 약점이 하나 있다. 홀로 생활하는 동물들도 하품을 하기 때문이다. 세 번째 이론은 하품의 핵심 특징이 턱 근육을 늘이는 것이며, 그때 몸의 다른 부위들도 함께 늘리곤 한다는 점에 초점을 맞춘다. 그러면 심장 박동수가 조금 증가하고, 따라서 피곤한 느낌을 줄이는 데 도움이 될 수도 있다는 것이다. 그러나 이 설명이 옳다면, 하품할 때 그냥 턱 근육만 늘릴 때도 많은 이유가 뭘까? 하품의 진정한 기능을 알아내려는 연구가 계속 이루어지고 있지만, 성과는 그다지 없다. 그러나 최근에 자폐스펙트럼장애나 조현병이 있는 사람들이 "전염성 하품"을 할 확률이 더 낮다는 연구 결과가 나왔다. 이는 이 현상을 새로운 관점에서 보게 해 줄 수도 있다.

하품하는 순간을 포착하려고 시도한 화가는 거의 없다. 아마 초상화에 담기에는 그다지 좋은 표정이 아니기 때문일 것이다. 관상학과 극단적인 형태의 얼굴 표정에 관심이 많았던 18세기 화가 조제프 뒤크뢰는 이 기이하면서 친숙한 행동을 가장 정확히 묘사한 작품을 내놓았다고 할 수 있다. 그는 「하품하는 자화상Self-portrait, Yawning」(1783)[220]에서 아주 크게 하품하는 순간의 자신을 묘사한다. 입을 쩍 벌리고 두 팔을 비대칭적으로 뻗은 독특한 모습이다.

루이지 이 몬테야노Luigi i Montejano의 「하품하는 남자들Yawning Men」(1850)[221]은 이 행동의 전염성을 재미있게 묘사한다. 그림에는 젊은이 네 명이 보인다. 가운데에 있는 두 명은 저도 모르게 나오는 전염성 하품을 참지 못하는 듯하고, 다른 친구들은 그 모습을 보면서 재미있어 하고 있다.

1869년 헝가리 화가 미하이 문카치Mihály Munkácsy는 과로로 지친 견습생의 하품이 절정에 달한 순간을 포착했다[222]. 에드가르 드가는 「다림질하는 두 여인Two

Women Ironing」(1884~1886년경)**[223]**에서 비슷하게 일에 지친 이들의 모습을 그렸다. 세탁소에서 일하는 두 여인의 모습을 담은 이 그림에서 한 명은 하품을 하기 위해 잠시 멈추고 있다.

더 최근에 중국 화가 팡리쥔方力钧은 「시리즈 2, 2번(Series 2 No. 2)」(1991~1992)**[224]**에서 머리를 민 젊은 남성이 하품하는 모습을 탁월하게 묘사한다. 리쥔은 1990년대 초의 냉소적 사실주의Cynical Realism 운동을 이끈 작가 중 한 명이다. 냉소적 사실주의는 중국 젊은이들의 방향 상실 같은 주제를 탐구하는 미술 운동이다.

칠레 태생의 화가 세바스티안 에라수리스Sebastian Errazuriz는 2015년 「결코 잠들지 않는 도시에서의 잠시 멈춤A Pause in the City that Never Sleeps」이라는 재미있는 설치 미술 작품의 일부로서 뉴욕 타임스퀘어의 전광판들을 통해 일련의 장면들을 내보냈다. 1월 내내 오후 23시 57분부터 자정까지, 자신이 하품하는 얼굴을 찍은 흑백 영상을 약 50개의 화면으로 내보냈다. 자신을 둘러싼 시장 제도에 항의하는 일종의 평화 시위였다. 그 아래 거리에 있는 사람들에게 전염성 하품을 유도함으로써, 화가는 그들이 잠시 멈춰 서서 항의 시위에 동참하기를 바랐다.

220. 조제프 뒤크뢰, 「하품하는 자화상」,
1783년, 캔버스에 유채

221. 루이지 이 몬테야노, 「하품하는 남자들」,
1850년, 캔버스에 유채

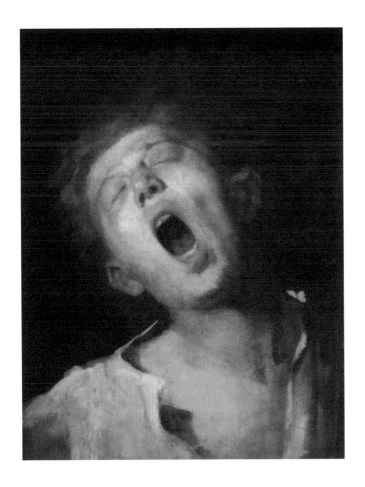

222. 위 미하이 문카치,
「하품하는 견습생Yawning Apprentice」,
1869년, 캔버스에 유채

223. 아래 에드가르 드가,
「다림질하는 두 여인」, 1884~1886년경,
캔버스에 유채

224. 팡리쥔, 「시리즈 2, 2번」, 1991~1992년,
캔버스에 유채

잠자기

사람은 평균적으로 생애의 약 1/3을 잠으로 보낸다. 많은 이들은 잠을 힘든 하루 일과에서 해방되는 축복받은 시간이라고 보는 반면, 끔찍한 시간 낭비라고 보는 이들도 있다. 에드거 앨런 포Edgar Allan Poe는 이런 유명한 말을 남겼다고 한다. "잠, 죽음의 작은 조각들. 나는 너무나 싫다." 그러나 잠은 절대적으로 필요하다. 우리 몸도 휴식을 취해야 하지만, 우리 뇌도 깨어 있을 때 얻은 정보를 정리하고 치울 시간이 필요하기 때문이다. 지속적인 수면 부족은 신체 건강뿐 아니라 정신 건강에도 해를 끼친다고 밝혀져 있다.

수면 자세는 크게 두 범주로 나눌 수 있는데, 그것이 의도된 것인지 아닌지에 따라 나뉜다(즉 의도된 자세인지, 저도 모르게 잠에 빠져 의도치 않은 자세인지). 정신의학자들은 의도적인 잠을 자기 위해서 밤에 우리가 잠자리에 들 때 취하는 각 자세로 전반적인 정신 상태를 해석할 수 있다고 주장해 왔다. 이 맥락에서 가장 널리 알려진 자세는 태아 자세(무릎을 구부려서 위로 당기고 옆으로 누운)이지만, 다른 수면 자세들도 많이 알려져 있다. 차려 자세royal(등을 대고 팔을 양옆으로 내린 채 바로 누운 자세), 홍학 자세flamingo(옆으로 누워서 한쪽 다리만 구부린 자세), 항복 자세water-wings(바로 누워서 두 손을 머리 뒤로 깍지 낀 자세), 외눈 자세Cyclops(바로 누워서 한쪽 팔을 이마 위로 올려서 한쪽 눈을 덮는 자세) 네덜란드 부인 자세Dutch wife(베개를 껴안고 옆으로 눕거나 엎드린 자세), 손 베개 자세leaner(옆으로 누워서 한 손으로 머리를 받친 자세) 등이다. 사실 수면 자세는 밤에 잠을 자는 동안 40~70번 바뀔 가능성이 높다. 팔다리를 비롯한 신체 부위가 저리는 일을 막기 위해 자연스럽게 바꾸는 것이다.

고대 문명부터 현대에 이르기까지 잠자는 모습을 담은 미술 작품은 무수히 많지만, 그보다 이전, 선사 시대 미술에서는 거의 찾아볼 수 없다. 그러나 놀라운 예외 사례가 하나 있다. 몰타의 잠자는 여신Sleeping Goddess of Malta[226]이라고 알려진 이 작은 점토상은 약 5천 년 전의 것으로 추정되는데, 거석으로 만든 수수께끼의 지하 신전Hypogeum에서 발견되었다. 여신은 돌베개인 듯한 것에 머리를 얹고서 오른쪽으로 엎드려 자고 있다. 이 자세는 선사 시대 미술에서 독특한 사례라고 본다. 다른 초기 여성 인물상들은 서 있거나 앉아 있는(아니면 출산하려고 쪼그린) 자세다. 게다가 이 상은 어떤 양식을 따르지 않고, 두 팔을 자연스럽게 비대칭적으로 놓은 모습이다.

동남아시아 전역에서 볼 수 있는 누워 있는 부처의 모습을 담은 거대한 와불상들은 잠자는 사람의 모습을 가장 극적으로 표현한 사례에 속한다. 미얀마의 몰먀밍 인근에 서 있는 가로 약 180미터, 높이 30미터인 상이 가장 크다. 이런 거대한 와불상들은 붓다가 한 생애를 마감하기 직전의 모습을 묘사하고 있다. 붓다는 죽음이 임박

했음을 알고는 서쪽을 향해 오른쪽으로 누워서 오른손으로 머리를 받쳤다. 불교에서는 이 자세를 열반 자세라고 하며, 이런 부처상을 열반불이라고 한다.

의도하지 않은 잠은 선잠에 들 때 앉아 있는지, 웅크리고 있는지, 누워 있는지에 따라서 다양한 자세로 이어질 수 있다. 잠든 인물을 화폭에 담고자 하는 화가들은 이 의도하지 않은 잠을 더 많이 그리는 경향이 있었다. 아마 더 흥미로운 구도로 표현할 수 있기 때문일 것이다. 기원전 3세기 말에서 2세기 초의 이름 모를 헬레니즘 미술가가 조각한 「바르베리니 파우누스The Barberini Faun」[225]는 그 완벽한 사례다. 알몸의 남성이 바위 위에 펼친 동물 가죽 위에서 잠든 모습이다. 벌린 팔다리가 놀라운 각도의 구성을 보여 준다. 사라진 왼팔은 느슨하게 늘어뜨린 듯하며, 오른팔은 머리 뒤쪽으로 올려서, 머리가 왼쪽 어깨에 기울어져 닿도록 돕고 있다. 독일 화가 베른하르트 슈트리겔Bernhard Strigel의 「잠든 뫼지기Sleeping Grave Guard」(1520)[227]의 초상화에서도 팔다리가 비슷하게 모난 구도를 취하고 있다. 나무에 기댄 채 손으로 머리를 받치고 입을 헤 벌린 채 꿈나라로 들어간 이 외로운 인물의 모습에서 우리는 지루함과 피곤함을 느낄 수 있다.

서양 미술에서 잠자는 미녀Sleeping Beauty 이야기는 인기 있는 주제였지만, 화가들에게 한 가지 색다른 문제를 안겨 준다. 거의 죽음과 같은 깊은 잠에 빠져 있는 모습으로 그려야 하기 때문이다. 마치 시신이 안치된 자세로 그려야 하는데, 그림을 좀 지루해 보이게 만들 수 있는 형식적인 자세다. 빅토리아 시대 말기에 라파엘로 전기 화가인 에드워드 번 존스Edward Burne-Jones는 그 주제를 다룬 연작 중 「장미 정자The Rose Bower」(1870~1890)[229]에서 이 문제를 두 가지 방식으로 풀고 있다. 머리가 옆으로 늘어져서 뺨이 베개에 닿도록 하고, 함께 잠든 이들을 주변에 배치한 것이다. 그들의 전형적이지 않은 자세들 덕분에 그림은 더 흥미로운 구성을 보인다.

헨리 퓨젤리Henry Fuseli의 밤잠을 설치는 여성을 묘사한 유명한 그림인 「악몽The Nightmare」(1781)[230]은 전혀 다른 분위기다. 이 그림의 관람자인 우리는 괴로워하는 그녀의 머릿속을 볼 수 없으므로, 화가는 사악한 악마가 그녀의 배 위에 웅크리고 눈먼 검은 말(nightmare라는 영어 단어에서 착안한 밤-암말night-mare일까?)이 위협적으로 바라보는 모습으로 그녀의 악몽을 외부화해야 했다. 여성의 자세는 그에 걸맞게 연극적이다. 머리와 팔은 침대 가장자리 너머로 축 늘어져 있다.

살바도르 달리도 「잠Sleep」(1937)[231]에서 무의식 세계를 탐사했는데, 잠든 몸을 거대한 머리만 남기고 축소시킨다. 당시에 화가는 이 그림을 이렇게 설명했다. "잠은 형태와 노스텔지어가 열한 개의 주된 버팀대에 기대고 있는 진정한 번데기 같은 괴물이다." 이 버팀대들은 머리의 엄청난 무게를 지탱할 수 있을 만치 튼튼해 보이지 않는다. 이는 잠든 사람은 꿈 속 공간에 떠 있으므로 달리는 그를 적당히만 받쳐 주면 된다고 보았음을 시사한다.

225. 왼쪽 작가 미상, 「바르베리니 파우누스」,
기원전 3~2세기, 대리석

226. 위 「몰타의 잠자는 여신」, 기원전 3천 년경,
몰타의 할 사플리에니 지하 신전에서 발견된 점토상

227. 베른하르트 슈트리겔,
「잠든 뫼지기」, 1520~1521년, 화판에 유채

228. 위 산드로 보티첼리, 「비너스와 마르스Venus and Mars」,
1485년경, 포플러 나무판에 템페라와 유채

229. 아래 에드워드 번 존스, 「장미 정자」(일부),
'들장미The Briar Rose' 연작 중 하나, 1870~1890년, 캔버스에 유채

230. 헨리 퓨젤리,
「악몽」, 1781년, 캔버스에 유채

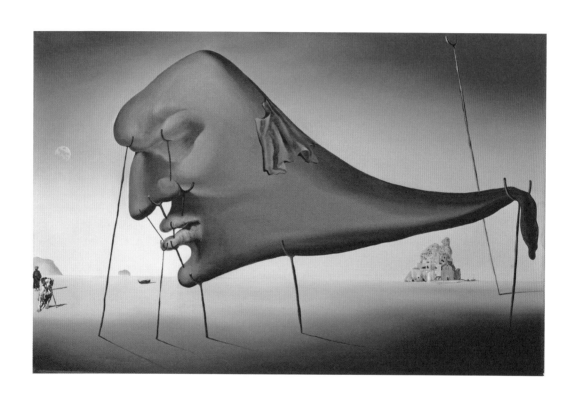

231. 살바도르 달리,
「잠」, 1937, 캔버스에 유채

도판 출처

2 조제프 뒤크뢰, 「하품하는 자화상」, 1783년, 캔버스에 유채. J. Paul Getty Museum, Los Angeles: **12a** 장 레옹 제롬, 「황제께 경례! 목숨을 바치려는 이들이 인사드립니다」, 1859년, 캔버스에 유채. Yale University Art Gallery, New Haven, CT. Gift of Ruxton Love, Jr., B.A. 1925 (1969.85): **12b** 자크 루이 다비드, 「호라티우스의 맹세」, 1784년, 캔버스에 유채. Musée du Louvre, Paris: **13** 토머스 쿠퍼스웨이트 에이킨스, 「인사」, 1898년, 캔버스에 유채. Addison Gallery of American Art, Phillips Academy, Andover, MA. Gift of an anonymous donor/Bridgeman Images: **14** 흐라 뤼에프, 「올림픽 인사를 하는 남성」, 1928년, 네덜란드 암스테르담 올림픽 경기장. Photo Meunierd/Shutterstock: **15** 르네 드 생 마르소, 「장 실뱅 바이」, 1881년, 석고, 프랑스 베르사유 궁전. Photo RMN-Grand Palais (Château de Versailles)/Gérard Blot: **19a** 왕좌 기단의 돋을새김. 아시리아왕 샬마네세르 3세가 바빌로니아 왕 마르둑자키르수미 1세를 환영하는 모습, 기원전 9세기. Iraq Archaeological Museum, Baghdad. Photo DeAgostini/Getty Images: **19b** 붉은 형상 항아리(포세이돈의 환영을 받는 테세우스), 기원전 480~470년. Harvard Art Museums, Cambridge, MA. Arthur M. Sackler Museum, Bequest of David M. Robinson (1960.339): **20** 바르톨로메우스 판 데르 헬스트, 「석궁 길드의 뮌스터 조약 축하 연회」, 1648년, 캔버스에 유채. Rijksmuseum, Amsterdam: **21** 제니 오거스타 브라운스컴, 「마운트버넌에서 라파예트를 환영하는 워싱턴」, 20세기 초, 캔버스에 유채. Kirby Collection of Historical Paintings, Lafayette College, Easton, PA. **23** 조반니 디파올로, 「천국」, 1445년, 캔버스에 템페라와 금, 목판에서 옮김. Metropolitan Museum of Art, New York. Rogers Fund, 1906 (06.1046): **24a** 앙겔로스 아코탄토스, 「사도 베드로와 바울의 포옹」, 15세기, 화판에 붙인 캔버스에 유채. Ashmolean Museum, University of Oxford, UK. Bequeathed by James Campbell Thomson, 1982/Bridgeman Images: **24b** 필리피노 리피, 「예루살렘 황금 문 앞에서 요아킴과 안나의 만남」, 1497년, 화판에 템페라. National Gallery of Denmark, Copenhagen: **25a** 조토, 「황금 문에서 요아킴과 안나의 만남」, 1305년, 프레스코, 이탈리아 파도바 스크로베니 예배당. Photo Scala, Florence: **25b** 베노초 고촐리, 「성 프란체스코와 성 도미니크의 만남」, 1452년, 프레스코, 이탈리아 몬테팔코 성 프란체스코 성당. Photo Scala, Florence: **28a** 장 프루아사르가 쓴 『연대기』(14세기)의 19세기 판본에 실린 삽화 중 일부(프루아사르가 전령을 맞이하는 장면), translated by Thomas Johnes (William Smith, 1839). 개인 소장/Look and Learn/Bridgeman Images: **28b** 스즈키 하루노부, 「초지야의 기생 초잔에게 절하는 탁발승」, 1767~1768년경, 목판화. Museum of Fine Arts, Boston. William Sturgis Bigelow Collection (11.19505): **29a** 헨리 길라드 글린도니, 「부채 추파」, 1908년, 캔버스에 유채. 개인 소장. Photo John Noott Galleries, Broadway, Worcestershire, UK/Bridgeman Images: **29b** 작가 미상, 1914년 국왕 조지 5세에게 커트시를 하는 사교계에 처음 나온 여성. Amoret Tanner Collection/Alamy Stock Photo 30a Edgar Degas, Dancer with Bouquet, Curtseying, 1877, pastel on paper. Musée d'Orsay, Paris: **30b** 에드가르 드가, 「꽃다발을 들고 인사하는 무용수」, 1878년 종이에 파스텔. 개인 소장/Photo Christie's Images/Bridgeman Images: **31** 윌리앙 아돌프 부그로, 「커트시」, 1898년, 캔버스에 유채. 개인 소장: **35** 윌리엄 허버트 경과 아내인 앤 데버루가 왕 앞에 무릎을 꿇고 있는 모습, 존 리드게이트의 『트로이의 서』와 『테베 이야기』에 실린 삽화, 1457~1460년경. British Library, London (Royal 18 D. ii, f. 6). Photo British Library Board. All Rights Reserved/Bridgeman Images: **36** 마우리치오 카텔란, 「그를」, 2001년, 밀랍, 사람 머리카락, 옷, 폴리에스터 수지, 설치물, 'Not Afraid of Love', at the Monnaie de Paris, 21 October 2016 to 8 January 2017. Photo Zeno Zotti, courtesy Maurizio Cattelan's Archive: **37** 파라오일 가능성이 높은 인물이 무릎을 꿇고 있는 이집트 청동상, 말기 왕조 시대, 기원전 600~323년경. British Museum, London: **38** 콘라트 비츠, 「다윗 앞에 무릎을 꿇고 있는 아비샤이」, 1435년경, 구원의 거울 제단화, 참나무판에 씌운 캔버스에 혼합 매체. Kunstmuseum Basel. Donation Emilie Linder, Dienast Collection 1860: **39a** 토머스 스

튜어트(헨드릭 단커르츠의 그림을 모사한 작품), 「국왕 찰스 2세에게 파인애플을 바치는 왕실 정원사 존 로즈」, 1783년, 캔버스에 유채. Ham House, Surrey, UK/National Trust Photographic Library/ Bridgeman Images: **39b** 헨리 싱글턴, 「청혼」, 18세기 말, 캔버스에 유채. Christie's Images, London/ Scala, Florence: **43** 이스라엘 왕 예후가 아시리아 왕 샬마네세르 3세에게 큰절을 하는 모습을 담은 아시리아 검은 오벨리스크의 돋을새김, 기원전 825년. British Museum, London: **44a** 윌리엄 제임스 뮐러, 「사막의 기도」, 1843년, 캔버스에 유채. Birmingham Museum & Art Gallery: **44b** 「디판카라 자타카」(고행자 수메다와 연등불 이야기), 서기 2세기경, 편암에 금박, 파키스탄. Metropolitan Museum of Art, New York. Gift of Mr and Mrs Alan D. Wolfe, in memory of Samuel Eilenberg, 1998 (1998.491): **45** 뤽 올리비에 메르송, 「마라톤의 병사」, 1869년, 캔버스에 유채. Heritage Image Partnership Ltd/Alamy Stock Photo: **46** 제임스 길레이, 「베이징 황궁에서의 외교 사절단 알현」, 1792년, 에칭에 색칠. British Museum, London: **47** 고두하는 관료, 당나라 초, 7~8세기, 채색 도기, 중국. 개인 소장/Photo Christie's Images/Bridgeman Images: **52a** 렘브란트, 「요셉의 아들들을 축복하는 야곱」, 1656년, 캔버스에 유채. Gemäldegalerie Alte Meister, Staatliche Museen, Kassel: **52b** 호베르트 플링크, 「야곱을 축복하는 이삭」, 1638년, 캔버스에 유채. Rijksmuseum, Amsterdam: **53** 「예수의 세례」, 18세기 말~19세기 초, 목판에 채색 석고, 러시아 볼가 지방. British Museum, London: **54** 바오로에게 세례를 하는 아나니아, 모자이크화, 시칠리아 팔레르모 팔라티나 예배당. Photo A. Dagli Orti/Scala, Florence: **55** 피에트로 다 코르토나, 「성 바오로의 시력을 회복시키는 아나니아」, 1631년, 캔버스에 유채. Chiesa di Santa Maria della Concezione, Rome. Fine Art Images/ age-fotostock: **58** 레오나르도 다빈치, 「살바토르 문디」, 1500년경, 호두나무에 유채(로마 가톨릭교회의 축복). 개인 소장, New York. Photo Salvator Mundi LLC/Art Resource, NY/Scala, Florence: **59** 알비세 비바리니, 「그리스도의 축복」, 1498년, 화판에 유채(동방 정교회의 축복). Pinacoteca di Brera, Milan: **60a** 바레세의 어느 화가, 그리스 신화를 묘사한 항아리 그림, 기원전 340년, 이탈리아 풀리아. Antikensammlung, Staatliche Museen, Berlin: **60b** 우주의 지배자 그리스도, 모자이크화, 6세기, 이탈리아 라벤나 산타폴리나레 누오보 성당(로마 가톨릭교회의 축복). Photo Scala, Florence/courtesy of the Ministero Beni e Att. Culturali e del Turismo: **61** 우주의 지배자 그리스도, 사이프러스의 성상, 18세기(동방 정교회의 축복), painted wood. Byzantine museum, Pedoulas, Cyprus. Photo akg-images/ Philippe Lissac/Godong: **63** 링산 대불, 1997년, 청동, 중국 장쑤성 1997. Photo Henry Westheim Photography/Alamy Stock Photo: **65** 발라지 발로그, 「사제의 축복」, 21세기. © Balage Balogh/Art Resource, NY/Scala, Florence: **66** 나스카 직물, 서기 2~3세기, 페루. Photo DEA/G. Dagli Orti/De Agostini/Getty Images: **67** 스테판 파브스트, 「스팍Spock」(레너드 니모이), 2015년, 드로잉. © Stefan Pabst/Shutterstock: **71** 그레이엄 서덜랜드, 「서머싯 몸」, 1949년, 캔버스에 유채. © Tate, London 2019: **72** 신원 미상의 플랑드르 화가, 「여왕 엘리자베스 1세」, 1575년경, 화판에 유채. National Portrait Gallery, London/Alamy Stock Photo: **73** 헤나르트 테르 보르흐, 「모세스 테르 보르흐 (1645~1667)의 초상」, 1667~1669년, 캔버스에 유채. Rijksmuseum, Amsterdam: **77** 엘 그레코, 「가슴에 손을 올린 귀족」, 1580년경, 캔버스에 유채. Museo del Prado, Madrid: **78a** 세바스티아노 델 피옴보Sebastiano del Piombo, 「크리스토퍼 콜럼버스라는 남자의 초상」, 1519년, 캔버스에 유채. Metropolitan Museum of Art, New York. Gift of J. Pierpont Morgan, 1900 (00.18.2): **78b** 브루게에서 활동한 신원 미상의 거장, 「수유하는 성모」, 16세기, 나무에 유채. Museu de Aveiro, Portugal: **79** 아그놀로 브론치노, 「마리아 데 메디치」, 1551년, 나무에 템페라. Uffizi Gallery, Florence. Photo Scala, Florence/courtesy of the Ministero Beni e Att. Culturali e del Turismo: **82a** 조지프 힐러 또는 새뮤얼 블리스(찰스 윌슨 필의 작품을 토대로), 「조지 워싱턴 각하」, 1777년경, 메조틴트. Metropolitan Museum of Art, New York. Bequest of Charles Allen Munn, 1924 (24.90.212): **82b** 장 밥티스트 반 루, 「버크셔 미지엄의 스티브 포인츠 각하」, 1740년경, 캔버스에 유채. Yale Center for British Art, Paul Mellon Fund, New Haven, CT (B1985.21): **83** 요한 하인리히 폰 단네커의 작품으로 추정, 「폴리힘니아, 시의 여신」, 1785~1789년경, 대리석(1774년 이탈리아 티볼리의 빌라카시아에서 발견된 상의 축소 복제품). Grand Palace, Pavlovsk, St Petersburg (216-VIII). Photo akg-images: **84** 로베르 르페브르, 「나폴레옹 보나파르트」, 1812년, 캔버스에 유채. Collection of Apsley House, London. Photo by English Heritage/Heritage Images/Getty Images: **85** 이라클리 토이제, 「스탈린은 우리를 승리로 이끈다」, 1943년, 소련 포스터. Photo akg-images/Elizaveta Becker: **88** 케힌데 와일리, 「존 윌머트, 제2대 로체스터 백작」, 2013

년, 캔버스에 유채. © 2013 Kehinde Wiley. Used by permission: **89l** 소小 한스 홀바인 공방 제작, 「헨리 8세」, 1537년경, 화판에 유채. National Museums Liverpool, Walker Art Gallery: **89r** 윌리엄 메릿 체이스, 「검은 옷을 입은 여인」, 1888년, 캔버스에 유채. Metropolitan Museum of Art, New York. Gift of William Merritt Chase, 1891 (91.11): **92** 애덤 래블레이스, 「시네마틱 사이코패스-시계태엽 오렌지」, 2015년, digital drawing. © Adam Rabalais: **93l** 파르미지아니노, 「피에트로 마리아 로시, 산 세콘도 백작」, 1535~1538년, 화판에 유채. Museo del Prado, Madrid: **93r** 알론조 산체스 코엘료, 「돈 카를로스 왕자」, 1564년, 캔버스에 유채. Kunsthistorisches Museum, Vienna. Historic Images/Alamy Stock Photo: **96a** 로이섯 리덧, 혼례식 때 긴 풀렌을 신은 신랑의 모습, 1470년경, 세밀화. Bibothèque Nationale de France, Paris (Arsenal 5073 f.117v): **96b** 앨런 램지, 「리처드 그렌빌, 제2대 템플 백작」, 1762년, 캔버스에 유채. National Gallery of Victoria, Melbourne/Art Collection 3/Alamy Stock Photo: **97** 시아신트 리고, 「프랑스 국왕 루이 14세(1638~1715)의 초상」, 1701년, 캔버스에 유채. Musée du Louvre, Paris: **100** 빈첸초 캄피, 「부엌」, 1590~1591년, 캔버스에 유채. Pinacoteca di Brera, Milan. Photo Scala, Florence/courtesy of the Ministero Beni e Att. Culturali e del Turismo: **101a** 장 프랑수아 밀레, 「이삭 줍는 여인들」, 1857년, 캔버스에 유채. Museé d'Orsay, Paris: **101b** 귀스타브 카유보트, 「바닥을 닦는 사람들」, 1875년, 캔버스에 유채. Museé d'Orsay, Paris: **104a** 대 피터르 브뤼헐, 「혼례식 춤」, 1566년, 화판에 유채. Detroit Institute of Arts (30.374): **104b** 대 피터르 브뤼헐, 「게으름뱅이의 천국」, 1567년, 화판에 유채. Alte Pinakothek, Munich. Photo akg-images: **105** 윌리엄 호가스, 「진 골목」, 1751년 에칭과 판화. National Gallery of Art, Washington, DC, Rosenwald Collection (1944.5.87): **110a** 히에로니무스 보슈, 「십자가를 지고 가는 그리스도」, 1510년경, 화판에 유채. Museum of Fine Arts, Ghent, Belgium: **110b** 파울 클레, 「또는 조롱받은 조롱꾼」, 1930년, 캔버스에 유채. Museum of Modern Art, New York. Gift of J. B. Neumann (637.1939)/Scala, Florence: **111** 조제프 뒤크뢰, 「조롱하는 척하는 자화상」, 1793년, 캔버스에 유채. Musée du Louvre, Paris. Photo RMN-Grand Palais (Musée du Louvre)/Jean-Gilles Berizzi: **112** 아드리엔 브라우어, 「조롱하는 젊은이」, 1632/1635년경, 화판에 유채. National Gallery of Art, Washington, DC, New Century Fund (1994.46.1): **113a** 『골스턴 시편』의 세밀화, 1310~1324년경. British Library, London (MS Addl 49622. f.123r). Photo British Library Board. All Rights Reserved/Bridgeman Images: **113b** 가고일, 14~15세기, 영국 스트랫퍼드어폰에이번 길드 성당. Photo Septemberlegs/Alamy Stock Photo: **116a** 악마와 함께 버터를 젓고 있는 여성, 프레스코화, 15세기 말, 덴마크 팅스테드 성당. Photo Stig Alenäs/Alamy Stock Photo: **116b** 「성 니콜라우스 축일. 크람푸스」, 1904년경, 헝가리 일러스트레이션. Photo CCI/Shutterstock: **117** 룰로프 판 제일의 작품으로 추정, 「소년들에게 조롱받는 엘리사」, 1625~1630년경, 캔버스에 유채. Rijksmuseum, Amsterdam: **118** 후드그래프 팀, 「알베르트 아인슈타인」, 2014년, 벽에 스프레이 페인트, 러시아 상트페테르부르크. Courtesy HoodGraff team #myhoodisgood. Photo Lisa-Lisa/Shutterstock: **119** 트렌턴 도일 핸콕, 「혀를 내민 자화상」, 2010년, 종이에 아크릴 등. Courtesy the artist and James Cohan, New York: **122** 피터르 판 데르 헤이던(대 피터르 브뤼헐의 그림을 토대로), 「바보들의 축제」, 1570~1601년경, 판화. Rijksmuseum, Amsterdam: **123a** 「결투 재판」, 19세기 중반, 채색 석판, 미국 학교. American Antiquarian Society, Worcester, MA/Bridgeman Images: **123b** 「모터트리사이클을 타고서 놀리기」, 1900년, 디옹 부통 자동차 회사 광고(그림 윌리오). Musée National du Château de Compiègne, Musée de la Voiture (Transport Museum). Photo DeAgostini/Getty Images: **127** 마우리치오 카텔란, 「L.O.V.E.」, 2010년, 손: 카라라 대리석, 받침: 로마 트래버틴, 이탈리아 밀라노 증권거래소 광장. Photo Zeno Zotti, courtesy Maurizio Cattelan's Archive: **128a** 「12신장 중 아니라 신장의 상」, 가마쿠라 시대, 12~14세기, 일본. 개인 소장: **128b** 닷마스터Dotmaster, 「무례한 아이들」, 2016년, 벽에 스프레이 페인트, 런던. Courtesy the dotmasters. #rudekids www.dotmaster.co.uk. Photo OnTheRoad/Alamy Stock Photo: **129a** 뱅크시, 「무례한 순경」, 2002년경, 스프레이 페인트. Photo Jan Fritz/Alamy Stock Photo: **129b** 매리언 펙, 「퍽 유」, 2008년, 캔버스에 유채. © Marion Peck: **134a** 암사자들의 무덤 벽에 그려진 에트루리아인 프레스코화, 기원전 520년, 이탈리아 라치오 타르퀴니아 공동묘지. Photo DeAgostini/Getty Images: **134b** 『게임의 책』에 실린 체스 게임, 스페인 왕 알폰소 10세의 의뢰로 제작되어 1283년에 완성. Real Biblioteca del Monasterio de San Lorenzo de El Escorial, Madrid: **135a** '피그와 남근' 호부, 청동. Collection of Desmond Morris: **135b**

알브레히트 뒤러, 「뒤러의 왼손 연구」, 1493~1494년, 종이에 펜과 잉크. Albertina Museum, Vienna (26327r): **136** 얀 마시스, 「어울리지 않는 부부」, 1566년, 화판에 유채. National museum, Stockholm (NM 508): **137** 펠릭스 라비스, 「여인 예만자」, 1961년, 캔버스에 유채. Gustave J. Nellens Collection, Knokke, Belgium. © ADAGP, Paris and DACS, London 2019: **139** 월터 스웨넌, 「명예의 주먹」, 2003년, 캔버스에 유채. Courtesy the artist and Xavier Hufkens, Brussels: **142a** 예한 더 흐리서, 『알렉산더 로맨스』에 실린 세밀화, 1338~1344년. Bodleian Library, Oxford (MS Bodl.254 f.3): **142b** 미켈란젤로, 「해와 달의 창조」, 천장 프레스코, 1508~1512년, 로마 시스티나 성당. Photo Peter Barritt/Alamy Stock Photo: **143** 닉 워커, 「무나리자」, 2007년, 벽에 스프레이 페인트, 런던. Photo Gonzales Photo/Alamy Stock Photo.: **148a** 베스 신을 새긴 비석, 프톨레마이오스 왕조 또는 로마 시대, 기원전 4세기~서기 1세기, 석회암에 채색, 이집트. Metropolitan Museum of Art, New York. Rogers Fund, 1922 (22.2.23): **148b** 제임스 길레이, 「대니얼 멘도자」, 1788년, 에칭과 동판 부식. Metropolitan Museum of Art, New York. The Elisha Whittelsey Collection, The Elisha Whittelsey Fund, 1966 (66.683.9): **149** 렘브란트, 「장인을 비난하는 삼손」, 1635년, 캔버스에 유채. Staatliche Museum, Berlin: **150** 소련 선전 포스터, 1930년대. Shawshots/Alamy Stock Photo: **151** 호안 미로, 「스페인을 도와줘」, 1937년, 종이에 석판 인쇄와 스텐실. The Sherwin Collection. © Successió Miró/ADAGP, Paris and DACS London 2019: **153** 짐 필립스의 '산타크루즈 스크리밍 핸드' 디자인을 재창조한 거리 그림, 연도 미상, 벽에 스프레이 페인트, 독일 뒤스부르크. Photo imageBroker/Alamy Stock Photo: **154** 도요하라 구니치카, 일본 가부키 배우의 모습, 1883~1886, 목판 인쇄. Metropolitan Museum of Art, New York. Gift of Eliot C. Nolen, 1999 (1999.457.2): **155** 도슈사이 샤라쿠, 「야코 에도베이 역의 가부키 배우 오타니 오니지」, 1794년, 목판 인쇄. Metropolitan Museum of Art, New York. Henry L. Phillips Collection, Bequest of Henry L. Phillips, 1939 (JP2822): **157** 칼레야예 O. T.(KOT), 「어디 감히 즐라탄한테」, 2017년, 종이에 흑연과 목탄 연필. © Kalejaye O.T.: **158** WK 인터랙트, 「초상화: 패트릭(12명의 화난 사람들)」, 2009년, 캔버스에 아크릴. © 2018 WK: **159a** 「조각된 아모」(마오리족 집 기둥), 1800년경, 나무, 뉴질랜드. Metropolitan Museum of Art, New York. The Michael C. Rockefeller Memorial Collection, Bequest of Nelson A. Rockefeller, 1979 (1979.206.1508): **159b** 레오나르도 다빈치, 「'앙기아리 전투'에서 두 병사의 머리 연구」, 1504~1505년경, 종이에 목탄. Szépmüvészeti Múzeum, Budapest (1775): **162** 알퐁스 마리 아돌프 드 뇌빌의 삽화, from François Guizot's *The History of France from the Earliest Times to the Year 1789*. 1883년. Chronicle/Alamy Stock Photo: **163a** 국왕 리처드 2세의 앞에 손가리개를 던지는 청원파 귀족들, 1864년 삽화. The Print Collector/Alamy Stock Photo: **163b** 헨리 길라드 글린도니의 「도전」을 본뜬 그림, 『더 보이즈 오운 애뉴얼』에 실린 삽화, 1898년. 개인 소장/Look and Learn/Bridgeman Images: **165a** 거트루드 애버크롬비, 「구애」, 1949년, 메소나이트에 유채. Collection of the Museum of Contemporary Art Chicago. Gift of the Gertrude Abercrombie Trust (1978.56). Photo Nathan Keay. © MCA Chicago: **165b** 필립 거스턴, 「말하기」, 1979년, 캔버스에 유채. Museum of Modern Art, New York. © The Estate of Philip Guston: **170** 파블로 피카소, 「손수건을 든 우는 여인」, 1937년, 캔버스에 유채. Los Angeles County Museum of Art. Gift of Mr and Mrs Thomas Mitchell (55.90). © Succession Picasso/DACS, London 2019: **171** 로히어르 판 데르 베이던, 「십자가에서 내림」, 1443년 이전, 화판에 유채. Museo del Prado, Madrid: **172** 안드레아 만테냐, 「죽은 예수」, 1483년경, 캔버스에 템페라. Pinacoteca di Brera, Milan: **173a** 챠오빈, 「삼채불열반조상」, 1503년, 채색 도자기, 중국. Metropolitan Museum of Art, New York. Fletcher Fund, 1925 (25.227.1): **173b** 올멕의 '우는 아기' 상, 기원전 1100~900년, 도기, 멕시코. Metropolitan Museum of Art, New York. The Michael C. Rockefeller Memorial Collection, Bequest of Nelson A. Rockefeller, 1979 (1979.206.1134): **175** 프레더릭 레이턴, 「눈물」, 1894~1895년, 캔버스에 유채. Metropolitan Museum of Art, New York. Catharine Lorillard Wolfe Collection, Wolfe Fund, 1896 (96.28): **176a** 안니발레 카라치, 「죽은 그리스도를 애도하다(세 명의 마리아)」, 1604년경, 캔버스에 유채. National Gallery, London: **176b** 아테네 무덤 장식판, 기원전 520~510년경, 테라코타, 그리스. Metropolitan Museum of Art, New York. Rogers Fund, 1954 (54.11.5): **177a** 장례식에서 곡하는 여성들, 라모스의 무덤, 18왕조, 기원전 1550~1292년경, 이집트 테베. Photo François Guénet/akg-images: **177b** 에밀 프리앙, 「고통」을 위한 습작, 1898~1899년경, 종이에 목탄. Dahesh Museum of Art, New York/Bridgeman Images: **179** 발타자르 페르모저,

「마르시아스」, 1680~1685년경, 대리석. Metropolitan Museum of Art, New York. Rogers Fund and Harris Brisbane Dick Fund, 2002 (2002.468): **180a** 후세페 데 리베라, 「아폴로와 마르시아스Apollo and Marsyas」, 1637년, 캔버스에 유채. Museo Nazionale di Capodimonte, Naples: **180b** 아드리안 브라우어르, 「카드놀이를 하다가 벌어진 농부들의 싸움질」, 1630년, 나무에 유채. Gemäldegalerie, Alte Meister, Dresden (1631). Photo akg-images: **181** 프랜시스 베이컨, 「머리 습작」, 1952년, 캔버스에 유채. Yale Center for British Art, Gift of Beekman C. and Margaret H. Cannon (B1998.27). © The Estate of Francis Bacon. All rights reserved. DACS 2019: **183** 니콜라스 푸생, 「유아 대학살」, 1628년경, 캔버스에 유채. Musée Condé, Chantilly: **184** 구스타프 쿠르베, 「절망한 남자」, 1844~1845년, 캔버스에 유채. 개인 소장. Photo Fine Art Images/Heritage Images/Getty Images: **185a** 로히어르 판 데르 베이던, 「최후의 심판」 1450년, 나무에 유채. The Hôtel-Dieu, Hospices de Beaune, Beaune, Côte d'Or, Bourgogne, France: **185b** 「디오니소스 밀교 숭배」 벽화의 일부, 폼페이 신비의 별장: **187** 아드리안 브라우어르, 「쓴 약」, 1636~1638년경, 참나무에 유채. Städelsches Kunstinstitut, Frankfurt am Main, Germany: **188** 아드리안 브라우어르, 「냄새」, 1631년, 화판에 유채. Gemaldegalerie Alte Meister, Dresden (1631). Photo akg-images: **189** 프란츠 크사버 메서슈미트, 「찡그린 남자」, 1771~1783, 설화 석고. J. Paul Getty Museum, Los Angeles (2008.4): **191** 피에르 레이몽, 「성모의 칠고 명판」, 1541년, 구리판에 에나멜. Photo Ligier Piotr/National Museum in Warsaw: **195** 버니스 버크먼, 「전쟁에서 달아나는 유대인들」, 1939년, 캔버스에 유채. Collection of Bernard Friedman. Photo Jamie Stukenberg: **196** 헨리 기브스, 「불타는 트로이를 탈출하는 아이네이아스와 식구들」, 1654년, 캔버스에 유채. Tate, London: **197** 자코포 틴토레토, 「성 조지와 용」 1555년경, 캔버스에 유채. National Gallery, London: **199** 앙리 루소, 「불쾌한 놀람」, 1901년, 캔버스에 유채. Barnes Foundation, Philadelphia, PA: **200** 프란시스코 고야, 「1808년 5월 3일」, 1814년, 캔버스에 유채. Museo del Prado, Madrid: **201a** 장 미셸 바스키아, 「무제」, 1981년, 캔버스에 아크릴, 오일스틱, 스프레이 페인트. Christie's Images, London/Scala, Florence. © The Estate of Jean-Michel Basquiat/ADAGP, Paris and DACS, London 2019: **201b** 웨슬리 제임스 록, 「상처와 줄무늬」, 2014년, 종이에 잉크. © Wesley James Lock **204a** 고대 푸에블로인(아나사지족) 암벽화, 곰 발톱 방패를 지닌 전사, 기원전 500년~서기 500년, 미국 뉴멕시코. Photo © Ira Block/National Geographic: **204b** 카라바조, 「알로프 드 위냐쿠르와 그의 시종」, 1608년경, 캔버스에 유채. Musée du Louvre, Paris: **205a** 알렉산드로스 대왕 모자이크화의 일부, 기원전 100년경, 폼페이 파운 저택. National Archaeological Museum, Naples. Photo Giannis Papanikos/Alamy Stock Photo: **205b** 시드니 놀란, 「켈리와 말」, 1946년, 합판에 에나멜. ACT Museums and Galleries, Canberra. © Sidney Nolan Trust. All Rights Reserved, 2018/Bridgeman Images: **206a** 트라야누스 기둥의 부조(서기 113년), 귀갑대형을 이룬 로마인들, 대리석 부조의 19세기 석고 주형. Museo della Civiltà Romana, Rome. Photo akg-images: **206b** 헨리 무어, 「방패를 든 전사」, 1953~1954년, 나무 받침에 청동. Birmingham Museums and Art Gallery. Reproduced by permission of The Henry Moore Foundation: **207** WK 인터랙트, 「투쟁」, 1992년, 벽화, 뉴욕. © 2018 WK: **211** 빈센트 반 고흐, 「슬픔에 빠진 노인('영원의 문에서')」, 1890년 5월, 캔버스에 유채. Kröller-Müller Museum, Otterlo, Netherlands: **212a** 산드로 보티첼리, 「라 데렐리타」, 1495년, 나무에 템페라. Palazzo Pallavicini Rospigliosi, Galleria Aurora, Rome: **212b** 겟세마네 동산에서의 고뇌, 1470년, 기도서, 네덜란드. The Walters Art Museum, Baltimore, MD (Ms W.918, fol. 104v): **213** 코너 해링턴, 「숨바꼭질」, 2016년, 리넨에 유채. © Conor Harrington: **215** 파울라 모더존 베커, 「늙은 시골 여인」, 1905년경, 캔버스에 유채. Detroit Institute of Arts. Gift of Robert H. Tannahill (58.385): **216** 무명의 네덜란드 화가, 「터번을 두른 남자의 초상」, 1440년대, 나무에 유채. Metropolitan Museum of Art, New York. The Jules Bache Collection, 1949 (49.7.24): **217** 윈덤 루이스, 「스티븐 스펜서」, 1938년, 캔버스에 유채. The Potteries Museum and Art Gallery, Stoke-on-Trent, UK/Bridgeman Images. © Estate of Wyndham Lewis/Bridgeman Images: **219** 프란시스코 고야, 「건축가 티부르시오 페레즈 이 쿠에르보」, 1820년, 캔버스에 유채. Metropolitan Museum of Art, New York. Theodore M. Davis Collection, Bequest of Theodore M. Davis, 1915 (30.95.242): **220** 폴 세잔, 「팔짱을 끼고 선 농부」, 1895년경, 캔버스에 유채. Barnes Foundation, Philadelphia, PA: **221** 파울라 레고, 세 폭으로 된 「바니타스」의 중앙 패널, 2006년, 종이에 파스텔. Fundação Calouste Gulbenkian, Lisbon. © Paula Rego. Courtesy Marlborough Fine Art, London: **223a** 렘브란트, 「허리

에 손 올린 남자의 초상」, 1658년, 캔버스에 유채. Agnes Etherington Art Centre, Kingston, Ontario. Gift of Alfred and Isabel Bader, 2015 (58-008). **223b** 생 수틴, 「벨보이」, 1925년, 캔버스에 유채. Musée National d'Art Moderne, Centre Pompidou, Paris (AM 3611 P): **225** 네더, 「건축 블록을 차지하려는 싸움」, 2014년, 미국 볼티모어, MD. © Nether: **227a** 존 필립, 「사악한 눈」, 1859년, 캔버스에 유채. Hospitalfield House, Arbroath, Scotland/Bridgeman Images: **227b** 「아벨과 멜기세덱의 희생」, 6세기 중반, 모자이크, 산 비탈레 성당, 라벤나, 이탈리아. Photo DeAgostini/Getty Images: **229** 찰스 로디어스, 마오리족 남성의 문신한 얼굴, 1834~1835년, 연필, 검은 분필, 흰 분필. British Museum, London: **232** 라파엘레 몬티, 「베일을 쓴 베스타의 여사제」, 1846~1847년, 대리석, 영국 채츠워스 하우스, UK/Reproduced by permission of Chatsworth Settlement Trustees/Bridgeman Images: **233a** 장 레옹 제롬, 「베일을 쓴 체르케스 여인」, 1876년, 캔버스에 유채. Christie's Images, London/Scala, Florence: **233b** 에드먼드 블레어 레이턴, 「올리비아」, 1887년, 캔버스에 유채. 개인 소장/Photo Christie's Images/Bridgeman Images: **240** 대 루카스 크라나흐, 「미의 세 여신」, 1531년, 나무에 유채. Musée du Louvre, Paris. Photo RMN-Grand Palais (Musée du Louvre)/Stéphane Maréchalle: **241a** 프란시스코 고야, 「옷을 벗은 마하」, 1795~1800년, 캔버스에 유채. Museo del Prado, Madrid: **241b** 디에고 벨라스케스, 「로크비 비너스」, 1647~1651년, 캔버스에 유채. National Gallery, London. Presented by the Art Fund, 1906: **242a** 장 레옹 제롬, 「배심원 앞에 선 프리네」, 1861년, 캔버스에 유채. Kunsthalle, Hamburg. Freiherr Johann Heinrich von Schröder-Stiftung, 1910 (HK-1910). Photo Scala, Florence/bpk, Bildagentur für Kunst, Kultur und Geschichte, Berlin: **242b** 프랑수아 부셰, 「루이즈 오머피」, 1752년, 캔버스에 유채. Bayerische Staatsgemäldesammlungen – Alte Pinakothek München (1166). Photo Scala, Florence/bpk, Bildagentur für Kunst, Kultur und Geschichte, Berlin: **243** 아메데오 모딜리아니, 「누운 나체」, 1917년, 캔버스에 유채. 개인 소장: **247** 홀레 펠스의 비너스, 기원전 3만 8천~3만 3천 년, 매머드 상아. Institut für Ur- und Frühgeschichte und Archäologie des Mittelalters Abteilung für Ältere Urgeschichte und Quartärökologie. Universität Tübingen. Photo Hilde Jensen: **248a** 작가 미상, 「가브리엘 데스트레와 그 자매」, 1594년경, 나무에 유채. Musée du Louvre, Paris: **248b** 새러 굿리지, 「드러난 아름다움」, 1828년, 상아에 수채, Metropolitan Museum of Art, New York. Gift of Gloria Manney, 2006 (2006.235.74): **249** 라파엘로, 「라 포르나리나」, 1518~1519년, 나무에 유채. Galleria Nazionale di Arte Antica, Rome: **251** 대 루카스 크라나흐, 「아담과 이브」, 1533년 나무에 유채. Gemäldegalerie, Staatliche Museen zu Berlin. Photo Scala, Florence/bpk, Bildagentur fuer Kunst, Kultur und Geschichte, Berlin: **254** 티치아노, 「비너스와 아도니스」, 1554년, 캔버스에 유채. Museo del Prado, Madrid: **255** 프레더릭 윌리엄 버턴, 「헬렐리과 힐데브란트, 탑 계단에서의 만남」, 1864년, 종이에 수채와 구아슈. National Gallery of Ireland, Dublin: **256** 프레더릭 레이턴, 「어부와 사이렌」, 1856~1858년, 캔버스에 유채. Bristol Museum and Art Gallery, UK. Given by the Hon. Mrs Charles Lyell, 1938/Bridgeman Images: **257** 장 오노레 프라고나르, 「빗장」, 1777년경, 캔버스에 유채. Musée du Louvre, Paris: **260a** 오귀스트 로댕, 「키스」, 1888~1898년, 1898년 대리석 작품을 본뜬 석고. Musée Rodin, Paris: **260b** 앙리 드 툴루즈 로트레크, 「침대에서의 키스」, 1892년, 나무에 유채. 개인 소장/Photo Christie's Images/Bridgeman Images: **261** 구스타프 클림트, 「키스」, 1908~1909년, 캔버스에 유채와 금박. Österreichische Galerie Belvedere, Vienna: **264** 주세페 체사리, 「페르세우스와 안드로메다」, 1592년경, 석판에 유채. Museum of Art, Rhode Island School of Design, Providence, Rhode Island, USA (57.167): **265a** 윌리엄 존스, 「내 다리 옆의 발」, 2015년, 캔버스에 유채. © William Jones: **265b** 피에트로 페루지노, 「성 세바스티아누스의 순교」, 1495년, 화판에 유채. Musée du Louvre, Paris: **270a** 중국의 관음보살상, 470~480년경, 사암에 색칠. Metropolitan Museum of Art, New York. Gift of Robert Lehman, 1948 (48.162.2): **270b** 루시언 프로이트, 「준장」, 2003~2004년, 캔버스에 유채. 개인 소장. © The Lucian Freud Archive/Bridgeman Images: **271a** 앤서니 브란트, 「다리를 꼰 나체」, 1959년, 캔버스에 유채. Reproduced with permission of the Anthony Brandt Foundation, www.anthonybrandt.com: **271b** 슈루크 아민, 「전혀 중요하지 않은 남자」, 2012년, 나무에 붙인 캔버스에 혼합 매체. Ayyam Gallery, Dubai. © Shurooq Amin: **273** 미켈란젤로, 「웅크린 소년」, 1530~1534년경, 대리석. Hermitage Museum, St Petersburg: **274a** 이집트 파디마헤스의 블록형 조각상, 기원전 760~525년, 화강섬록암. Brooklyn Museum, New York. Charles Edwin Wilbour Fund (64.146): **274b** 와스테크 인물상, 16세기, 멕시코, 도자기.

Metropolitan Museum of Art, New York. The Michael C. Rockefeller Memorial Collection, Purchase, Nelson A. Rockefeller Gift, 1965 (1978.412.141): **275** 에드가르 드가, 「목욕통」, 1886년, 판지에 파스텔. Musée d'Orsay, Paris: **277** 존 에버릿 밀레이, 「나무꾼의 딸」, 1851년, 캔버스에 유채. Guildhall Art Gallery, City of London/Bridgeman Images: **278a** 페르낭 펠레즈, 「순교자: 제비꽃 행상인」, 1885년, 캔버스에 유채. Petit Palais, Musée des Beaux-arts de la Ville de Paris. Photo Roger-Viollet/Topfoto.co.uk: **278b** 니컬러스 힐리어드, 「장미꽃밭에서 나무에 기댄 젊은이(제2대 에식스 백작 로버트 데버루로 추정)」, 1587년, 수채. Victoria and Albert Museum, London: **279** 피터 렐리로 추정, 「도체스터 백작 부인」, 17세기 말, 캔버스에 유채. Bradford Art Galleries and Museums, West Yorkshire, UK/Bridgeman Images: **280** 타이샨 스키렌버그, 「니콜라 어스본의 초상」, 2010년, 캔버스에 유채. Courtesy Flowers Gallery London and New York. © Tai-Shan Schierenberg: **281** 에곤 실레, 「무릎을 구부리고 앉은 여성」, 1917년, 크레용과 구아슈. Narodni Galerie, Prague: **284** 티치아노, 「우르비노의 비너스」, 1538년, 캔버스에 유채. Uffizi Gallery, Florence: **285** 에두아르 마네, 「올랭피아」, 1863년, 캔버스에 유채. Musée d'Orsay, Paris: **286** 앙리 마티스, 「기대어 누운 누드」, 1935년, 캔버스에 유채. Baltimore Museum of Art. The Cone Collection, formed by Dr Claribel Cone and Miss Etta Cone of Baltimore, MD (1950.258). Photo Mitro Hood. © Succession H. Matisse/DACS 2019: **287** 데이비드 호크니, 「일광욕하는 사람」, 1966년, 캔버스에 아크릴. Collection Museum Ludwig, Cologne. © David Hockney: **288** 구스타프 쿠르베, 「센강변의 여인들」, 1857년, 캔버스에 유채. Petit Palais, Musée des Beaux-Arts de la Ville de Paris. Photo RMN-Grand Palais/Agence Bulloz: **289** 존 윌리엄 고드워드, 「돌체 파르 니엔테」, 1904년, 캔버스에 유채. History and Art Collection/Alamy Stock Photo: **291** 윌리엄 F. 드레이퍼, 「존 F. 케네디」, 1966년, 캔버스에 유채. National Portrait Gallery, Smithsonian Institution, Washington, DC (NPG.66.35). © January 1, 1966, Margaret Draper: **292** 제임스 티소, 「흔들의자에 앉은 젊은 여성」(「마지막 저녁」을 위한 습작), 1873년경, 갈색 종이에 흑연, 구아슈와 수채, over graphite on brown paper. J. Paul Getty Museum, Los Angeles: **293** 에드바르 뭉크, 「흔들의자에 앉은 카렌 이모」, 1883년, 캔버스에 유채. Munch Museum, Oslo, Norway. Photo Scala, Florence: **296** 조제프 뒤크뢰, 「하품하는 자화상」, 1783년, 캔버스에 유채. J. Paul Getty Museum, Los Angeles: **297** 루이지 이 몬테야노, 「하품하는 남자들」, 1850년, 캔버스에 유채. 개인 소장: **298a** 미하이 문카치, 「하품하는 견습생」, 1869년, 캔버스에 유채. Museum of Fine Arts, Budapest: **298b** 에드가르 드가, 「다림질하는 두 여인」, 1884~1886년경, 캔버스에 유채. Musée d'Orsay, Paris: **299** 팡리쥔, 「시리즈 2, 2번」, 1991~1992년, 캔버스에 유채. © Fang Lijun: **302** 「바르베리니 파우누스」, 기원전 3~2세기, 대리석. Glyptothek, Munich. Photo DEA Picture Library/De Agostini/Getty Images: **303** 「몰타의 잠자는 여신」, 기원전 3천 년경, 몰타의 할 사플리에니 지하 신전에서 발견된 점토상. National Archaeological Museum, Valletta, Malta. Photo Dirk Renckhoff/Alamy Stock Photo: **304** 베른하르트 슈트리겔, 「잠든 뫼지기」, 1520년, 화판에 유채. Alte Pinakothek München, Bayerische Staatsgemäldesammlungen, Munich (10066). Photo Scala, Florence/bpk, Bildagentur für Kunst, Kultur und Geschichte, Berlin: **305a** 산드로 보티첼리, 「비너스와 마르스」, 1485년경, 포플러 나무판에 템페라와 유채. National Gallery, London: **305b** 에드워드 번 존스, 「장미 정자」, '들장미' 연작 중 하나, 1870~1890년, 캔버스에 유채. Faringdon Collection, Buscot, Oxon, UK/Bridgeman Images: **306** 헨리 퓨젤리, 「악몽」, 1781년, 캔버스에 유채. Detroit Institute of Arts. Founders Society Purchase with funds from Mr and Mrs Bert L. Smokler and Mr and Mrs Lawrence A. Fleischman (55.5A): **307** 살바도르 달리, 「잠」, 1937, 캔버스에 유채. 개인 소장. Christie's Images, London/Scala, Florence. © Salvador Dalí, Fundació Gala-Salvador Dalí, DACS 2019

찾아보기

ㄱ

『가르강튀아와 팡타그뤼엘』(라블레) 120~121, 125
가부좌 269
「가브리엘 데스트레와 그 자매」 245, 248
「가슴에 손을 올린 귀족」(엘 그레코) 74~76, 77
갑옷 202~203, 204~207
거리 미술 118, 128~129, 143, 147, 152, 153, 207, 210, 225
거스턴, 필립 164, 165
「건축 블록을 차지하려는 싸움」(네더) 225
「건축가 티부르시오 페레즈 이 쿠에르보」(고야) 218, 219
「검은 옷을 입은 여인」(체이스) 89
「게르니카」(피카소) 169
「게으름뱅이의 천국」(대 브뤼헐) 102, 104
『게임의 책』 133, 134
「결코 잠들지 않는 도시에서의 잠시 멈춤」(에라수리스) 295
결투 160~161
「결투 재판」 123
겸손함 90, 214, 230
고대 그리스 17, 19, 40, 56, 60, 80, 174, 176, 202~203, 230, 236~237, 244, 262, 301
고대 이집트 33, 37, 146, 148, 174, 177, 209, 272, 274
고두 41, 47
고드워드, 존 윌리엄 282~283, 289
고야, 프란시스코 198, 200, 218, 219, 237, 241, 248
고촐리, 베노초 22, 25
고통 178, 179~81, 190, 191
「'고통'을 위한 습작」(프리앙) 177
고프, 스티븐 236
곧추 선 자세 70, 71~73
『골스턴 시편』 113
공산당 147, 150
공포 182, 183~185
교황 56, 161
「구애」(애버크롬비) 164, 165
권투 147, 148, 202
「그를」(카텔란) 34, 36
그리스도 50, 52, 167, 168, 171~172, 209, 212
「그리스도를 조롱함」(리베라) 131
「그리스도의 축복」(비바리니) 59
글린도니, 헨리 길라드 29, 163
금강수보살 146
기대기 267, 276, 277~281
「기대어 누운 누드」(마티스) 282, 286

기도 40~41, 42
기독교 40, 49, 50~51, 56~57, 167, 190, 224
기브스, 헨리 194, 196
길레이, 제임스 46, 147, 148
「꽃다발을 들고 인사하는 무용수」(드가) 30

ㄴ

「나무꾼의 딸」(밀레이) 276, 277
나스카 직물 64, 66
나체 236~239, 240~243, 282
나치 경례 10~11
나폴레옹 보나파르트 80, 84
「내 다리 옆의 발」(존스) 263, 265
「냄새」(브라우어르) 186, 188
네더 224, 225
「노예 시장」(제롬) 238
놀란, 시드니 203, 205
「누운 나체」(모딜리아니) 243
「누운 여인」(실레) 239
「눈물」(레이턴) 175
「늙은 시골 여인」(모더존 베커) 215
니모이, 레너드 64, 67
「니콜라 어스본의 초상」(스키렌버그) 280

ㄷ

다리 꼬기 268~269
「다리를 꼰 나체」(브란트) 269, 271
「다림질하는 두 여인」(드가) 295, 298
「다비드」(미켈란젤로) 250
다비드, 자크 루이 10, 12
「다윗 앞에 무릎을 꿇고 있는 아비샤이」(비츠) 32, 38
달리, 살바도르 33, 301, 307
달아나기 193, 194, 195~197
닷마스터 128
당케르츠, 헨드릭 32, 39
「대니얼 멘도자」(길레이) 148
데메테르 56, 60
데브루, 로버트 276
데버루, 앤 34, 35
데요리오, 안드레아 226
델라 프란체스카, 피에로 263
델보, 폴 239
도르, 귀스타브 103
도슈사이 샤라쿠 155
도시의 비참함 103, 276, 278
도요하라 구니치카 154
「도전」(글린도니를 본뜬 그림) 163
「돈 카를로스 왕자」(산체스 코엘료) 93
「돌체 파르 니엔테」(고드워드) 283, 289

「돌체스터 백작 부인」(렐리) 279
동물 7, 26, 145, 168, 202, 244
동방 정교회의 축복 56~57, 59, 61
뒤러, 알브레히트 131, 135
「뒤러의 왼손 연구」(뒤러) 135
뒤크뢰, 조제프 108, 111, 294, 296
드 뇌빌, 알폰소 마리 아돌프 162
드 로베르티스, 데보라 236
드가, 에드가르 27, 30, 275, 295, 298
「드러난 아름다움」(굿리지) 246, 248
드레이퍼, 윌리엄 F. 291
「등 수술」(브라우어르) 178
「디판카라 자타카」(고행자 수메다와 연등불 이야기) 44
「또는 조롱받은 조롱꾼」(클레) 108, 110

ㄹ

「라 데렐리타」(보티첼리) 209, 212
「라 포르나리나」(라파엘로) 245, 249
라블레, 프랑수아 90, 120~121, 125, 131
라비스, 펠릭스 131~132, 137
라파엘로 245, 249
라파예트, 마르키스 드 18, 21
「라포르나리나」(라파엘로) 245, 249
래블레이스, 애덤 92
램지, 앨런 96
러스킨, 존 238
『런던 순례』(제럴드와 도레) 103
레고, 파울라 221
레닌, 블라디미르 147
레오나르도 다빈치 58, 159, 214
레이몽, 피에르 191
레이턴, 에드먼드 블레어 233
레이턴, 프레더릭 175, 252, 256
렐리, 피터 276, 279
렘브란트 50, 52, 147, 149, 222, 223, 245~246, 262
로댕, 오귀스트 238, 258, 260
로디어스, 찰스 229
로마 가톨릭 10, 17, 80, 124, 135, 140, 202, 230, 237, 244
로마 가톨릭의 축복 56, 58, 60
「로크비 비너스」(벨라스케스) 237, 241
록, 웨슬리 제임스 198, 201
롤링스톤스 115
루벤스, 페테르 파울 262
루소, 앙리 199
루에프, 흐라 11, 14
루이 14세 94, 97
「루이 14세의 초상」(리고) 97
루이스, 윈덤 214, 217
「루이즈 오머피」(부세) 238, 242
르누아르, 오귀스트 269, 282
르브룅, 샤를 190
르페브르, 로베르 84
리고, 시아신트 94, 97
리드게이트, 존 34, 35

리베라, 후세페 데 131, 180
「리처드 그렌빌, 제2대 템플 백작」(램지) 96
리피, 필리피노 22, 24
링산 대불 63

ㅁ

마그리트, 르네 246
마네, 에두아르 282, 285
마노 코르누타(손짓) 107, 132~133, 226, 227
마노 피카(손짓) 130~131
「마라톤의 병사」(메르송) 40, 45
마르둑자키르수미 1세 17, 19
「마르시아스」(페르모저) 178, 179
「마리아 데 메디치」(브론치노) 79
마시스, 얀 131, 136
마오리족 18, 22, 156, 159 228, 229
「마운트버넌에서 라파예트를 환영하는 워싱턴」(브라운스컴) 21
마케도니아의 아이스키네스 80~81
마티스, 앙리 282, 286
만테냐, 안드레아 168, 172, 263
「말하기」(거스턴) 164, 165
『맨워칭』(모리스) 6
「머리 습작」(베이컨) 181
메르송, 뤽 올리비에 40, 45
메서슈미트, 프란츠 크사버 186, 189
멘도자, 대니얼 147, 148
멤링, 한스 263
명상 269
「명예의 주먹」(스웨넨) 138, 139
「모나리자」(레오나르도) 214
모더존 베커, 파울라 215
모딜리아니, 아메데오 239, 243
「모세스 테르 보르흐의 초상」(테르 보르흐) 73
모욕 107, 124, 126, 130~133, 134~136, 138, 139, 141
모자이크화 54, 60, 203, 205, 226, 227
「모터트리사이클을 타고서 놀리기」(윌리오) 123
「목욕통」(드가) 275
몬테야노, 루이지 이 294, 297
몬티, 라파엘레 231, 232
「몰타의 잠자는 여신」 300, 303
몸 십자가 214, 215~217
몸, 서머싯 70, 71
「무나리자」(워커) 141, 143
무드라 62, 63, 130, 146
「무례한 순경」(뱅크시) 124, 129
「무례한 아이들」(닷마스터) 128
무릎 꿇기 32~34, 35~39
「무릎을 구부리고 앉은 여성」(실레) 276, 279
무어, 헨리 202, 206
「무제」(바스키아) 201
무화과 잎 250, 251
문신 193, 228, 229
문카치, 미하이 294~295, 298
뭉크, 에드바르 290, 293

뮐러, 윌리엄 제임스 44
미로, 호안 147, 151, 239
「미의 세 여신」(크라나흐) 240
미켈란젤로 141, 142, 250, 272, 273
밀레, 장 프랑수아 98~99, 101
밀레이, 존 에버릿 276, 277

ㅂ

「바니타스」(레고) 221
「바닥을 닦는 사람들」(카유보트) 101
바르바로사(프레데리크 1세) 130~131
「바르베리니 파우누스」 301, 302
「바보들의 축제」(판 데르 헤이던) 122
바빌로니아 17, 19
바사리, 조르조 262
바스키아, 장 미셸 201
바이, 장 실뱅 10, 15
반 고흐, 빈센트 209~210, 211, 245~246
반 루, 장 밥티스트 82
발레 27, 30, 94
발로그, 발라지 65
방패 193, 202, 206~207
「방패를 든 전사」(무어) 206
「배심원 앞에 선 프리네」(제롬) 238, 242
뱅크시 124, 129, 210
버크먼, 버니스 194, 195
「버크셔 미지엄의 스티븐 포인츠 각하」(반 루) 82
버턴, 프레더릭 윌리엄 252~253, 255
번 존스, 에드워드 301, 305
벌칸인의 축복 64, 65~67
베렐스트, 사이먼 246
베로네세, 파올로 262
베스(신) 146, 148
「베이징 황궁에서의 외교 사절단 알현」(길레이) 46
베이컨, 프랜시스 6~7, 178, 181
베일 193, 230~231, 232~233
「베일에 가려진 진리」(코라디니) 231
「베일을 쓴 베스타의 여사제」(몬티) 231, 232
「베일을 쓴 체르케스 여인」(제롬) 231, 233
벨라스케스, 디에고 237, 241
벨리니, 조반니 263
벨머, 한스 263
「벨보이」(수틴) 222, 223
보니파키우스 8세 161, 162
보슈, 히에로니무스 108, 110
보티첼리, 산드로 209, 212, 263, 305
보호 몸짓 132~133, 135, 193
부그로, 윌리앙 아돌프 27, 31
부셰, 프랑수아 238, 242
부시, 조지 W. 133
「부엌」(캄피) 98, 100
「부채 추파」(글린도니) 29
불교 41, 44, 57, 62, 63, 146~147, 173, 300~301
불륜 132~133
「불쾌한 놀람」(루소) 199

「불타는 트로이를 탈출하는 아이네이아스와 식구들」(기브스) 194, 196
브라우어르, 아드리안 108, 112, 178, 180, 186, 187, 188
브라운스컴, 제니 오거스타 18, 21
브란트, 앤서니 269, 271
브론치노, 아그놀로 79
브뤼헐, 대 피터르 102, 104
「비너스와 마르스」(보티첼리) 305
「비너스와 아도니스」(티치아노) 252, 254
비츠, 콘라트 32, 38
「빅 대디 케인」(와일리) 87
빈곤 102~103
「빗장」(프라고나르) 252, 257
뾰족한 발 94~95, 96~97
뿔 난 손 107

ㅅ

「사도 베드로와 바울의 포옹」(아코탄토스) 24
「사막의 기도」(뮐러) 44
사악한 눈 132, 133, 141, 226, 230
「사악한 눈」(필립) 227
「사제의 축복」(발로그) 65
산체스 코엘료, 알폰소 93
산타크루즈 스크리밍 핸드(필립스) 152, 153
「살바토르 문디」(레오나르도) 58
「삼채불열반조상」(챠오빈) 173
상징적 표현 164, 165, 190, 191
「상처와 줄무늬」(록) 198, 201
상트페테르부르크, 러시아 118
새스, 아서 115
생 마르소, 르네 드 15
샤카(하와이 환영 인사) 11
살마네세르 3세 17, 19, 40, 43
살켄, 홋프리트 131
서덜랜드, 그레이엄 70, 71
「서머싯 몸」(서덜랜드) 70, 71
「석궁 길드의 뮌스터 조약 축하연회」(판 데르 헬스트) 17, 20
선전물 85, 147, 150
「성 니콜라우스 축일. 크람푸스」 116
「성 바오로의 개종」(웨스트) 50
「성 바오로의 시력을 회복시키는 아나니아」(피에트로 다 코르토나) 50, 55
성 베드로 56
성 세바스티아누스 262~263
「성 세바스티아누스의 순교」(멤링) 263
「성 세바스티아누스의 순교」(페루지노) 265
「성 조지와 용」(틴토레토) 197
「성 프란체스코와 성 도미니크의 만남」(고촐리) 25
「성모 마리아」 75~76, 78, 168, 172, 190, 191, 244
「성모의 7고 명판」(레이몽) 191
성상(성화) 22, 24, 53, 61, 190
「세계의 기원」(쿠르베) 236
세례 50, 53
세바스티아노, 델 피옴보 78

세잔, 폴 218, 220
「센 강변의 여인들」(쿠르베) 283, 288
「소년들에게 조롱받는 엘리사」(판 제일) 114~115, 117
「소체로 변신한 5개의 입방체를 응시하고 있는 나체의 달리, 그때 갑자기 갈라의 얼굴에 염색체화한 레오나르도의 '레다'가 출현하다」(달리) 33
속박 262~263, 264~265
손 흔들기 11
손들어 자세 198, 199, 201
「손수건을 든 우는 여인」(피카소) 169, 170
'수생 유인원' 이론 168
수유 75~76, 78, 244
「수유하는 성모」 75~76, 78
수주드(큰절) 41, 42
수틴, 생 222, 223
「순교자: 제비꽃 행상인」(펠레즈) 276, 278
숨긴 손 80~81, 82~85
「숨바꼭질」(해링턴) 210, 213
슈트리겔, 베른하르트 301, 304
스웨넨, 월터 139
스즈키 하루노부 26, 28
스키렌버그, 타이샨 276, 280
스탈린, 이오시프 81
「스탈린은 우리를 승리로 이끈다」(토이제) 85
스튜어트, 토머스 39
「스티븐 스펜더」(루이스) 217
<스티키 핑거스>(롤링스톤스) 115
스파이서, 조애니스 86
「스팍」(파브스트) 67
스페인 내전 147, 151
「스페인을 도와줘」(미로) 151
스펜더, 스티븐 214, 217
「슬픔에 빠진 노인(영원의 문에서)」(반 고흐) 209~210, 211
승리의 V 125
<시계태엽 오렌지>(큐브릭) 91, 92
「시네마틱 사이코패스-시계태엽 오렌지」(래블레이스) 92
「시리즈 2, 2번」(리쥔) 295, 299
실레, 에곤 239, 253, 276, 281
「십자가를 지고 가는 그리스도」(보슈) 108, 110
십자가에 못 박힌 예수 56, 108, 167, 178
「십자가에서 내림」(판 데르 베이던) 168, 171
싱글턴, 헨리 33, 39
싸움 145, 147
「쓴 약」(브라우어르) 186, 187

ㅇ

「아담과 이브」(크라나흐) 251
아민, 슈루크 268, 271
「아벨과 멜기세덱의 희생」 227
아시리아 17, 19, 40, 43, 230
아이(아기)들 114, 117, 169, 173, 290
아인슈타인, 알베르트 115, 118
아코탄토스, 앙겔로스 24
「아폴로와 마르시아스」(리베라) 180
악마 95, 114, 116, 133, 141

「악몽」(퓨젤리) 301, 306
악수 16~18, 19~21
앉기 267, 268~269, 270~271, 290, 291~293
「앉아 있는 조제트 샤르팡티에」(르누아르) 269
「앉은 아를캥」(피카소) 214
『알렉산더 로맨스』(예한 더 흐리서) 142
알렉산드로스 대왕 202~203, 205
「알로프 드 위냐쿠르와 그의 시종」(카라바조) 203, 204
알리, 무하마드 202
「'앙기아리 전투'에서 두 병사의 머리 연구」(레오나르도) 159
애도 174, 175~177, 209, 230
애버크롬비, 거트루드 164, 165
「야곱을 축복하는 이삭」(플링크) 50, 52
「어디 감히 즐라탄한테」(칼레야에 O. T.) 156, 157
「어부와 사이렌」(레이턴) 252, 256
「어울리지 않는 부부」(마시스) 131, 136
엄지 120~121, 122~123
엉덩이 140~141, 142~143, 272
엉덩이 까기 140~141, 142~143
에라수리스, 세바스티안 295
에이킨스, 토머스 쿠퍼스웨이트 11, 13
에트루리아인 133, 134, 226
엘 그레코 74~76, 77
엘리자베스 1세 70, 72
「여인 예만자」(라비스) 131~132, 137
『연대기』(프루아사르) 28
연설 80~81
「열두 명의 화난 사람들」(WK 인터랙트) 156, 158
열반불 300~301
「엿 먹어」(펭) 124, 129
「예루살렘 황금 문 앞에서 요아킴과 안나의 만남」(리피) 24
예만자(신) 131~132, 137
「예수의 세례」 53
예한 더 흐리서 142
예후, 이스라엘 왕 40, 43
「올랭피아」(마네) 282, 285
「올리비아」(레이턴) 233
「올림픽 경례를 하는 남성」(뤼에프) 11, 14
올멕 문명169, 173
옷(의상) 70, 90~91
「옷을 벗은 마하」(고야) 237, 241
와스테크 인물상 274
와일리, 케힌데 87, 88
왕의 안수 51
「요셉의 아들들을 축복하는 야곱」(렘브란트) 50, 52
「우는 여인」(피카소) 6
「우르비노의 비너스」(티치아노) 282, 284
우월(우위) 16, 70, 81, 86
우월한 팔꿈치 86~87, 88~89
우주의 지배자 그리스도 60, 61
울음 168~169, 170~173
웅크리기 267, 272, 273~275
「웅크린 소년」(미켈란젤로) 272, 273
워싱턴, 조지 18, 21, 82

워커, 닉 141, 143
웨스트, 벤저민 50
위풍당당(과시) 자세 70, 89, 223
위협 145, 156
유대교 64, 74~75
「유대인 신부」(렘브란트) 245~246
「유아 대학살」(푸생) 183
음경 몸짓 121, 124, 138, 139
「음란한 손짓을 하는 남자」(살켄) 131
이브라히모비치, 즐라탄 156, 157
「이삭 줍는 여인들」(밀레) 98~99, 101
이슬람교 16, 41, 42, 44
이중으로 벌린 손 74~76, 77~79
「인사」(에이킨스) 11, 13
인사법 10~11
「인사하는 무용수들」(드가) 30
「일곱 칼의 테오토코스」 190
「일광욕하는 사람」(호크니) 283, 287
일본 16, 26, 42, 126, 128, 152, 154~155, 253
입(혀와 입술) 109, 112~113, 115
입맞춤 258~259, 260~261

ㅈ

잠 267, 300~301, 302~307
「잠」(달리) 301, 307
「잠든 뫼지기」(슈트리겔) 301, 304
『잠자는 미녀』 301
「잠자는 비너스」(조르조네) 282
「장 실뱅 바이」(생 마르소) 15
장갑으로 뺨치기 145, 160~161, 162~163
장례식 174, 175~177
「장미 정자」(번 존스) 301, 305
「장미꽃밭에서 나무에 기댄 젊은이」(힐리어드) 276, 278
「장인을 비난하는 삼손」(렘브란트) 147, 149
재거, 믹 115
「전쟁에서 달아나는 유대인들」(버크먼) 194, 195
「전혀 중요하지 않은 남자」(아민) 268, 271
절 16, 17, 26~27, 28~29
「절망한 남자」(쿠르베) 182, 184
「정념의 표정」(르브룅) 190
젖가슴 236, 244~246
제롬, 장 레옹 10, 12, 231, 233, 237~238, 242
조롱 108, 114
「조롱하는 젊은이」(브라우어르) 108, 112
「조롱하는 척하는 자화상」(뒤크뢰) 108, 111
조반니 디파올로 23
조지 5세 29
「조지 워싱턴 각하」(힐러) 82
조토 22, 25
「존 F. 케네디」(드레이퍼) 291
「존 윌머트, 제2대 로체스터 백작」(와일리) 87, 88
존스, 윌리엄 263, 265
종교 34, 40~41, 214
주먹 18, 146~147

「죽은 그리스도를 애도하다」(카라치) 176
「죽은 예수」(만테냐) 168, 172
죽음 174, 175~177
「준장」(프로이트) 270
「진 골목」(호가스) 103, 105
「찡그린 남자」(메서슈미트) 186, 189

ㅊ

차단 208~210, 269
처칠, 윈스턴 125
「천국」(조반니 디파올로) 23
「청혼」(싱글턴) 33, 39
체르니, 다비트 124~125
체사리, 주세페 262, 264
체이스, 윌리엄 메릿 89
초상화 69~70, 74, 80~81, 86, 93, 94
「초지야의 기생 초잔에게 절하는 탁발승」(하루노부) 28
「최후의 심판」(미켈란젤로) 250
「최후의 심판」(판 데르 베이던) 182, 185
축복 56~57, 58~61, 64, 65
충성심(관련 몸짓들) 27, 32, 34, 41~42, 51, 94
「침대에서의 키스」(툴루즈 로트레크) 259, 260

ㅋ

「카드놀이를 하다가 벌어진 농부들의 싸움질」(브라우어르) 178, 180
카라바조 203
카라치, 안니발레 176, 204
카유보트, 귀스타브 101
카인 209
카텔란, 마우리치오 34, 36, 124, 127
칼레야예 O. T.(KOT) 156, 157
칼리(신) 146~147
캄피, 빈센초 98, 100
커네시, 토머스 74~76
커트시 26~27, 28~31, 32
「커트시」(부그로) 27, 31
케네디, 존 F. 290, 291
「켈리와 말」(놀란) 203, 205
코 18, 120~121, 122~123
코드피스 90~91, 92~93
코라디니, 안토니오 231
콜로나, 시아라 161, 162
쿠르베, 구스타프 182, 184, 236, 283, 288
큐브릭, 스탠리 91, 92
크라나흐, 대 루카스 237, 240, 251
크람푸스 114, 116
「크리스토퍼 콜럼버스라는 남자의 초상」(세바스티아노 델 피옴보) 78
큰절(관련 몸짓들) 33, 40~42, 43~47
클레, 파울 108, 110
클림트, 구스타프 258~259, 261
「키스」(로댕) 258, 260
「키스」(클림트) 258~259, 261

ㅌ

「터번을 두른 남자의 초상」 214, 216
테르 보르흐, 헤나르트 73
테세우스 17, 19
토이제, 이라클리 85
통증(관련 몸짓들) 178, 179~181
「투쟁」(WK 인터랙트) 207
툴루즈 로트레크, 앙리 드 259, 260
트럼프, 도널드 214
『트로이의 서』, 『테베 이야기』삽화(리드게이트) 34, 35
티소, 제임스 290, 292
티치아노 252, 254, 262, 282, 284
틴토레토, 자코포 197

ㅍ

파르미지아니노 93
파브스트, 스테판 67
파시, 존 115
파시즘 10
파커 볼스, 앤드류 268, 270
판 데르 베이던, 로히어르 168, 171, 182, 185
판 데르 헤이던, 피터르 122
판 데르 헬스트, 바르톨로메우스 17, 20
판 제일, 룰로프 114~115, 117
팔 치켜들기 10~11, 12~15
팔레르모, 시칠리아 54
「팔짱을 끼고 선 농부」(세잔) 218
팡리쥔 295, 299
퍼터먼, 베넷 56
페루지노, 피에트로 263, 265
「페르세우스와 안드로메다」(체사리) 262, 264
페르모저, 발타자르 178, 179
펙, 매리언 124, 129
펠레즈, 페르낭 276, 278
포세이돈 17, 19, 262
포옹(관련 몸짓들) 218, 268
「포옹」(실레) 253
포휘리 의식(마오리족) 156
폰 단네커, 요한 하인리히 83
「폴리힘니아, 시의 여신」(폰 단네커) 83
폼페이 185, 203, 205, 244
푸생, 니콜라스 183
풀렌 94~95, 96
퓨젤리, 헨리 301, 306
프라고나르, 장 오노레 252, 257
프로이트, 루시언 239, 268, 270
프로이트, 지그문트 263
프루아사르, 장 28
프리앙, 에밀 177
플링크, 호베르트 50, 52
피에트로 다 코르토나 50, 55
피에트로 마리아 로시, 산 세콘도 백작 93
피카소, 파블로 6, 169, 170, 214, 239, 259, 272
필립, 존 226, 227

필립스, 짐 152, 153

ㅎ

하품(관련 몸짓들) 7, 267, 294~295, 296~9
「하품하는 견습생」(문카치) 298
「하품하는 남자들」(몬테야노) 294, 297
「하품하는 자화상」(뒤크뢰) 294, 296
항복 193, 198, 199~201
해리슨, 마거릿 236
해링턴, 코너 210, 213
핸콕, 트렌트 도일 115, 119
허공 움켜쥐기 152, 153~155
허리 굽힌 몸 98~99
허리에 손 86, 222, 223
「허리에 손 올린 남자의 초상」(렘브란트) 222, 223
허버트, 윌리엄 34, 35
헨리 8세 89, 94
「헨리 8세」(홀바인 공방) 89
「헬렐과 힐데브란트, 탑 계단에서의 만남」(버턴) 252~253, 255
혀 내밀기 114~115, 116~119
「혀를 내민 자화상」(핸콕) 115, 119
혐오 186, 187~189
호가스, 윌리엄 103, 105
「호라티우스의 맹세」(다비드) 12
호부 130, 132~133, 135
호크니, 데이비드 283, 287
「혼례식 춤」(대 브뤼헐) 104
혼인(혼례식, 청혼) 18, 32, 33, 102, 104, 230
홀랜드, 에반젤린 27
홀레 펠스의 비너스 244, 247
홍이(마오리족) 18
환영 인사(포옹) 22, 23~25
환영 인사(복종) 9, 16, 26, 32~34, 40~42
「황금 문에서 요아킴과 안나의 만남」(조토) 25
「황제께 경례! 목숨을 바치려는 이들이 인사드립니다」 10, 12
후드그래프 팀 118
휴식(관련 몸짓들) 42, 267, 269
흔들기 290, 291~293
「흔들의자에 앉은 젊은 여성」(티소) 290, 292
「흔들의자에 앉은 카렌 이모」(뭉크) 290, 293
히틀러, 아돌프 10, 34, 36
힌두교 41, 130, 146~147
힐러, 조지프 82
힐리어드, 니컬러스 276, 278

기타

「12신장 중 아니라 신장의 상」 128
「1808년 5월 3일」(고야) 198, 200
「L.O.V.E.」(카텔란) 124, 127
V자 125~126
WK 인터랙트 156, 158, 202, 207

지은이 | **데즈먼드 모리스** Desmond Morris

영국 출신의 세계적인 동물학자이자 생태학자. 1928년 영국 윌트셔주 퍼턴에서 태어나 버밍엄대학교에서 동물학을 전공하고, 옥스퍼드대학교에서 동물 행동학으로 박사 학위를 받았다. 『털 없는 원숭이』로 세계적인 화제를 불러일으켰고 동물 행동학 사상 보급에 크게 이바지했다. 지금까지 40여 권의 저서를 출간했고, 그중 다수가 한국어로 출간되었다. 『털 없는 원숭이』, 『피플워칭』, 『벌거벗은 여자』, 『바디워칭』 등 주로 동물 행동학의 관점으로 인간의 신체와 행동을 논한 저서와 『예술적 원숭이』, 『고양이는 예술이다』 등 예술에 대한 관심을 바탕으로 쓴 책을 펴낸 그는 이후 초현실주의 화가로 오랜 세월 활동해 온 경험을 토대로 『초현실주의자들의 삶』을 출간했다. 『포즈의 예술사』는 인간 행동의 관점에서 예술을 바라보며 우리에게 친숙한 그림까지도 새롭게 조명한 데즈먼드 모리스의 역작이다.

옮긴이 | **이한음**

서울대학교에서 생물학을 전공한 후 과학과 인문·예술을 아우르는 번역가이자 과학 저술가로 활동해 왔다. 저서로는 『투명 인간과 가상현실 좀 아는 아바타』, 『위기의 지구 돔을 지켜라』 등이 있으며, 옮긴 책으로는 『고양이는 예술이다』, 『어쩐지 미술에서 뇌과학이 보인다』, 『우리는 왜 잠을 자야 할까』, 『알고리즘, 인생을 계산하다』, 『인간 본성에 대하여』, 『바디: 우리 몸 안내서』 등이 있다.

표지 사진

Front (head) HoodGraff team, *Albert Einstein*, 2014, St Petersburg, Russia. Courtesy HoodGraff team #myhoodisgood. Photo Lisa-Lisa/Shutterstock; (left arm) Sebastiano del Piombo, *Portrait of a Man, Said to be Christopher Columbus*, 1519; (right arm) Felix Labisse, *La Fille d'Yemanja*, 1961. Gustave J. Nellens Collection, Knokke, Belgium. © ADAGP, Paris and DACS, London 2019; (left leg) Workshop of Hans Holbein the Younger, *Henry VIII*, c. 1537; (right leg) Alonso Sánchez Coello, *Infante Don Carlos*, 1564; **Back** Maurizio Cattelan, *Him*, 2001, at the Monnaie de Paris, 21 October 2016 to 8 January 2017. Photo Zeno Zotti, courtesy Maurizio Cattelan's Archive

45년 동안 인간 몸짓의 기원과 의미를 추구하는 기쁨을
함께 누려온 피터 콜렛Peter Collett에게

포즈의 예술사
작품 속에 담긴 몸짓 언어

발행일
2020년 9월 10일 초판 1쇄

지은이 | 데즈먼드 모리스
옮긴이 | 이한음
펴낸이 | 정무영
펴낸곳 | (주)을유문화사

창립일 | 1945년 12월 1일
주소 | 서울시 마포구 서교동 469-48
전화 | 02-733-8153
팩스 | 02-732-9154
홈페이지 | http://www.eulyoo.co.kr

ISBN 978-89-324-7425-0 03600

• 값은 뒤표지에 표시되어 있습니다.
• 옮긴이와의 협의하에 인지를 붙이지 않습니다.

Posture: Body Language in Art

© 2019 Thames & Hudson Ltd, London
Text © 2019 Desmond Morris

Published by arrangement with Thames & Hudson
Ltd, London through EYA(Eric Yang Agency)

Printed and bound in China

This edition first published in Republic of Korea
in 2020 by Eulyoo Publishing Co. Ltd, Seoul
Korean edition © 2020 Eulyoo Publishing Co. Ltd